Der Judenmord
Deutsche und Österreicher berichten

Michel Alexandre

Der Judenmord

Deutsche und Österreicher berichten

Deutsche Bibliothek – CIP-Einheitsaufnahme
Alexandre, Michel:
Der Judenmord : Deutsche und Österreicher berichten / Michel Alexandre. –
1. Aufl. – Köln : vgs, 1998
   ISBN 3-8025-2610-4

Bildnachweis

Autor und Verlag danken allen nachstehend Genannten für die Bereitstellung von Bildmaterial oder die Erlaubnis, rechtsgeschütztes Material abzudrucken. Wir haben uns größte Mühe gegeben, die Copyright-Inhaber aller Abbildungen ausfindig zu machen; sollten uns dennoch Fehler oder Versäumnisse unterlaufen sein, bitten wir dies zu entschuldigen. Berechtigte Ansprüche werden selbstverständlich abgegolten.

Archiv für Kunst und Geschichte, Berlin, S. 122
Bildarchiv Preußischer Kulturbesitz, Berlin, S. 68, 130 oben
Institut für Zeitungsforschung, Dortmund, S. 12, 174
Institut of Contemporary History and Wiener Library, S. 102
Museum voor de Socialistische Arbeidersbeweging, Gent, S. 16
© Isolde Ohlbaum, S. 153
Stadtmuseum Düsseldorf, S. 30
Süddeutscher Verlag, München S. 49
Zentrale Stelle der Landesjustizverwaltungen, Ludwigsburg S. 87, 140
Die Abbildung auf S. 21 stammt aus dem Ausstellungskatalog „Verjagt, ermordet – Zeichnungen jüdischer Schüler 1936–1941", Düsseldorf 1988

Alle anderen Abbildungen entstammen dem Archiv des Autors

Das Buch „Der Judenmord. Deutsche und Österreicher berichten" entstand parallel zu der gleichnamigen WDR-Fernsehdokumentation von Michel Alexandre.

© Eyewitness Productions Ltd., Douglas, Isle of Man 1998

vgs verlagsgesellschaft, Köln
1. Auflage 1998
Redaktion der deutschen Ausgabe: Katharina Tilemann
Kreation Umschlag: Michel Alexandre
Umschlaggestaltung der deutschen Ausgabe: Alex Ziegler, Köln
Reproduktion, Satz: ICS Communikations-Service GmbH, Bergisch Gladbach
Produktion: Wolfgang Arntz
Druck: Clausen & Bosse, Leck
Printed in Germany
ISBN 3-8025-2610-4

Ich kenne die Deutschen. Ein Deutscher tut so etwas nicht.

Wenn gute alte Freunde sich nach langer Zeit wiedertreffen, haben sie einander viel zu erzählen. Mein Freund besucht mich aus dem sonnigen Kalifornien, wo er ein erfolgreicher Rechtsanwalt in der Stadt der Filmstars ist. Nachdem er mit mir über aktuelle politische Probleme gesprochen hat, stellt er mir eine unerwartete Frage:
„Weißt du, mein Lieber, welche Leute ich am meisten bewundere?"
Und er gibt sich selbst gleich die Antwort: „Die Juden."
„Warum denn ausgerechnet die Juden?" frage ich erstaunt.
„Weil ich eben kluge Leute liebe", antwortet er, „sie sind so selten auf dieser Welt. Und unter den Nachkommen der Propheten gibt es sehr viele hochintelligente Kerle. Der eine erfand nicht weniger als den Herrgott im Himmel. Ein anderer die Relativitätstheorie. Ein dritter die Psychoanalyse. Ein vierter erlöste durch seine Impfung die Menschen von der Kinderlähmung. Der Schlauste von allen war aber derjenige, dem die Idee der Shoa eingefallen ist. Du weißt schon: Die Deutschen haben angeblich während des Zweiten Weltkrieges – ohne Prozeß – Millionen von Juden ermordet. Mit dieser Erfindung hat er aus dem Nichts das größte Ereignis des zwanzigsten Jahrhunderts erdichtet. Er behauptet allen Ernstes, daß das in einen Kampf auf Leben und Tod verwickelte Deutsche Reich während seines Gigantenringens an zwei Fronten keine größere Sorge hatte, als mit Waffen und in Gaskammern eine kleine europäische Minderheit zu ermorden; ohne Gnade, auf die brutalste Weise; Männer, Frauen und Kinder, Säuglinge und Greise, Junge und Alte. In einer Situation, in der jeder Waggon für militärische Zwecke lebensnotwendig war, sollen die Deutschen alle Transportmittel dafür eingesetzt haben, Juden aus den besetzten Ländern in die Vernichtungslager in Polen zu transportieren. Das ist doch die verrückteste und unglaublichste Geschichte, die je ein menschliches Gehirn ersonnen hat . . . Und das wird kaltblütig über das große Volk Beethovens und Goethes, Dürers und Robert Kochs erzählt, und wie die Genies alle noch heißen. Ein Nonsens sondergleichen. Und wenn du mich fragst, warum – weshalb hat jemand Interesse, eine solche historische Lüge in die Welt zu setzen? –, so ist meine Antwort: *money*. Die Juden haben das erfunden, um damit die Deutschen   immerhin das größte und mächtigste Volk im Herzen Europas – schlicht und einfach zu erpressen. Damit sie zahlen für die von ihnen angeblich ermordeten Juden und deren Hab und Gut, das sie ihnen geraubt haben sollen . . ."
„Das klingt ja alles sehr schön und schlüssig", unterbreche ich ihn. „Was aber soll man mit den gewaltigen Leichenbergen in all den Konzentrationslagern anfangen? Wie kannst du die erklären?"
„Kein Problem, mein Lieber", antwortet er ruhig. „Nachdem die Juden dem Deutschen Reich am Anfang der Feindseligkeiten den Krieg erklärt hatten, wurden diejenigen unter ihnen, die sich auf dem Gebiet

des Reiches und der besetzten Länder befanden, natürlich eingesperrt. So ist es üblich, Feinde zu behandeln. Am Ende des schrecklichen Krieges hatte das zerbombte Deutschland selbst nichts zu essen; wie hätte es da seine Millionen von Kriegsgefangenen ernähren können? So starben denn auch von den Juden viele Tausende. – Ja, Krieg ist Krieg. Millionen von anderen Leuten haben zwischen 1939 und 1945 ihr Leben verloren. Das ist die ganze Wahrheit. Wäre Deutschland am Ende des Krieges nicht total besiegt gewesen, hätte man ihm nie die irrsinnige These vom Genozid, vom Völkermord aufzwingen können... *Ich kenne die Deutschen. Ein Deutscher tut so etwas nicht."*

Diese Worte wecken in mir den Geist des forschenden Journalisten, der ich Zeit meines Lebens war. Ich beschließe, der Wahrheit nachzugehen und dazu ausschließlich Deutsche und Österreicher zu befragen, die diese Ereignisse miterlebt haben. Hier sind ihre Zeugnisse.

Nicht alle, mit denen ich sprechen wollte, haben mir geantwortet. Diejenigen, die sich an die Wahrheit erinnerten und vor der Kamera Zeugnis ablegten, sind Zeugen auch vor der Geschichte. Mehr als zehn Jahre haben die Recherchen für diesen Film gedauert, weitere zehn Jahre dann die Dreharbeiten. Die meisten meiner Gesprächspartner leben inzwischen nicht mehr.

Michel Alexandre

Ein Mitglied der Einsatzgruppen sagt ab.

Die Gesprächspartner

Peter von Meissner
Heinrich Setzler
Dr. Klaus Rössler
Mieke Monjau
Wolfgang Dorschel
Hubert Pfoch
Walter Bargatzky
Ludwig Wolf
Hans Siekmann
Dr. Walter Soswinski
Dr. Dr. Klaus Hornig
Rudolf Lorenz
Dr. Dr. Rolf Heinze
Dr. Hans Günter Seraphim
Willi Dreßen
Axel Freiherr von dem Bussche
Hans Herwarth von Bittenfeld
Dr. Walter Manoschek
Dr. Peter Pechel

Dr. Hans Wilhelm Münch
Dr. Dr. Ella Lingens
Helmut Langbein
Günter Schwarberg
Alfred Spieß
Kurt Franz
Dr. Wilhelm Höttl
Dr. Hansjakob Stehle
Elisabeth Erb
Alfred Kolleritsch
Eugen Essig
Ludwig Harig
Dr. Heinz Ungureit
Alexander Primavesi
Hellmut Auerbach
Dr. Marion Gräfin Dönhoff
Wolfgang Schöler
Dr. Helmut Frank
Ursula Pfennig

Peter von Meissner

Peter von Meissner, geboren 1920, wuchs im Sudetenland und in Österreich auf. Unter dem Druck der Nationalsozialisten emigrierte sein Vater nach England. Peter von Meissner war während des Kriegs Soldat und arbeitete später als Journalist.

Herr von Meissner, Sie sind Sudetendeutscher und haben während der Annexion Österreichs 1938 in Linz gelebt. Was haben Sie da gesehen?

Ja, ich hatte ein Erlebnis, das mich sehr bewegt hat. In derselben Straße, in der das Gymnasium heute noch steht, war ein Geschäft, wo es Süßigkeiten zu kaufen gab. Und ich habe mir dort jede Woche von meinem Taschengeld Bonbons geholt. Zuckerln, wie man in Österreich sagt. Etwa vierzehn Tage, drei Wochen nach dem sogenannten Anschluß kam ich dorthin. Vor dem Geschäft stand ein SA-Posten, der ein großes Schild trug: „Kauft nicht bei Juden." Mir war vorher gar nicht bewußt gewesen, daß der Inhaber ein Jude war. Er war ein sehr netter, sehr höflicher und zuvorkommender Mann. Ich wollte in das Geschäft hinein. Da hat der SA-Mann mir ein Bein gestellt und gesagt: „Kannst net lesen?" Und da hab ich gesagt: „Ich will mir da meine Zuckerln kaufen." „Da gibt's nichts zu kaufen." Ich bin auf die andere Seite gegangen, um zu beobachten, was da noch weiter passieren würde. Und kaum war ich drüben, ist der Inhaber aus dem Geschäft herausgekommen und hatte seine ganzen Kriegsauszeichnungen aus dem Ersten Weltkrieg angelegt. Er hatte die große silberne Tapferkeitsmedaille der österreichischen Armee, das ist eine der höchsten Auszeichnungen, die ein Mannschaftsdienstgrad haben konnte, und eine ganze Reihe anderer Auszeichnungen. Er stellte sich neben den SA-Mann. Der SA-Mann hat ihn angeschaut, und dann ist ein SA-Führer vorbeigekommen, und da hat er dem zugerufen: „Geh, komm mal her." Der kam her, und dann hat er mit ihm gesprochen. Was, das weiß ich nicht. Dann ist der SA-Führer verschwunden.

Was ist mit dem Kaufmann geschehen?

Kurz darauf kam ein SA-Führer mit einer Gruppe von SA-Leuten, vier Mann, mit Gewehr und Pistole bewaffnet. Sie haben den Mann in das

Der SA-Mann stellt ein Bein

Er blutete am Kopf

Geschäft hineingestoßen und die Tür zugeworfen. Dann hat man drinnen Lärm gehört, Poltern, Schreie. Offenbar haben sie ihn geschlagen. Kurz darauf ging die Tür auf, und der Kaufmann kam heraus, er blutete am Kopf. Man sah ihm an, daß er den Tränen nahe war. Die Orden waren abgerissen, und einer der SA-Leute hatte in der Hand eine Pistole, die er triumphierend wie eine Beute schwang. Da sagte der Kaufmann: „Bitte, lassen Sie mir die Pistole, sie ist aus dem Krieg. Als ich verwundet war, ist mein Blut darüber geflossen." Diese Sache hat mich außerordentlich erschüttert und ist mir nicht mehr aus dem Gedächtnis verschwunden.

Was ist mit den Juden aus Ihrem Freundeskreis, aus Ihrer Umgebung geschehen?

Wir hatten gute Bekannte, die nicht weit weg wohnten. Familie Ott. Er war etwa 45 Jahre alt, Nichtjude, sie war eine wunderschöne Frau, etwa 35, schwarzhaarig, schwarzäugig, sehr temperamentvoll, eine Ungarin, Jüdin. Und eines Abends kam mein Vater aus dem Geschäft zurück und sagte: „Es ist etwas Furchtbares passiert, die Otts leben nicht mehr." „Sie waren doch gesund, was ist denn?" „Sie haben Selbstmord begangen." Und dann erzählte er, wie es im Detail abgelaufen sei. Sie hatten keine Hoffnung mehr gehabt nach dem Anschluß und nach den Ausschreitungen, die da zum Teil gegen jüdische Geschäfte, gegen jüdische Personen gelaufen sind. Sie sahen keinen Ausweg mehr, haben noch einmal ein Dinner am Abend zu sich genommen und haben dann Schlafmittel im Wein aufgelöst. Er wollte seine Frau nicht alleine lassen, er wollte auch den letzten Weg mit ihr gehen.

Schlafmittel im Wein

Das November-Pogrom war einige Monate später. Was haben Sie davon mitbekommen?

Da muß ich zunächst noch ein anderes Erlebnis einschieben. Ein Studienfreund meines Vaters, Egon Thiemen, war ein Jude. Ein Jurist, ein sehr gescheiter, gebildeter Mann mit einer gutgehenden Kanzlei in Brünn. Seine Mutter lebte in Gablonz, und als die Deutschen im Sudetenland einmarschiert sind, hat er sie von dort weggeholt, und sie sind nach Prag gezogen. Wenig später, im November, sind die Deutschen ja in Prag einmarschiert und haben die Tschechoslowakei ganz aufgelöst. Da haben sie sich beide vergiftet, weil sie keinen Fluchtweg mehr hatten und auch nicht mehr wußten, wo sie hin sollten. Sie hatten niemanden mehr, und sie sagten, das Leben habe keinen Sinn.

Kein Fluchtweg mehr

Von den November-Pogromen – damals war ich schon nach Wien übergesiedelt – weiß ich nur, daß in der Straße, in der wir wohnten, ein jüdisches Geschäft war mit Glas, Porzellan und ähnlichen Sachen; sehr hübsche Sachen, kein sehr großes Geschäft. Und in dieser sogenannten Kristallnacht – was ja kein Lobesname ist, sondern eigentlich ein böser Scherz (das wird oft mißverstanden), weil soviel Kristall

Ein böser Scherz

zerschlagen wurde – hörten wir einen enormen Lärm auf der Straße. Als wir dann rausschauten, wurde gegen die Rolläden dieses Geschäfts geschlagen. Und plötzlich kamen so ein paar wenig gut aussehende Männer in halb Zivil, halb Militär – unten hatten sie noch die SA-Stiefel, die SA-Hosen an, oben hatten sie irgendwelche Jacken und Mützen – und schrien: „Schaut's, daß weiterkommt's. Ihr habt hier nichts zu schauen." Wir haben uns dann in das Haus zurückgezogen. Und am nächsten Morgen, da haben wir gesehen, wie die Frau des Inhabers die Scherben aufgekehrt und geweint hat. Es war alles zerschlagen, wüst zerschlagen. Die schönen Sachen waren in tausend Stücken . . .

Und den Leuten ist nichts passiert?

Der Mann ist weggewesen. Der hat sich gewehrt, und sie haben ihn weggeschafft. Man weiß nicht, wohin. Er ist nie wiedergekommen. Kurz darauf ist das Geschäft geschlossen worden. Sie ist fortgezogen.

Sie haben ihn weggeschafft

Ganz in der Nähe von Linz, wo Sie gewohnt haben, war doch Mauthausen, das Konzentrationslager. Was wissen Sie darüber?

Mauthausen kenne ich sehr gut. Wir sind dort oft gewandert. Und im Jahre 1940 wurde ich Soldat. Da waren wir schon zwei Jahre von Linz weg in Wien. Als wir aus dem Transportzug auswaggoniert und zu einer Marschkolonne zusammengestellt wurden, um in die Kaserne nach Enns zu ziehen, habe ich hinübergeschaut zu den Höhen über der Donau nach Mauthausen. Da sah ich im Abendlicht – die Sonne stand im Westen – ganz grell beleuchtet etwas stehen. Es sah aus wie eine riesenhafte Burg, eine Zwingburg. Ich sage oft, wie eine Inszenierung von Richard Wagner aus irgendeiner seiner Opern. Es war mir völlig unbekannt, was das sein sollte; auch unbegreiflich, dort oben auf den Höhen. Dann fragte ich einen Unteroffizier: „Was ist denn das?" Da sagte er: „Komm, sei leise, das ist doch das KZ. Red mer niet drüber." Ein paar Tage später hat er mich in der Vormittagspause, so gegen 9 Uhr, zu sich geholt und gesagt: „Komm, jetzt gehen wir mal da hinüber und schauen hinunter auf die Straße nach Steyr, die da entlang der Enns geht. Jetzt paß auf. Da kommen jetzt die Autos." Und da kamen tatsächlich drei verdeckte Lastwagen. Vollkommen zu, man hat nichts gesehen. Es war nur das SS-Zeichen auf den Wagen zu erkennen. Und er sagte: „Siehst du, das ist jetzt der letzte Weg, den sie gehen. Das sind die, die sie umgebracht haben oben. Die werden jetzt nach Steyr geschafft zum Verbrennen."

Konzentrationslager Mauthausen

Drei verdeckte Lastwagen

Wissen Sie, was in dem Lager passiert ist?

Ich kann es mir sehr gut vorstellen, denn ich habe nach dem Krieg einen Kollegen gehabt, der selbst im KZ Mauthausen war, aus politischen Gründen. Er war eigentlich USAP*, ein sehr gescheiter Mann,

* *Unabhängige Sozialistische Arbeiter-Partei, eine Abspaltung der SPD*

Das Organ der Reichsführung SS, Titelseite 1938

und er stand schon immer auf der schwarzen Liste bei der Gestapo. Eines Tages haben sie ihn geholt und nach Mauthausen geschafft. Er konnte mir genau erzählen, was dort vor sich ging. Es waren dort die verschiedensten Nationen, zum Teil russische Kriegsgefangene, die man gegen das Völkerrecht, gegen das Kriegsrecht dort kurzerhand eingesperrt und gequält hat. Juden aus allen Ländern, aus Frankreich, aus Belgien, aus Italien usw.

War es Zwangsarbeit?

Es war so: Es sind dort riesige Steinbrüche, in denen Granit geschlagen wird. Sie mußten mit den bloßen Händen, mit dem Hammer und dem Meißel die Granitblöcke aus dem Felsen herauslösen. Zum Teil haben sie die Felsblöcke für ihr eigenes Lager dort geschlagen. Diese Burg – es war wirklich eine Burg, vorher waren es Baracken –, die haben sie aus diesem Granit herausgeholt. Und diese Blöcke mußten sie dann von dem Grund der Gruben auf dem Rücken hinaufschleppen, und dann wieder herunter, wieder hinauf, wieder herunter. Am Abend, erzählte mein Kollege und Gewährsmann, war es regelmäßig so, daß sie einen besonders schweren, großen Block auf die Schulter oder den Rücken nehmen und ihn über eine Stiege hinaufschleppen mußten. Nun war das keine Stiege normaler Art, die war ebenfalls aus Granitquadern gebaut, jeder etwa einen halben Meter hoch. Man konnte sie kaum im Laufen bewältigen, man mußte mehr klettern als laufen. Und da wurden sie von den SS-Leuten hinaufgejagt. Wer liegengeblieben ist, der war oft sowieso schon tot, oder sie haben ihn dann totgeschlagen.

Mit bloßen Händen

Sie waren während des ganzen Krieges Frontsoldat. Haben Sie etwas von den Massenmorden an Juden erlebt?

Direkt nicht. Ich kann aber von einem Erlebnis erzählen, das die ganze Auswirkung zeigt. Ich war mit einer deutschen Krankenschwester befreundet, die in Ostpolen eingesetzt war, und die ich dort besucht habe. Zu dem Lazarett, das in einem Schloß untergebracht war, gehörte ein großer Park.

Wo war das?

In der Nähe von Paranoice. Den Namen des Ortes selbst weiß ich nicht mehr genau. Es muß aber ein größerer Ort gewesen sein, denn es gab dort einen Kreiskommissar. Wir gingen zusammen in dem Park spazieren und kamen an eine Wiese, etwa 500 Meter breit. Quer durch die Wiese verlief ein großer Wall, eine Art Aufwerfung, ganz schütter mit Gras bewachsen. Man sah, daß er verhältnismäßig frisch war. Etwa drei Meter breit und etwa eineinhalb Meter hoch. Ich wollte da drüber gehen, aber da sagte das Mädchen zu mir: „Nein, da gehen wir nicht

„Da gehen wir nicht drüber"

„6 000 liegen da unten"

„Ich will euch mal was zeigen"

drüber." Ich fragte: „Warum denn?" Da sagte sie: „Da liegen Tote darunter." Und ich sagte: „Um Gottes willen, wie kommen denn die dahin?" „Ja", sagte sie, „das sind die Juden von hier und aus der ganzen Umgebung. 6 000 liegen da unten."

Sie hat mir noch ein anderes Erlebnis mitgeteilt. Sie war in einem Soldatenheim, zusammen mit einer Freundin, ebenfalls Krankenschwester, und trank da Tee – es gab ja damals nicht viel. Plötzlich setzte sich ein SS-Feldwebel, Schar- oder Oberscharführer, dazu. Nun war meine damalige Freundin nicht unbedingt sehr angetan von diesem Typ, sie hat also nicht mit ihm gesprochen. Er versuchte trotzdem anzufangen und erzählte plötzlich: „Na, Ihr Mädchen. Ich will Euch mal was zeigen." Er zog seine Brieftasche heraus und breitete Fotos aus. Es waren Fotos von Judenerschießungen – wie sie vor dem Graben stehen, wie sie hineinfallen, wie sie unten liegen, nackt und mit verzerrten Gliedern. Meine Bekannte hat sich das gar nicht weiter angeschaut, ist aufgestanden, hat gesagt: „Schämen Sie sich, Sie Schwein", und ist zusammen mit ihrer Freundin fortgegangen.

Heinrich Setzler

Heinrich Setzler, Angestellter, erlebte die Pogromnacht, den 9. November 1938, in Baden-Baden.

Herr Setzler, Sie haben 1938 in Baden-Baden das November-Pogrom erlebt. Was haben Sie gesehen?

Ich war aus reinem Zufall in Baden-Baden, ging durch die Sophien-Allee und sah dort plötzlich einen Zug von jüdischen Männern vorbeimarschieren, eskortiert von deutscher Polizei und einigen uniformierten Parteiangehörigen, SA und SS. Die Juden waren morgens um sechs in ihren Wohnungen abgeholt worden und hatten sich dann auf der Polizeiwache registrieren lassen müssen. Jetzt wurden sie durch die Straßen Baden-Badens zur Synagoge getrieben. Einige Leute waren sehr empört über diesen Aufmarsch, vor allem deswegen, weil ein junger Mann ein Plakat vorantragen mußte: „Wir Juden sind das Unglück Großdeutschlands." Später hörte ich, daß das der Sohn des bekannten Baden-Badener Rechtsanwalts Hauser gewesen sei.

Blutiger Karneval in Baden-Baden

Haben viele Menschen zugeschaut?

Es waren sehr viele Leute da.

Wurden die Juden angepöbelt, angegriffen?

Nein, das habe ich nicht bemerkt. Erst oben, vor und in der Synagoge, begannen die eigentlichen Schikanen gegen sie. Sie mußten vor dem Gebäude Aufstellung nehmen und über ein jüdisches Gebetstuch, das auf dem Vorplatz ausgebreitet worden war, hinwegschreiten. Da kam es dann auch zu Handgreiflichkeiten: Ein Rowdy trat plötzlich auf Rechtsanwalt Dr. Hauser zu und schlug ihn übel zusammen. Im Inneren der Synagoge mußten die Juden dann das Horst-Wessel-Lied singen, habe ich gehört, und der Kantor oder der Synagogendiener Stellen aus Adolf Hitlers „Mein Kampf" vorlesen.

Rechtsanwalt übel zusammengeschlagen

Gezwungen, Schweinefleisch zu essen

Später wurde die Synagoge angezündet. Die Juden führte man in das gegenüberliegende Hotel Central, dessen Inhaber auch Jude war. Und dort, so habe ich gehört, hat man sie gezwungen, Schweinefleisch zu essen.

Abends, so gegen neun Uhr, wurden sie an den Bahnhof gebracht, in Viehwaggons verladen und nach Dachau gebracht.

Dr. Klaus Rössler

Inhaber der Hofapotheke in Baden-Baden

Dr. Klaus Rössler war ein wichtiger Zeuge für den Film und dieses Buch. Während der Vorbereitungsgespräche hat er viel und vor allem Bewegendes über das Ehepaar Dr. Roos erzählt – ihre Wohnung war für ihn als Kind ein zweites Elternhaus. Mit Schmerzen sprach er auch über seine jüdischen Mitschüler und berichtete darüber hinaus, wie tief das November-Pogrom seine Eltern und ihn selbst erschüttert hat.

Doch leider hat Dr. Rössler all das, was er vorab erzählt hatte, vor der Kamera verschwiegen. Was zwischen den ersten Gesprächen und den Filmaufnahmen, die in seiner Apotheke stattfanden, geschehen ist; warum Dr. Rössler so reserviert auf die Fragen geantwortet hat, konnte der Autor nie erfahren. Ein altes französisches Sprichwort sagt: „Es ist ein langer Weg von dem Becher bis zu den Lippen." Im Film fehlt daher dieses Gespräch, aber als Tatsachenbericht eines Augenzeugen stellt es dennoch ein wichtiges Dokument für dieses Buch dar.

Herr Dr. Rössler, 1938 waren Sie noch ein Kind. Haben Sie etwas von der sogenannten „Kristallnacht" mitbekommen?

Von der „Kristallnacht" selbst nichts. Aber am nächsten Tag habe ich gesehen, wie die Synagoge brannte. Sie stand nicht weit weg von unserem Haus.

Die Synagoge brannte

Waren viele Menschen dort?

Ja, da waren viele Leute.

Wie war ihre Reaktion?

Die Leute waren alle stumm, starr, daß so etwas passieren kann. Ich kann das nach so vielen Jahren natürlich nicht mehr so genau sagen, aber ich glaube, sie waren vor allem erstarrt, weil ein Gotteshaus angezündet wurde. Das war für jeden irgendwie ein Frevel.

Ein Frevel

Haben Sie irgendwelche Kontakte zu Juden gehabt?

Ja, sicher habe ich welche gehabt. Bei uns im Hause wohnte ein jüdischer Arzt, Herr Dr. Roos mit seiner Frau. Sie waren für mich damals ein sehr altes Ehepaar – wahrscheinlich waren sie Mitte, Ende Sechzig. Dr. Roos war im Ersten Weltkrieg ein Frontoffizier gewesen, hatte das Eiserne Kreuz 1. und 2. Klasse – also besonders hohe Auszeichnungen – und lebte als praktizierender Arzt im ersten Stock. Und natürlich hatte mein Vater als Apotheker einen guten Kontakt zu ihm – schon aus

Eisernes Kreuz 1. und 2. Klasse

17

dieser Arzt-Apotheker-Beziehung heraus, aber auch persönlich, denn er war ja Mieter meines Vaters gewesen.

Wie lange konnte er praktizieren?

Er konnte – das weiß ich jetzt nur aus der Darstellung der Geschichte – bis 1935 praktizieren, bis diese Judengesetze untersagten, weiterhin freie Berufe auszuüben.

Aber er blieb im Haus wohnen?

Er blieb hier wohnen, bis er ins Konzentrationslager deportiert wurde – oder ins Internierungslager.

Haben Sie gesehen, wie man ihn verhaftet hat?

Ich konnte gar nicht begreifen

Ja, das war 1940, während des Krieges. Er wurde, glaube ich, im Laufe des Vormittags abgeführt. Als ich aus unserer Wohnung herauskam – wir wohnten im 3. Stock – und unten das Durcheinander hörte, ging ich runter. Ich war ganz entsetzt, denn ich konnte gar nicht begreifen, daß man diese lieben Menschen so Hals über Kopf wegführte. Ich hatte bei seiner Frau doch gerade das Patience-Legen gelernt. Sie war eine sehr liebe Frau, und ich war immer wohlgelitten bei ihr.

Haben Sie jüdische Mitschüler gehabt?

Ja, ich habe zwei jüdische Mitschüler gehabt. Den Sohn des Rabbiners und den Sohn eines Arztes. Sie sind noch in der Sexta, so hieß das, also mit zehn Jahren, bei uns im Gymnasium Hohen-Boden eingeschult worden und fanden hier sozusagen Unterschlupf. Die meisten öffentlichen Schulen nahmen damals ja keine jüdischen Kinder mehr auf.

Was ist mit diesen Kindern geschehen?

Kinder verschwunden

Ich weiß nur, daß sie nach dieser Reichskristallnacht nicht mehr in der Schule auftauchten. Was dann mit ihnen geschah, wußten wir nicht. Man hat da auch nicht mehr weiter nachgefragt. Wie ich dann später erfahren habe, sind sie mit ihren Familien noch rechtzeitig aus Deutschland geflüchtet.

Mieke Monjau

Mieke Monjau ist die Witwe des Düsseldorfer Malers Franz Monjau, der als Halbjude 1945 im Konzentrationslager Buchenwald umgebracht wurde. Sie half, soweit es möglich war, dem befreundeten Kunstmaler Julo Levin, bis er 1942 verhaftet, nach Auschwitz gebracht und dort 1943 ermordet wurde. Bilder der beiden Maler hängen im Düsseldorfer Stadtmuseum.

Frau Monjau, Sie sind die Witwe des bekannten Düsseldorfer Kunstmalers Franz Monjau. Direkt nach der „Machtergreifung" 1933 wurden Sie und Ihr Mann verhaftet. Warum?

Wir gehörten zu einem Kreis revolutionärer Künstler und waren vor dem 30. Januar sehr oft öffentlich aufgetreten, um, wenn möglich, noch zu verhindern, daß Hitler an die Macht kommt. Fast alle Leute aus diesem Kreis, wie Langhoff und Schwesig, die in Düsseldorf dafür bekannt waren, wurden verhaftet und in Gefängnisse und in die Lager gebracht. Wir hatten noch zu Silvester in einem linksgerichteten, revolutionären Freundeskreis eine Feier gehabt, bei der ein Foto gemacht worden war – was für die Gestapo phantastisch war, da darauf so viele Leute abgebildet waren, die sie interessieren konnten. Und sie sind dann auch alle verhaftet worden. Natürlich war die Gestapo auch bei uns, aber wir haben damals mit unserem Faltboot eine Tour auf dem Niederrhein gemacht. Da sie unsere Wohnung verlassen vorfanden, meinten sie, wir seien wie so viele andere geflüchtet. Wir kamen ganz ahnungslos nach Hause, unsere Wohnungstüre war mit Brettern kreuz und quer total verrammelt, und wir konnten nicht rein. Die Nachbarn holten uns sofort in ihre Wohnung und erzählten, daß die SA dagewesen sei und die ganze Zeit hier ein „Lager" gehabt, eine Woche in unserer Wohnung gehaust hätte, weil sie dachten, daß wir eventuell zurückkämen. Aber während sie uns das alles erzählten, haben sie heimlich die Polizei angerufen: „Die sind da."

Die Polizei tauchte dann auch auf, und wir wurden verhaftet und abgeführt. Zuerst kamen wir in das Polizeirevier Ulmenhöhe, doch weil das schon längst überfüllt war, später in das neue Polizeipräsidium. Dort hatten wir Einzelzellen und mußten etliche Verhöre durchstehen. Wir fanden dann aber heraus, daß sie inzwischen hinter einer illegalen Arbeit her waren und dachten, daß wir an dieser Sache beteiligt wären. Das war jedoch nicht der Fall. Wir waren einige Tage da, bis sich dann wohl auch durch andere Aussagen bestätigte, daß wir mit dieser Sache nichts zu tun hatten. Mein Schwiegervater hatte sich eben-

Für die Gestapo phantastisch

Heimlich die Polizei angerufen

falls sehr darum bemüht, daß wir wieder herauskommen, so daß wir nach einigen Tagen wieder frei waren.

Was für Konsequenzen hat diese Verhaftung gehabt?

„Der Monjau ist verhaftet"

Die Konsequenzen waren gewaltig. Mein Mann war damals Kunsterzieher an einem Düsseldorfer Gymnasium, und einige der Knaben dieses Gymnasiums wohnten bei uns im Haus. Die haben das natürlich am nächsten Tag sofort in der ganzen Schule verbreitet: Der Monjau ist verhaftet. Die Konsequenz war, daß mein Mann, nachdem wir wieder entlassen waren, die Schule nie mehr betreten durfte. Das war Anfang Juni. Er stand damals aber noch vor dem Assessor-Examen und mußte weiter alle Arbeiten für das Examen machen, mußte auch nach Berlin zu den Vorprüfungen. Anfang Oktober sollte dann die Ernennung zum Studienrat erfolgen, und freundlicherweise hat man ihm in den letzten Septembertagen die endgültige Entlassung aus dem Staatsdienst geschickt. Und zwar mit Berufung auf Paragraph 4, wegen politischer Unzuverlässigkeit.

Konnte er denn weiterhin als Künstler tätig sein?

Berufsverbot

Nein, das ging dann Schlag auf Schlag. Man mußte damals ja Mitglied der Reichskulturkammer sein, und dazu mußte man seine Abstammung und „Unbelastetheit" nachweisen. Aber die konnte er ja nun nicht mehr vorlegen und wurde daher gar nicht erst dort aufgenommen.

Ihr Mann war doch Halbjude?

Keine Rede vom Jüdisch-Sein

Ja, er war, wie man sagte, Mischling ersten Grades. Aber das stellte sich erst beim Ausfüllen dieser Fragebögen, die von der Reichskulturkammer kamen, heraus. Meine Schwiegermutter war längst katholisch, hatte auch katholisch geheiratet, mein Mann war katholisch – in der Familie war keine Rede vom Jüdisch-Sein. Das wurde erst jetzt durch diese Geschichte auf einmal aktuell. Aber das war nicht der Grund für die Entlassung gewesen, das war der Paragraph 4, das Politische, gewesen.

Ihr Mann und Sie waren eng mit dem Maler Julo Levin befreundet – einem Juden. Was ist mit ihm geschehen?

Wie alle unsere Freunde um 1933 wurde auch Levin am Anfang verhaftet, er kam dann ebenfalls wieder frei. Offenbar war es dasselbe Mißverständnis wie bei uns. Und er war ja Volljude, wie man so schön sagte. Er wurde natürlich genausowenig in die Reichskulturkammer aufgenommen, bekam Malverbot, Ausstellungsverbot, Unterrichtsverbot. Das waren die damals selbstverständlichen Verbote. Selbst ich war davon betroffen. Ich war Gymnastiklehrerin und mußte jedes Jahr eine

Unterrichtserlaubnis beim Schulamt einholen, und die bekam ich dann auch nicht mehr, weil ich „nicht-arisch versippt" war, wie die Nazis damals sagten.

„Nicht-arisch versippt"

Wie hat sich Levin seinen Lebensunterhalt verdient?

Wie alle in dieser Situation mußte er erst mal Zwangsarbeit leisten. Er hat auf dem Friedhof arbeiten und Straßen kehren müssen. Sie wurden ja zu solchen Pflichtarbeiten eingezogen.

Ein Künstler kehrt Straßen

Aber Levin hatte auch von Anfang an die Gefahren ziemlich gut erkannt und meinte, daß er als Maler die Jahre niemals überleben könnte, daß er aber, wenn er ein Handwerk lernen würde, vielleicht eine Chance hätte. Und so hat er bei einem befreundeten arischen Schreinermeister in den Abendstunden, an den Feiertagen und am Wochenende das Schreinerhandwerk gelernt.

1936 bekam er dann eine Anstellung als Zeichenlehrer an der inzwischen gegründeten jüdischen Schule. Das war natürlich eine große Freude – auch für meinen Mann, denn es war ja eigentlich sein Beruf, Kinder im Fach Kunst zu unterrichten. Die beiden Männer haben dann praktisch gemeinsam an diesem Unterricht gearbeitet. Mein Mann hat dem Levin gesagt: „So und so mußt du das machen. Die und die Vorträge mußt du halten." Und die Kinderzeichnungen, die Levin aus der Schule mitbrachte, waren bei uns überall ausgebreitet. Die beiden konnten stundenlang darüber diskutieren, was die Kinder da gemacht hatten.

Mein Mann konnte sich nur dadurch ernähren, daß er jüdischen Kindern Nachhilfestunden gab. Bei den anderen durfte er sich ja nicht mehr blicken lassen.

Levin ist zwei Jahre in Düsseldorf an der Schule gewesen und ist dann nach Berlin gegangen, weil dort seine Mutter und seine Schwester lebten. Da hat er noch als Lehrer an der dortigen jüdischen Schule arbeiten dürfen, bis sie aufgelöst wurde. Sämtliche Lehrer dieser Schule wurden schon deportiert, aber Levin konnte noch bleiben und – jetzt als Schreiner – bei der jüdischen Gemeinde in Berlin arbeiten. Allerdings mußte er weniger Schreinerarbeiten machen als vielmehr für die SS und die Gestapo arbeiten. Denn die meisten Gebäude, in denen sie residierten, waren ehemaliger jüdischer Besitz. Entweder Krankenhäuser oder Schulen oder was auch immer. Die hatten sie ja alle beschlagnahmt, und da waren jetzt ihre Büros und ihre Stellen drin. Aber sobald in einem dieser Häuser ein

Julo Levin zu Beginn der dreißiger Jahre

Klo verstopft war, ein Fenster nicht mehr zuging oder im Winter Schnee davor lag, riefen sie bei der jüdischen Gemeinde an: „In Ihrem Haus sind schon wieder die Fenster kaputt und schon wieder die Klos verstopft." Dann mußte Levin dorthin und das in Ordnung bringen. Das war seine Arbeit in seinen letzten Jahren in Berlin.

Als die Deportationszüge von Berlin aus fuhren, mußte er doch an den Waggons arbeiten. Was hat er da gemacht?

Die Transportzüge fuhren damals sogar ziemlich öffentlich ab. Es war bekannt, daß sie von dem Güterbahnhof am Bahnhof Putlitzstraße abfuhren.

Wohin fuhren sie?

Juden reinigen die Deportationszüge

Nach Polen. Und die jüdische Gemeinde hatte die Aufgabe, diese Züge abfahrbereit zu machen, damit Leute eingeladen werden konnten – also die jüdischen Familien, die jetzt abgeholt und, nachdem sie zuerst in ein großes Sammellager gekommen waren, abtransportiert wurden. Die jüdischen Helfer versuchten mit allerhand Kunststoffmitteln – das waren ja Güterzüge, in denen nichts drin war –, die Wände irgendwie abzudichten, es war ja Winter.

In welchem Zustand waren die Waggons, die aus Auschwitz zurückkamen?

Waggons voll Blut und Kot

Die Waggons waren in einem grauenhaften Zustand, erzählte uns Levin. Voll Blut und Kot. Und die Leute von der jüdischen Gemeinde mußten sie wieder saubermachen und herrichten, damit möglichst am selben Tag wieder neue Transporte ab nach Polen gehen konnten.

Levin war geschützt, weil er gearbeitet hat. Was ist mit seiner Familie passiert?

Die Mutter zum Lastwagen bringen

Seine Mutter ist schon im September 1942 deportiert worden. Sie hatte den Bescheid bekommen und mich benachrichtigt. Ich mußte dann ihrem Sohn sagen: „Es ist soweit, deine Mutter muß weg." Levin und ich haben die letzte Nacht an ihrem Bett verbracht. Wir haben die ganze Nacht sozusagen Wache bei ihr gehalten und wußten, morgen geht sie weg und wir sehen sie nie wieder. Die Frau war 75 Jahre alt. Am anderen Morgen kam dann das Lastauto. Ich mußte mich ja im Hintergrund halten, aber Levin konnte seine Mutter noch zu dem Auto bringen. Das war das letzte, was wir von ihr gesehen und gehört haben.

Und die anderen Familienmitglieder?

Es lebten noch zwei alte Tanten dort, die um die achtzig waren. Sie waren fest entschlossen, sich das Leben zu nehmen und hatten auch die Mutter Levin dazu überreden wollen, aber die wollte das nicht. Die Mutter war ja jetzt weg, und Freunde haben dann Zyankali besorgt. Am Abend haben sie alles mit uns abgesprochen: „Diese Nacht nehmen wir das ein, und morgen sind wir tot." Die Hauswachtfrau, die auch zu den jüdischen Leuten stand, hatte die Aufgabe, daß sie morgens so gegen 10 oder 11 Uhr mal an die Türe klopfen und fragen sollte, was los sei, warum sie nicht aufstünden. Und wenn sie nichts hörte, sollte sie zur Polizei gehen und sagen, die beiden jüdischen Frauen meldeten sich nicht. Und so geschah es auch. Die beiden hatten ihr Bett wunderbar bezogen, hatten sich Blumen hingestellt und lagen tot nebeneinander, als die Polizei das Zimmer aufmachte.

Zwei alte Frauen nehmen Zyankali

Wann wurde Levin verhaftet?

Ich hatte der Mutter, die ja bis zu der Deportation für ihren Sohn gesorgt hatte, versprochen, sie brauche sich keine Sorgen zu machen, ich würde das weiter tun. Ich würde zwei-, dreimal die Woche in die Wohnung zu ihm gehen und kochen und die Wäsche machen. Das habe ich auch neun Monate lang getan. Und dann kamen eines Tages – Ende Februar 1943 waren ja die bekannten tollen Deportationen von Berlin – die Lastautos und standen vor den Fabriken. Die jüdischen Arbeiter, Frauen und Männer, wurden, so wie sie waren, in die Lastautos gebracht und abtransportiert. Als ich davon hörte, habe ich in der Straße gewartet, ob Levin nun noch käme oder nicht und habe meine letzte S-Bahn abfahren lassen. So gegen zwei oder drei Uhr nachts, ich stand in einen Torweg geduckt, damit mich keiner sah, kam Levin an, vollkommen blutig geschlagen. Ich bin mit ihm in seine Wohnung gegangen und habe das alles abgewaschen und kühle Umschläge gemacht. Und prompt bullert es morgens um sechs gegen die Türe, da kam die SA oder die Gestapo – wer auch immer – und wollte ihn abholen.

Vollkommen blutig geschlagen

Wie verlief die Verhaftung?

Damals haben wir nicht aufgemacht, das war so Anfang März, und es ging auch noch mal ein paar Wochen gut – bis zum 7. Mai. An diesem Tag war ich wieder in der Wohnung und hatte gerade, das werde ich nie vergessen, Reis mit Fenchel und Kakao gekocht. Das waren ja alles Sachen, die Juden überhaupt nicht haben durften. Sie durften ja nur noch Kohl kaufen und essen. Und ich brachte so gute Sachen mit. Während wir noch beim Essen waren, bullerte es wieder gegen die Türe. Wir haben wieder nicht aufgemacht. Nur ging es diesmal nicht gut. Beim ersten Mal sind sie ja weggegangen. Jetzt gingen sie nicht

Wir haben wieder nicht aufgemacht

23

weg, sondern holten den Hausmeister. Und der Hausmeister, der einen zweiten Schlüssel besaß, schloß auf, und dann kamen sie rein. Ich habe mich in einem hinteren Zimmer im Schrank versteckt. Vorne hörte ich sie toben, warum Levin nicht aufmache, und Schläge. Dann kamen sie aber immer näher, immer näher. Und ich hörte sie Schränke und Schubladen aufreißen. Ich dachte immer, mein Gott, wenn sie doch den Schrank nicht aufmachen. Gleichzeitig ging mir die Frage durch den Kopf: Wie komme ich aus dem zweiten Stock raus, wenn die Wohnung versiegelt ist? Im Geiste machte ich schon ein Seil aus Bettüchern, wie man das aus Romanen kennt.

Sie tobten und schlugen

Dann riß aber doch einer die Tür auf und holte mich aus dem Schrank raus. Nun wurde die Sache natürlich ganz schlimm – eine arische Frau in der Wohnung eines jüdischen Junggesellen. Eins war interessant dabei: Es waren ja zwei Gestapo-Beamte, und immer wenn der eine alleine im Zimmer war, sagte er: „Ja, nun regen Sie sich mal nicht auf, liebe Frau, das ist alles nicht so schlimm." Kam der andere rein, ging es jedoch im selben Moment los: „Du arische Sau" usw. So schlug die Redeweise um. Wir wurden dann beide abgeführt und kamen in ein Lastauto, in das noch viele andere eingeladen wurden.

„Du arische Sau!"

Schließlich wurden wir in das Sammellager in der Großen Hamburger Straße gefahren, in das alle Juden gebracht wurden, bevor sie in die Züge kamen. Hunderte lagen dort schon auf dem Boden herum mit ihren Rucksäcken und ihrem Gepäck. Wir konnten uns noch kurz absprechen, was wir jetzt sagen müßten, denn ich war ja unter Hunderten von Menschen die einzige ohne Judenstern. Und wir beschlossen, daß ich das nicht einfach so hinnehmen könne, ich mußte mich melden. Wir haben dann einen SS-Mann gerufen, und ich habe gesagt, daß ich den obersten SS-Mann sprechen möchte, ich wolle mich beschweren. Nach kurzer Zeit wurde ich dann auch tatsächlich zu ihm gebracht. Der war aber sternhagelvoll und hatte eine junge Freundin bei sich, die drängte: „Komm, nun laß uns doch gehen, nun laß das doch." Ein junger SS-Mann, der dabei war, sagte daraufhin: „Gehen Sie, ich mache das schon für Sie." Die beiden schoben auch wirklich ab, und der junge Mann meinte zu mir: „Nun setzen Sie sich mal hin und erzählen mir, was los ist." Also ganz menschlich. Und dann habe ich ihm gesagt: „Das ist ein langjähriger Freund von uns, wir sind seit über 20 Jahren befreundet. Mein Mann und er sind Kollegen, und ich finde es unanständig, so eine Freundschaft aufzugeben. Und ich bin öfter in seiner Wohnung gewesen, denn er hatte noch viele Sachen von uns, viele Bücher, und die wollten wir gerne wiederhaben. Da er keine Zeit gehabt hat, sie zurückzubringen, habe ich sie selbst geholt. Im übrigen bin ich für den deutschen Staat sowieso verloren, denn mein Mann ist Mischling, und ich gehöre ja eigentlich gar nicht mehr dazu." Anschließend hat er noch an meiner Arbeitsstelle – ich war in einem Lazarett dienstverpflichtet – und bei der Polizei angerufen.

„Ich gehöre nicht dazu."

Sie wurden freigelassen, Julo Levin wurde verhaftet. Haben Sie die Deportation Levins mitbekommen?

Ja. Ich habe mich gleich am nächsten Tag bei der jüdischen Gemeinde erkundigt, was geschieht, wann wohl der Transport abgehen wird. Am 17. Mai, hieß es. Die Verhaftung war ja am 7. Mai gewesen – also zehn Tage später. In diesen zehn Tagen habe ich versucht, noch ab und zu kleine Päckchen reinzuschicken und habe auch noch zwei Briefe, die Levin als Kassiber rausgeschmuggelt hat, bekommen.

Am 17. Mai bin ich dann einen ganzen Tag lang mit der S-Bahn zwischen Bahnhof Putlitzstraße und Bahnhof Wedding hin und her gefahren. Parallel zu dieser S-Bahn-Strecke, etwas abseits, lag der Güterbahnhof Putlitzstraße, wo die Züge abgingen. Da stand auch ein großer Zug mit Güterwaggons, und langsam kamen die Autos mit den zu Deportierenden an. Die wurden dann in die Waggons hineingetrieben, und wenn einer voll war, wurde er zugeschoben und verrammelt. Ich habe auch gesehen, wie Levin kam und wie er sogar alten Menschen und Leuten mit Kindern noch geholfen hat, besser hineinzukriechen. Dann wurde der Waggon zugemacht. Zum Schluß, so gegen abend – ich fuhr ja immer noch hin und her und her und hin – waren alle Waggons voll und verriegelt, nur die SS patrouillierte noch mit Gewehren draußen auf dem Bahnsteig. Da bin ich dann nach Hause gefahren.

Zugeschoben und verrammelt

Sie sind ihm doch nachgefahren nach Auschwitz?

Ja, das war ein Jahr später und einem Zufall zu verdanken. Im Stettiner Bahnhof in Berlin sah ich einen Zug stehen, auf dem Auschwitz stand. Ich dachte: Auschwitz, Auschwitz, und habe an einem Schalter gefragt: „Wann gibt es hier einen Zug nach Auschwitz?" Der Mann antwortete, daß jeden Tag um soundsoviel Uhr ein Zug nach Auschwitz führe. „Und da kann jeder mitfahren?" „Ja, jeder kann mitfahren, da können Sie ein Billett lösen."

Eine Deutsche fährt nach Auschwitz

Ich habe mich dann entschlossen und auch mit meinem Mann besprochen, wirklich nach Auschwitz zu fahren. Dazu muß man wissen, daß ich eine Freundin hatte, deren Bruder schon lange in Auschwitz war, der aber immer schreiben konnte und auch Päckchen bekam. Er war Diamantschleifer in Antwerpen gewesen, und die Familie bezahlte einen SS-Mann, daß er die Päckchen annahm.

Der SS-Mann und die Diamanten

Mit Brillanten?

Ja, mit Brillanten oder Diamanten, ich kenne den Unterschied nicht so genau. Ich habe mir also die Adresse dieses SS-Mannes geben lassen und ihm geschrieben, aber so, als ob ich mich für den Bruder meiner Freundin interessierte. Er hat auch geantwortet: Ja, kommen Sie mal.

Wir haben einen Termin ausgemacht, und dann bin ich also nach Auschwitz gefahren.

Auf dem Weg dahin – das war schon ganz schrecklich – sah ich auf den Feldern überall Häftlinge in Häftlingsmonturen, hauptsächlich Frauen, die dort arbeiteten. Und dann im Ort kamen dauernd solche kleinen Trupps Häftlinge, die irgendwelche schweren Lasten schleppten oder Wagen zogen. Sie wurden von einem SS-Mann mit Gewehr bewacht, der sie immer antrieb: „Schnell, schnell, schnell, schnell!" Das waren derart ausgemergelte Figuren, es war entsetzlich. Ich habe jedem ins Gesicht geguckt und habe gedacht, vielleicht ist es Julo Levin.

Ausgemergelte Figuren

Nachher bin ich mit einem Omnibus zum Lager gefahren und zu der Stunde, zu der ich mich mit dem SS-Mann verabredet hatte, auch ins Lager rein. Natürlich nur dorthin, wo die Offiziere und die Bewachung lebten, also vorne. Ich habe dann auch mit dem SS-Mann gesprochen, natürlich nur über den Bruder, das war ja der offizielle Anlaß. Er sagte noch, was ich als reine Ironie empfand: „Ja, wenn nicht Samstag wäre und morgen Sonntag, dann würde ich Sie mit in den Betrieb nehmen, und Sie könnten selbst mit ihm sprechen. Aber jetzt geht das nicht." Ich sollte glauben, daß die Häftlinge samstags und sonntags frei hätten. Und ich mußte ja so tun, als glaubte ich das.

Ich habe hin und her überlegt, ob ich überhaupt etwas von Julo Levin sagen und fragen sollte. Es war ja auch alles noch so fremd, wie sollte man sich da verhalten? Ich hatte immer noch die Hoffnung, daß er dort irgendwo als Schreiner arbeitete. Und daß es möglich sei, etwas von ihm zu erfahren. Ich habe den SS-Mann nachher dann auch gefragt, und er meinte, er würde sich erkundigen. Aber ich habe natürlich nie etwas gehört.

Mein Zug zurück ging erst kurz vor Mitternacht, und er hat mich dann noch eingeladen, abends mit ins Offiziers-SS-Kasino zu kommen. Weil ich die Zeit bis dahin ja irgendwie verbringen mußte, habe ich einen Soldaten, der da mit so einem kleinen Panjewägelchen herumfuhr, gefragt, ob er mich ein bißchen mitnimmt. Und wir sind dann um einen ganzen Teil des Lagers herumgefahren. Das war das eigentlich Entsetzliche. Auf der einen Seite der Stacheldraht und die Wachtürme, auf der anderen Seite unzählige Baracken mit den Namen aller großen Firmen, die man sich vorstellen kann, oben drauf.

Deutsche Firmen in Auschwitz

Was für Firmennamen?

Das kann ich im einzelnen nicht mehr sagen. Aber AEG und wie sie alle heißen. Ich habe es nicht so behalten. Auf jeden Fall hatten sie alle ihre Baracken dort, und dann wurde mir auch auf einmal klar, wieso da jeden Tag ein normaler Personenzug hinfährt. Denn in diesen Baracken arbeiteten deutsche Angestellte dieser Firmen. Die, die die Büroarbeit und solche Sachen machen. Nicht die Fabriken, die hatten sie ja woanders, die lagen nicht so offen an der Straße. Aber die Ange-

Deutsche Angestellte in Auschwitz

stellten und die Leiter, die die ganzen Aufträge etc. machen. Die fuhren ja auch hin und her.

Von Berlin nach Auschwitz und von Auschwitz nach Berlin.

Ja, na klar. Das ist in jedem Geschäftsbetrieb so.

Wie war es im Kasino?

Im Kasino abends war dann ein unheimlicher Rummel, unheimliche Musik. Aber eines war sehr interessant für mich: Das war ein großer Saal, der ungefähr ab der halben Höhe bis zur Decke mit einem umlaufenden Fries bemalt war – mit Szenen aus dem Mittelalter, tanzenden Hoffräulein und Rittern und so etwas. Ich sagte zu dem SS-Mann: „Es ist ja toll, was Sie hier haben, die ganzen Bilder." Und da meinte er: „Ja, wir haben doch genug Juden, die Maler sind. Die müssen das für uns machen."
Inzwischen wurden die alle immer betrunkener. Ich saß wie auf glühenden Kohlen, und als er einmal auf Toilette war, bin ich dann weggelaufen. Ich bin in der Nacht zum Bahnhof gegangen. Es muß so Ende Mai 1944 gewesen sein – ich habe das deswegen so gut behalten, wann das war, weil ich nicht nach Berlin zurückfuhr. Ich fuhr durch die Tschechei über Prag nach Wien. Weil der Zug auf der Fahrt durch die Tschechei plombiert wurde, hätte ich also nicht in Prag oder irgendwo aussteigen können, sondern wirklich erst in Österreich. Von Wien aus bin ich anschließend in Graz gewesen, wo ich noch andere Freunde besucht habe. Während ich dort war, kam die Nachricht von der Invasion der Alliierten.

Tanzende Hoffräulein und Ritter

Am 6. Juni 1944.

Genau. Das habe ich dann in Graz erlebt.

Wann wurde Ihr Mann verhaftet?

Im September 1944 gingen ja weitere Verfolgungen los bzw. wurden sie auf die bisher privilegierten Ehen und Mischlinge ausgeweitet. Wir hatten eine Reihe von Freunden, die in solchen privilegierten Ehe lebten, und die sind mehr oder weniger alle untergetaucht. Ich selbst war ja in Berlin dienstverpflichtet, mein Mann in Düsseldorf. Ende September war ich noch mal in Düsseldorf, und wir haben alles genau besprochen – daß er auch untertauchen wollte, was er dann auch getan hat.
  Aber in unserem Haus wohnten etliche Nazis, und denen fiel auf, daß er auf einmal nicht mehr in seiner Wohnung war und auch nicht mehr in den Luftschutzkeller kam. Eine Frau hat dann bei der Firma, in der er arbeitete, angerufen. Mein Mann hatte jedoch mit seinem

Verfolgungen ausgeweitet

Die Nachbarin informiert die Gestapo

Chef, der Verständnis für ihn hatte, alles besprochen. Und der hatte ihm gesagt: „Monjau, tauchen Sie unter. Aber bringen Sie mir eine Bescheinigung, daß Sie krank sind, so daß ich gedeckt bin." Und das hatte er auch getan. Aber diese Frau hat nicht lockergelassen und hat immer wieder bei dem Chef angerufen: „Wo ist der Monjau?" und „Das ist ein Jude" oder „Das ist ein Spion". Jeden Tag hat sie etwas anderes gesagt. Aber der Chef hat immer nur geantwortet: „Hören Sie auf damit, der Monjau ist krank und mehr kann ich Ihnen nicht sagen." Aber sie hat weiter angerufen, und an einem Tag, als die Telefonistin sagte, daß ihr Chef nicht zu sprechen sei, war unglücklicherweise so ein SA-Betriebsleiter im Büro. Der fragte: „Wieso ist der Chef nicht zu sprechen, der ist doch da?" Sie erklärte: „Der will aber nicht mehr mit der Frau sprechen. Die ruft immer wegen dem Monjau an." Da sagte er: „Geben Sie mir mal den Hörer." Und dann hat die Frau endlich willige Ohren gefunden. Er ist sofort zu ihr gefahren und anschließend zur Gestapo nach Ratingen. Dort hat er mit dem berühmten, damals in Düsseldorf berüchtigten Gestapo-Obermann gesprochen, und sie haben sich dann auf die Suche nach meinem Mann gemacht. Sie haben bei uns im Haus angefangen und gefragt, ob die Leute wissen, wo Freunde von uns wohnen. Und dann sind sie zu einer Freundin, die in der Nähe lebte. Diese Freundin aber hatte von anderen jüdischen Leuten, die hier in der Nähe von Düsseldorf in einem kleinen Kloster untergetaucht waren (dort, wo heute der Flughafen ist), Sachen bei sich im Keller untergestellt, unter anderem auch Fotografien. Wieder mal Fotografien. Und darunter war eine mit dem Abt dieses Klosters zusammen mit einer jüdischen Familie. Ich hatte vorher noch zu ihr gesagt: „Um Himmels willen, vernichte dieses Foto."

Hat sie es vernichtet?

Mit der Gestapo zum Versteck

Nein. Und als die ihre Wohnung durchsucht und nichts gefunden haben, sagten sie: „Jetzt gehen wir in den Keller." Da hat sie es mit der Angst zu tun gekriegt, denn wenn sie dort die Unterlagen gefunden hätten, wäre das Kloster aufgeflogen. Deshalb sagte sie: „Ich weiß, wo der Monjau ist", und ist mit der Gestapo zu dem Versteck meines Mannes gefahren. Er ist dann verhaftet worden und kam nach Ratingen ins Gefängnis. Es dauerte eine ganze Weile, bis ich endlich Nachricht kriegte, daß er dort ist. Ich habe mich sofort in die Bahn gesetzt, was nicht so einfach war. Man konnte ja nicht einfach so fahren, und ich mußte mir eine besondere Genehmigung vom Lazarett geben lassen.

„Für so einen Juden?"

In Ratingen habe ich mich wegen einer Sprecherlaubnis und um überhaupt zu erfahren, was los ist, beim Hamacher gemeldet. Und der hat gesagt: „Was, dafür kommen Sie aus Berlin? Für so einen Juden? Wir dachten, Sie sind froh, daß wir Sie von diesem Mann befreien." Ich kriegte aber eine Besuchserlaubnis und habe meinen Mann in einem sehr üblen Zustand wiedergesehen. Ich war dann noch ein zweites Mal bei ihm und habe ihm versprochen: „Ich tue alles, was ich kann, um dich herauszuholen." Später habe ich noch eine Reihe von Kassibern, von Briefen von ihm aus dem Gefängnis bekommen, die erschütternd sind. Genau gesehen auch wieder sehr leichtsinnig, denn wenn sie in die Hände der Gestapo gefallen wären ... Aber es ging gut.

Ich hatte gehofft, Weihnachten noch einmal hinfahren zu können, aber ich habe keine Fahrerlaubnis mehr nach Düsseldorf bekommen.

Franz Monjau, Karneval *(1929) - Selbstporträt des Künstlers mit seiner Frau Mieke*

Wann wurde er nach Buchenwald deportiert?

Über andere Leute kriegte ich laufend kleine Mitteilungen von ihm. Aber auf einmal bekam ich, in einem Umschlag, nur einen Zettel: Ich bin in Buchenwald. Das war am 16./17. Januar 1945. Ich bin in Berlin bis zu den allerhöchsten Gestapo-Stellen gegangen, ich war in der Prinz-Albert-Straße. Überall wurde ich mit denselben Worten empfangen: „Für so einen Juden setzen Sie sich ein, Sie als eine arische Frau? Sie hätten sich längst scheiden lassen müssen" und so ähnlich. Aber auf jeden Fall haben sie mir gesagt: „Wir können nichts tun. Die Papiere sind inzwischen in Prag." Und dann kriegte ich auch noch den ironischen Satz zu hören: „Wenn er was von Ihnen wollte, hätte er doch

Die allerhöchsten Gestapo-Stellen

schon längst geschrieben." Als ob ich nicht gewußt hätte, daß zu der Zeit überhaupt keiner mehr aus dem KZ schreiben durfte. Also habe ich gewartet, gewartet und habe nichts mehr gehört. Als der Krieg zu Ende war, kamen dann ja die ersten Häftlinge aus Buchenwald. Jeden Tag dachte ich: Mein Mann kommt, mein Mann kommt. Aber er kam nicht. Schließlich dachte ich: Dann ist er wohl nach Düsseldorf gegangen. Aber wir hatten in Berlin keinerlei Möglichkeiten, über die Grenze in Mitteldeutschland zu kommen, erst ab Oktober war es möglich, vom Ostteil aus wieder mit Westdeutschland Post zu wechseln. Und dann kriegte ich einen Brief von meinen Eltern, die ganz selbstverständlich davon ausgingen, daß mein Mann bei mir in Berlin sei. Als ich das las, wußte ich, er lebt nicht mehr. Denn er war weder in Düsseldorf, noch war er in Berlin.

Die Verbrennungsöfen gesehen

Ich habe mich aufgemacht und bin nach Buchenwald gefahren. Dort habe ich noch das Lager, die Verbrennungsöfen und all das gesehen. Anschließend habe ich mit der inzwischen dort sitzenden Verwaltung gesprochen, die mir die Listen vom 17. Januar herausgesucht haben. Und da stand der Name meines Mannes drauf. Ich habe die Liste selbst gesehen. Mein Mann war am 28. Februar, fünf Wochen nach seiner Einlieferung, bereits als tot vermerkt. Und fünf Wochen später waren die Amerikaner gekommen.

Wolfgang Dorschel

Wolfgang Dorschel, geboren 1911, lebte in den dreißiger Jahren in Weimar und arbeitete in der Eisenwarengroßhandlung seiner Eltern. Als Lieferant von Baumaterialien war er Augenzeuge der Vorgänge im Konzentrationslager Buchenwald.

Herr Dorschel, Sie waren Augenzeuge. Sie haben gesehen, wie man die Juden in den Konzentrationslagern behandelt hat. Wie kam es dazu?

Damals, in den Jahren nach 1933, wurden wir sehr oft beauftragt, in irgendein Ministerium zu kommen und mußten einen Schein unterschreiben, daß wir über all diese Dinge, die wir sehen und hören würden, nicht sprechen dürften. Es handelte sich dabei um Kasernen, Flugplätze, Autobahnen, alles war im Prinzip unwichtig. Aber eines Tages bekam ich einen Anruf, in das Ministerium des Inneren zu kommen. Ich bin dann hingegangen, und die haben mir gesagt: „Bitte, Sie sollen morgen um 15 Uhr am Ettersberg an einem bestimmten mit einer Nummer versehenen Waldweg sein. Da wird ein SS-Untersturmführer Riedel kommen und mit Ihnen verhandeln. Es wird dort oben etwas gebaut." Was es war, wußte ich natürlich nicht. Ich bin dann am nächsten Tag dort gewesen, und da kamen 20 SS-Leute mit einem Mercedes 3,5 Tonner. Vorne drin saß der Riedel und hat mich nochmals darauf aufmerksam gemacht, daß ich auf keinen Fall und mit niemandem über irgend etwas sprechen sollte.

Warum ich dorthin gerufen wurde? Wir hatten eine Eisengroßhandlung, hatten also sämtliche Werkzeuge und Stahl, Stacheldraht, Drahtgeflecht und so weiter. Und ich sollte dort am nächsten Tag etwas anliefern lassen. Auch die Fahrer wurden zum Schweigen verpflichtet, und zwar ziemlich ernsthaft. Die SS hat dort zwei Baracken aufgebaut und einen kleinen Verhau drumherum gemacht. Und kurze Zeit darauf erschienen die ersten Gefangenen. Ich wußte natürlich nicht, welcher Art diese Gefangenen waren, aber mit der Zeit, in den ersten Wochen habe ich das mitbekommen. Zu Beginn waren es, sagen wir mal, mehr oder weniger Verwaltungsgefangene, die kamen alle ebenso wie die SS aus dem KZ Sachsenhausen-Oranienburg, und die politischen Gefangenen trugen einen roten Winkel auf einer alten Litewka – Litewka, das war die Uniform, die zur Kaiserzeit getragen worden ist.

Konzentrationslager Buchenwald

Zum Schweigen verpflichtet

Später sind dann welche mit einem grünen Winkel gekommen, das waren Sicherheitsverwahrte, also Verbrecher, die wegen irgendwelcher Vergehen im Gefängnis ihre Strafe abgesessen hatten und nun nicht mehr in die Öffentlichkeit durften. Und dann sind da Juden gewesen. Die Juden trugen den Davidstern. Die Bibelforscher trugen einen braunen Winkel, und Arbeitsscheue trugen einen schwarzen Winkel.

Wie hat man die Juden behandelt?

40 Juden vor einem Sandwagen

Nachdem also nun im Groben das erste Lager für einige hundert Gefangene fertig war, da hat man 40 Juden vor einen normalerweise von zwei Pferden gezogenen Sandwagen gespannt, und die mußten jetzt Sand, Steine, alles was nötig war, über das schlechte Gelände einer Baustelle ziehen. Beaufsichtigt wurden sie von einem Sicherheitsverwahrten, also von einem Verbrecher. Ich würde sagen, von einem Sadisten. Der hatte einen Ochsenziemer und hat diese Juden geschlagen, wie man es normalerweise nicht mal mit Pferden machen würde. Da sind die Juden natürlich zusammengebrochen. Sie wurden rausgeschmissen und lagen auf der Seite, ob sie verletzt waren oder nicht.

Nach der „Kristallnacht" hat man die Juden in Konzentrationslager gebracht. Haben Sie die Ankunft der Juden gesehen?

Offiziell wurden die Ereignisse am 9. November 1938 als „spontane Reaktion" der Bevölkerung auf das Attentat Herschel F. Grynszpans begründet. Aus Protest gegen die Deportation seiner Eltern hatte der 17jährige den Diplomaten niedergeschossen.

Ja, die habe ich gesehen. Und zwar ist es, wenn ich mich nicht sehr täusche, November 1938 gewesen, als Herr Botschaftsrat vom Rath in Paris ermordet wurde von dem Herrn Grynszpan, angeblich ein Jude. Eines Tages wurde der Bahnhof gesperrt. Rundum war Polizei und hat ihn abgeriegelt. Ich hatte einen Freund, der ein Hotel direkt am Bahnhof gehabt hat, der hat mich angerufen. Ich bin von hinten rein und habe durchs Fenster – hinter der Gardine, wie man sagt – gesehen, was passiert ist. Die Juden sind in den Zügen angekommen und wurden durch den sogenannten Fürsteneingang gebracht. Draußen standen die Mercedes-Lastwagen, diese alten 3,5-Tonner, wie man sie damals hatte. Zuerst kam also ein Zug aus Leipzig. In diesem Zug waren hauptsächlich die Juden, die vom Brühl stammten. Leipzig war ja eine Pelzzentrale und es waren sehr, sehr viele galizische Juden dabei, die in den alten Trachten und mit Löckchen etc. kamen. Sie durften nicht gehen, sie mußten rennen und auf die Wagen springen. Und wenn es nicht schnell genug war, hat die SS mit Stöcken zugeschlagen. Sie haben keine Peitschen gehabt . . . aber sie hatten meistens Rohrstöcke, mit denen sie auf diese Leute einprügelten. Dann kam ein weiterer Zug. Dieser Zug kam aus Frankfurt am Main. Frankfurt am Main ist bekanntlich eine Geldstadt, und von dort kamen nun Geschäftsleute im eleganten Pelzmantel und mit dem sogenannten . . . – wir sagten Erbse oder Bibi, wissen Sie, der steife runde Hut, wie ihn der Engländer heute noch trägt –, und die wurden genauso geprügelt und rauf auf die Wagen gescheucht und abtransportiert.

Die SS schlägt mit Stöcken zu

Hubert Pfoch

Hubert Pfoch, geboren 1920, war während des Krieges Soldat und danach Funktionär der Sozialdemokratischen Partei Österreichs. Nach dem Krieg engagierte er sich sehr für den Wiederaufbau Wiens; zeitweilig war er Präsident des Wiener Landtages.

Herr Pfoch, als junger Soldat der Wehrmacht haben Sie einmal einen Deportationszug gesehen. Was haben Sie da beobachtet?

Ja, ich bin damals mit hundert anderen Soldaten von Wien an die Front nach Rußland abkommandiert worden. Und am 22. und 23. August 1942 bin ich in Siedlce oder Sielce in Polen einem Transport begegnet und habe mit angesehen, wie die deutsche Polizei, SS, aber wie sich später herausgestellt hat, ukrainische Hilfswillige . . .

In SS-Uniform?

In SS-Uniform . . . in ganz grausamer Weise Hunderte Juden, die zuerst auf einem Perron saßen, in die Waggons hineingeprügelt haben, mit Schlagen und Stoßen, mit Schießen und Schreien.

Schlagen, Stoßen, Schießen, Schreien

Haben Sie auch einen Mordfall erlebt?

Ja. Zuerst habe ich noch probiert, unseren Zugkommandanten zu einer Intervention zu überreden – unter dem Vorwand, wir seien deutsche Soldaten, sogenannte Front, und unsere Kampfmoral würde ja nicht gerade gestärkt, wenn man Zeuge solcher Grausamkeiten würde. Ein SS-Offizier, es war aber ein Deutscher oder ein Österreicher mit einem Wolfshund, hat uns beteuert, wir sollten schauen, daß wir wegkommen, sonst ließe er einen Waggon anhängen und wir könnten uns Treblinka von innen anschauen.

Treblinka von innen anschauen

Sie haben doch den Mord an einer Mutter und einem Kind gesehen.

Ja, ich habe mit anschauen müssen, wie ein ukrainischer Hilfswilliger eine junge Frau mit Kind, die sich zu Boden geworfen hat, so gerich-

Mutter und Kind mit einem Schuß

tet hat, daß der Kopf des Kindes auf dem Kopf der Mutter lag, und mit einem Schuß beide tötete.

Und er hat gelacht dabei . . .

Ich habe dann versucht, das zu dokumentieren. Und ich habe ja im Krieg immer auch ein Tagebuch geführt. Das besitze ich noch. Ich habe mir vom Waggon meinen Fotoapparat geholt und habe unter großer Gefahr vier Aufnahmen von diesen Szenen gemacht.

Ich habe sie auch damals dem Staatsanwalt im Prozeß gegen die Lagermannschaft von Treblinka zur Verfügung gestellt, und sie sind 1965 mit als Material, als Zeugenmaterial, verwendet worden.

(Abb. 1:) Das ist der Perron des Bahnhofes von Sielce, und hier sind Angehörige von jüdischen Hilfstruppen, die schon mehrmals in diesen Autos gekommen sind, um die Toten abzutransportieren, die in der Nacht von ukrainischen Hilfswilligen erschossen wurden. Sooft einer aufgestanden ist, hat er auf die Gruppe geschossen, und es hat eine große Zahl von Toten gegeben oder Erschöpften, die von diesen Leuten **wie Mehlsäcke auf das Auto** geworfen worden sind. Bei der Verladeszene habe ich dann dieses Bild fotografiert (Abb. 2), nachdem die Soldaten, die mit mir unterwegs nach Rußland waren, zu dem Transport hingegangen sind. Dort lagen die, die nicht schnell genug gelau-

1 *Fotobericht des Hubert Pfoch über die Deportation nach Treblinka. Die Toten werden abtransportiert*

2 *Von SS-Männern erschossen*   3 *Familien werden auseinandergerissen*

fen und von der SS erschossen worden sind. Hier sieht man zwei dieser Toten. Der eine Mann hat einen Gehirnaustritt gehabt und über den ist der Waggon drübergefahren und hat ihm die Hand abgedrückt. Und dann gibt es noch diese schreckliche Szene (Abb. 3), wo die Gruppen für den Transport in den Waggon hineingeprügelt werden, und zwar auch so, daß die Familien zerrissen wurden. Der Vater in einem Waggon, Mutter und Kind woanders, und man sieht ja die Ärmlichkeit dieser Leute, die angeblich aus dem Warschauer Ghetto gekommen sind und nach Treblinka in dieses Vernichtungslager gebracht worden sind, wie ich später erfahren habe. (Abb. 4:) Dieser Soldat, ein Ukrainer – der, der dann diese Mordszene mit Frau und Kind gemacht hat – und andere haben mit ihren Gewehrkolben so reingeschlagen, daß die Kolben gebrochen sind und sie nur mehr den Lauf mit dem Schloß in der Hand gehabt haben. Rechts im Bild sieht man noch einige Deutsche, die das mit anschauen, aber natürlich nichts dagegen tun konnten. Ich habe das alles notiert, also zum Zeitpunkt des Geschehens.

Die Kolben gebrochen

Mir war schrecklich übel. Aus dem Lager in Treblinka, wo wir vorbeigefahren sind, ist ein penetranter Leichengeruch in der Luft gewesen, und ich habe mich bei der ersten Station hingesetzt, und das alles,

Penetranter Leichengeruch

4 *Dieser ukrainische Soldat erschoß eine Mutter mit ihrem Kind*

was ich gesehen habe, aufgeschrieben und dokumentiert, wie ich auch sonst immer während der Kriegsgeschehen hier Eintragungen gemacht habe – wo wir uns aufhalten, wer verwundet, wer gefallen ist. Und ich habe auch politische Kommentare in das Tagebuch mit entsprechender Vorsicht aufgenommen.

Walter Bargatzky

Walter Bargatzky, Ehrenpräsident des Deutschen Roten Kreuzes und ehemaliger Staatssekretär im Bonner Gesundheitsministerium, wurde 1910 geboren und war während der deutschen Besatzung – im Rang eines Majors – der Jurist der Kommandantur in Paris. Er gehörte zum Widerstand und sollte, im Falle des Gelingens des Attentats, sofort nach dem 20. Juli 1944 in einem Prozeß gegen die Verantwortlichen der Besatzungsverbrechen in Frankreich als Ankläger auftreten.

Herr Bargatzky, im Rang eines Majors waren Sie während der Besatzungszeit der Jurist der deutschen Kommandantur beim Militärbefehlshaber in Frankreich. Sie waren also an der Quelle. Wann haben Sie über den Massenmord an der jüdischen Bevölkerung Europas Gewißheit bekommen?

Wir haben im kleinen Stab des Militärbefehlshabers in Frankreich sehr früh von der Verfolgung der Juden in Frankreich Kenntnis erhalten. Im Norden von Paris war das Lager Drancy errichtet worden, und dort wurden unter Federführung des Höheren SS- und Polizeiführers in Frankreich, des späteren SD, die Juden aus dem besetzten wie auch aus dem unbesetzten Gebiet konzentriert. Sie wurden deportiert, und man nahm zunächst an, daß sie zum Arbeitseinsatz in den Osten kämen. Das war aber ein Gerücht, das sehr bald widerlegt wurde.

Ich glaube, die erste Gewißheit über den Massenmord an Juden erhielt ich im Dezember 1941, als ein in die Militärverwaltung versetzter Offizier, der aus dem Osten gekommen war, uns detaillierte Berichte über die Massentötung von Juden nördlich von Kiew – in dem späteren, heute berüchtigten Babi-Jar – gab. Er erzählte uns sehr eingehend, daß Tausende von Juden – ich glaube, es war damals von zehntausend die Rede, aber man weiß, daß die Zahl sehr viel höher liegt –, in eine Schlucht nördlich von Kiew geführt wurden, Männer, Frauen und Kinder, daß sie unter Anweisung der SS Gräber ausschaufeln mußten, daß sie niederknien mußten, um beim Genickschuß in die Gräber zu fallen, und daß der nächste Kalk darüberstreuen mußte, bis ihn dasselbe Schicksal ereilte. Diese Mitteilung eines seriösen Mannes, der im Zivilberuf selbst Jurist war, ich glaube Amtsrichter, ein Herr Knoke aus Celle ... diese Erzählung ging im Stab herum und ließ gar keine Zweifel mehr daran, daß wahrscheinlich auch die Juden, die bei

Massenmord in Babi-Jar

Die Ermordung von 33 771 jüdischen Männern, Frauen und Kindern in Babi-Jar in der Ukraine, bei Kiew, wurde am 29. und 30. September 1941 von der Einsatzgruppe C in Zusammenarbeit mit freiwilligen ukrainischen Helfern ausgeführt.

uns im Lager Drancy gesammelt wurden, nach der Deportation ein ähnliches Schicksal erwartete.

Wann haben Sie Gewißheit über die Vergasung der jüdischen Bevölkerung bekommen?

Diese Frage leitete ein völlig neues Kapitel in unserem Wissen über die Judenverfolgung ein. Sie läßt sich auf den Tag genau beantworten: Es war der 7. Mai 1942. Bis dahin nahmen wir, nach den Mitteilungen über Kiew und die Massenschlächterei, an, daß sich die Vernichtung der Juden auf den Osten beschränkte, möglicherweise nur auf einige lokale Anlässe und Schauplätze – der Rußlandfeldzug hatte ja ein halbes Jahr davor begonnen. Und nun hörten wir zum ersten Mal das Wort „Vergasung" bei uns, erfuhren, daß ganz neue Methoden der Judenvernichtung in Betracht gezogen wurden.

Ganz neue Methoden

Das Datum 7. Mai 1942 erklärt sich durch einen Besuch Heydrichs, der nach der Wannseekonferenz wenige Monate zuvor von Hitler und Himmler zum Beauftragten für die Judenvernichtung ernannt worden war. Heydrich sollte den neuen Polizei- und SS-Führer in Paris ein-

Juden werden zur Deportation zusammengetrieben

führen, Karl Oberg, der bislang keine unmittelbaren Befugnisse hatte, sondern auf die Amtshilfe des Militärbefehlshabers der französischen Behörden angewiesen war, um die Juden konzentrieren zu können. Von nun an hatte er jedoch unmittelbare Befugnisse, die Judenfrage war dem Militärbefehlshaber genommen und auf ihn übertragen worden. Zur seiner Einführung hielt Heydrich nun im Hotel Majestic (dem Sitz unserer Militärverwaltung) vor höheren Chargen des Militärbefehlshabers einen Exklusivvortrag. Darin hat er die Zusammenarbeit zwischen Militärbefehlshaber und dem neuen Höheren SS- und Polizeiführer gefordert, aber gleichzeitig – quasi als ein Gastgeschenk – einige Geheimnisse der Wannseekonferenz herausgelassen, darunter auch den Versuch, in speziell eingerichteten Lkws deportierte Juden während der Fahrt durch eindringendes Gas zu töten. Die Enttäuschung Heydrichs bestand wohl darin, daß dieses Vorgehen ungenügend war; die Zahl der Opfer war zu gering, und nunmehr schien ziemlich deutlich zu sein, daß er an stationäre Vergasungsanlagen dachte, daß man zu neuen – ich möchte sagen – mechanischen oder industriellen Maßnahmen der Judenvernichtung übergehen mußte.

Heydrichs Exklusiv-Vortrag über die Vergasungen

Jetzt aber war klar, daß man möglicherweise auch die in Frankreich konzentrierten Juden, die in Drancy saßen, mit diesem Mittel der Vergasung, einer mobilen Vergasung zunächst, vernichten würde. Von den tödlichen Konzentrationslagern, den Todeslagern, hatten wir noch keine Ahnung. Aber es war naheliegend, anzunehmen, daß die Deportationen, wenn sie in den Osten gingen, ebenfalls mit der Vergasung enden würden.

Im Frühling 1944 trat Karl Oberg, der die Deportationen kommandiert hat, mit einer vertraulichen Anfrage an den Militärbefehlshaber in Frankreich heran. Was war der Inhalt dieser vertraulichen Anfrage?

Sie denken an die Bitte von Oberg an den Militärbefehlshaber, Soldaten als Begleitpersonal für gewisse Transporte, die ich gleich schildern werde, abzustellen. Lassen Sie mich kurz vorher noch etwas sagen: Im Winter 1943/44 mehrten sich die alliierten Luftangriffe auf die Pariser Verschiebebahnhöfe. Die Transporte – unter anderem aus Drancy, aber auch aus Compiègne – nach dem Osten fanden unentwegt statt, Tag und Nacht. Ich werde nie vergessen können, was der französische Schriftsteller François Mauriac schrieb, als er an einem der Verschiebebahnhöfe einen verplombten Wagen sah und erklärte, in diesem Wagen seien nach den Auskünften des französischen Bahnpersonals Kinder gewesen. Und er spricht von den unschuldigen Lämmern, die in diesem Wagen dem Tod entgegenfuhren, und das sei für ihn der unvergeßlichste, schrecklichste Eindruck in seinem Leben gewesen. Nun, diese Transporte wurden also zum Teil von der alliierten Luftwaffe gestört, und es kam vor, daß plombierte Wagen durch Bomben aufgerissen wurden und daß die Juden, die darin eingepfercht waren, den Weg ins Freie fanden.

Sonderaktion in Frankreich

Nackttransporte

Die Anfrage Obergs lautete nun, um das Abscheuliche kurz zu sagen, ob das Majestic militärisches Begleitpersonal für sogenannte Nackttransporte bereitstellen könne. Seitens des SD war man auf die Idee gekommen – und man hatte bereits damit begonnen –, die Juden entkleidet in Güterwagen um Paris herumzuführen, damit, wenn die alliierten Luftangriffe die Züge beschädigten und die Wagen aufbrachen, das Begleitpersonal sofort wußte, wenn es sich um nackte Flüchtlinge handelte: das sind Juden, die wieder eingefangen werden müssen. Eine uns völlig unbekannte Tatsache, die mir vom Kommandostab 1c mitgeteilt wurde, der sich unter anderem auch auf einen Bericht, einen vertraulichen Bericht der Feldkommandantur des Militärbefehlshabers in Beauvais stützte, wonach nackte Juden in einen Güterwaggon verladen werden sollten und eine entkleidete Jüdin angesichts dieses Schauspiels ohnmächtig und mit einem Eimer Kaltwasser übergossen wurde, damit sie wieder zur Besinnung kam.

Die Nackttranspor- te sind im Gange

Aus irgendwelchen Gründen hatte Oberg nicht genügend Bewachungspersonal und glaubte, der Militärbefehlshaber würde von seinem Regiment Majestic einige Soldaten abstellen können – ein Ansinnen, das wir natürlich ablehnten, das uns aber immerhin die Gewißheit gab, daß solche Nackttransporte bereits im Gange waren. Später, als ich im Zusammenhang mit der Verschwörung des 20. Juli beauftragt wurde, einige SD-Führer anzuklagen, habe ich diesen Tatbestand zu Hilfe genommen, um sie der Zersetzung der Wehrkraft beschuldigen zu können – ein Delikt, das Hitler geschaffen hatte, wenn auch natürlich für andere Tatbestände. Es wäre mir in diesem Falle zu Hilfe gekommen, weil es die absolute Todesstrafe vorsah. Zu diesem Sondergerichtsverfahren ist es dann ja nicht gekommen. Aber gerade dieser Anklagepunkt hat mich dazu veranlaßt, mich sehr genau über diesen Sachverhalt zu informieren.

Ludwig Wolf

Ludwig Wolf, 1903 geboren, war während des Krieges Direktor einer Matratzenfabrik im Warschauer Ghetto. Kurz vor seinem 90. Geburtstag hat er ausführlich über seine Erlebnisse gesprochen.

Herr Wolf, Sie haben längere Zeit im Ghetto in Warschau verbracht. Wie kamen Sie dahin?

Ich war Geschäftsführer eines Zweigwerks unserer Firma in Berlin und bekam eines Tages vom Inhaber den Bescheid, daß ich zusätzlich zu meinem Werk in Berlin auch ein Werk in Warschau leiten sollte. Er bestellte mich zu sich in die Wohnung nach Baden-Baden und eröffnete mir kurz und schlicht: „Im Osten liegen die Millionen auf der Straße, wir dürfen nicht zu spät kommen." Er hatte alles schon eingeleitet. Von der Firma war niemand drüben, alles ist von einer Wirtschaftsstelle Ost gelenkt worden, die die „brauchbaren" Arbeitskräfte im Ghetto für die Kriegswirtschaft „nutzbar" machen sollte. Und so sind für uns gleich 160 Jüdinnen und Juden festgelegt worden, die alles mitbringen mußten.

Was heißt „alles"?

Nähmaschinen, ihr Handwerkszeug und so ... 26 Nähmaschinen kamen für uns zusammen.

Wie wurden die Leute bezahlt?

Ach was, bezahlt! Glauben Sie denn, die Firma hätte etwas dafür bezahlt, daß sie da ein Werk eingerichtet hätte? Die Arbeitskräfte waren umsonst, sie haben der SS gehört, sie waren ihr „Eigentum". Anfangs hieß es, daß wir, die Firma, an die SS etwas abführen müßten. Aber ich habe nie gesehen, daß etwas berechnet wurde. Im Laufe der nächsten Wochen gab es auch ein solches Durcheinander, daß das gar nicht mehr möglich gewesen wäre.

Ich wurde für den 15. April 1942 nach Warschau bestellt. Man holte mich am Hauptbahnhof ab und brachte mich gleich (mein Zimmer war

„Im Osten liegen die Millionen auf der Straße."

„Eigentum" der SS

schon bestellt, es war alles erledigt) durch das Tor 2 des Ghettos. Die Straße, die hineinführte, hieß Schibowska. In der Nr. 25 war ein größeres Fabrikanwesen für die Firma beschlagnahmt worden. Es war bereits alles vorbereitet. Die Arbeitskräfte waren, wie gesagt, schon festgesetzt, die Utensilien, die sie aus ihrem Haushalt mitbringen mußten, waren auch schon da, es war alles fertig. Man hatte einen Polen, der gut deutsch sprach, mit seiner Frau – die Frau als Werkmeisterin –, als Dolmetscher engagiert. Denn ich sprach kein Polnisch und konnte mich daher nicht mit den Leuten unterhalten.

Von Essen gar keine Rede

Von Arbeitsbeginn, von Essen und so weiter war gar keine Rede. Man hat sich überhaupt nicht darum gekümmert, wie die Leute leben und wie sie arbeiten sollten. Wenn jemand umfiel, war es denen vollkommen egal. Dann ist er eben entfernt worden.

Die Arbeiter haben nichts bekommen, kein Geld, kein Essen?

Wenigstens eine Suppe

Nein. Wir haben dann mit dem Polen und seiner Frau zusammen Lebensmittel vom Schwarzmarkt besorgt und haben hinten eine Küche eingerichtet, was natürlich niemand wissen durfte. Dort haben wir den Leuten jeden Tag um die Mittagszeit wenigstens eine Suppe geben können. Es waren immerhin 160 Menschen, und die Frauen brachten im Laufe der Tage noch ihre Kinder mit. Auf diese Weise ist wenigstens etwas geholfen worden. Wenn das herausgekommen wäre, wäre die ganze Firma aufgeflogen, und wir natürlich mit.

Warum haben die Leute dort gearbeitet?

Lebensverlängerung

In einer deutschen Firma zu arbeiten war in den Augen der Menschen dort gleichbedeutend mit einer Lebensverlängerung.

Sie wußten, daß sie sterben mußten?

Natürlich wußten sie das! Man wußte doch schon im April 1942 Bescheid. Auch den Juden, selbst dem letzten Juden, war klar, um was es ging.

Um was ging es?

Um die Vernichtung. Um die Vernichtung der Juden; nicht nur der polnischen Juden, sondern man deportierte ja aus Frankreich, Holland, Belgien, aus Deutschland, Ungarn und der Tschechoslowakei.

Wie viele Menschen lebten in dem Ghetto?

Über eine halbe Million.

Haben Sie die Leute gesehen, die keine Arbeit hatten? In den Straßen?

Die Straßen waren voll von Menschen. Schon beim ersten Besuch in Warschau, am 15. April, ging ich mit dem Inhaber, einer Verwandten von ihm und einem anderen Geschäftsführer vom süddeutschen Werk durch die Straße. Wir mußten uns durchwinden. Und da hat jemand gehört, daß wir deutsch sprachen. Es war eine Dame mittleren Alters. Sie kam auf uns zugestürzt und sagte: „Ich bin Klavierlehrerin in Berlin gewesen. Helfen Sie mir doch, helfen Sie mir doch." Und da sagte eben dieser Geschäftsführer in seinem Dialekt: „Hau ab, du Saumensch." Das war die Umgangsform im Ghetto zwischen Deutschen und Juden.

„Hau ab, Du Saumensch."

Sie haben mich nach dem Verhältnis zwischen Deutschen und Juden gefragt in einem Betrieb wie dem, von dem wir sprechen. Wissen Sie, wenn Sie in die Arbeitsräume gekommen sind und diese verängstigten Menschen gesehen haben . . . da blieb einem alles stecken. Jede Frau, jedes Kind, jeder Mann hatte die Todesangst in den Augen, wenn ein Deutscher kam. Die Atmosphäre im Betrieb war grauenhaft. Das war für mich mit das schlimmste. Und dann, wenn man rauskam – unsere Büroräume lagen gegenüber, auf der anderen Seite der Schibowska, in der Nr. 30, einem ehemaligen jüdischen Café – wenn man über die Straße ging . . . wie die Menschen sich da gegenseitig stießen – die sind vor sich selbst geflüchtet, sie wußten nicht, wohin. Sie sind durch die Straßen gejagt.

Todesangst in den Augen

Und was sich dazwischen abspielte . . . Ich sah zum Beispiel einmal, als ich rausging (das habe ich ungern und nur selten getan), wie drei völlig nackte Kinder, vielleicht so zwei, drei Jahre alt, mit aufgeblähten Bäuchen, aufgequollenem Kopf, hervorstehenden Augen, im Wassergraben, also am Trottoir lagen, und das schmutzige Abwasser, dieses Ghettoabwasser, schlürften. Drei Jahre . . . vielleicht waren sie noch nicht einmal so alt. Kinder, die sicher von ihren Eltern ausgesetzt worden waren, weil die keine Möglichkeit mehr hatten, sie zu ernähren. Sie lagen völlig nackt da. Ich stand am Straßenrand, und neben mir stand ein Jude im Kaftan, mit Bart und so, und der merkte natürlich schon an meiner Kleidung, daß ich deutscher Staatsangehöriger bin. Und dann sagte er halb auf Deutsch, halb auf Jiddisch: „Herrgott, was tust Du uns an."

Einmal hatte ich ein Gespräch mit einem Landgerichtsdirektor aus Posen, der schon in

Im Warschauer Ghetto,
aus dem Fotobericht von Hans Siekmann

der deutschen Zeit Jurist war und als alter Mann ins Ghetto verfrachtet wurde. Was für eine Angst in diesem hochintelligenten Gesicht stand! Eine Todesangst, nicht nur um sich, sondern um seine ganze Familie – seine Frau, seine erwachsenen Kinder, seine Enkel, die auch alle dort waren.

Deutschland, ein gesegnetes Land

Man muß sich das einmal vorstellen. Da kommt man aus einem damals, 1942, noch gesegneten Land, es war alles da; wenn man nach Hause kam, wurde man von der Frau umarmt . . . und dann plötzlich in diese Hölle – nein, dafür gibt es keinen Ausdruck. Wissen Sie, so kann sich kein Teufel benehmen, wie sich dort unsere guten Landsleute benommen haben, insbesondere gegen die Juden.

Das Ghetto war abgesperrt. Haben Sie die Kontrollen an den Toren gesehen?

Mit dem Polen mußte ich oft raus aus dem Ghetto auf die Amtsstellen. Ich kann nur von einem Fall erzählen. Da gingen wir durch das Tor rein – es war ebenfalls das Tor 2 –, zusammen mit einer Gruppe jüdischer Arbeiter, darunter auch Kinder, die von irgendeinem Arbeitsplatz in der Stadt kamen und ins Ghetto zurückgeführt wurden. Sie wurden alle nach Lebensmitteln und ähnlichem untersucht. Und bei einem vielleicht acht- oder zehnjährigen Jungen fanden sie etwas, ein paar Kartoffeln, gelbe Rüben und so. Der deutsche Polizeiwachposten hat ihn in die Höhe gehoben und ihm mit der rechten Hand das Gewehr mit dem Kolben auf den Kopf geschlagen. Der Vater des Jungen kam aus der Gruppe heraus und warf sich dazwischen. Da drehte der Posten das Gewehr um und schoß den Vater nieder.

Kind geschlagen, den Vater erschossen

Zu welcher Waffengattung haben die Torwächter gehört? Waren es SS-Leute?

Es war natürlich auch SS dabei. Die hatten ja überall die Aufsicht. Aber in erster Linie waren es Polizisten aus dem Reich, die man gewissermaßen als Wehrmachtseinheit in die besetzten Gebiete sandte. Und die „dritte Garnitur" waren dann die polnischen Polizisten. Bei denen habe ich eigentlich nicht so eine Schändlichkeit gesehen. Sie standen immer dabei und konnten nichts anderes tun als zusehen.

Warum diese Brutalität gegen die Kinder, die Lebensmittel reingeschmuggelt haben? War das denn ein so großes Verbrechen?

Kleines Vergehen mit dem Tode bestraft

Ach Gott, was heißt Verbrechen? Das war ein kleines Vergehen, aber was hieß da schon kleines Vergehen. Das ist gleich mit der Todesstrafe beantwortet worden. Und niemand hat sie zur Rechenschaft gezogen. Der Polizist hätte ja sagen können, der Junge habe ihn bedroht. Aber das ist gar nicht gefragt worden! Hauptsache, es war wieder ein Jude weg. Das Ghetto, das auf dem vom Stadtteil Murnau abgetrennten Gelände errichtet worden war, diente doch in erster Linie ihrer Vernichtung. Ein Ghetto gab es deshalb, um sie noch eine Zeit am Leben zu erhalten, denn viele besaßen noch Schmuck und Geld, oder sie hatten zum Beispiel Dollar-Scheine. Und das wollte man ihnen noch abnehmen, das sollte doch nicht verlorengehen. Deshalb behielt man sie da, bis sie keine andere Wahl mehr hatten, als die Sachen zum Verkauf herzugeben. Und dann wurden sie ihnen geraubt.

Haben Sie die Räumungen, die Deportationen miterlebt?

Ja, das habe ich, am Tag vor meinem Geburtstag, am 8. August 1942. Am Abend vorher wurden große gelbe Plakate angeschlagen: „Kommt alle an den Bahnhof". Der Umschlagbahnhof hieß Karischewska. Da wurden alle Juden hingeführt zum Abtransport, nach Treblinka und Majdanek. „Und ihr bekommt zwei Pfund Brot, ihr bekommt ein Kilo Marmelade, bis ihr an eurem Arbeitsplatz seid." Und dann, am 9. August, ging es los. Diejenigen, die nicht freiwillig kamen, wurden aus den Häusern geholt. Ich habe es selbst beobachtet. Meine Belegschaft habe ich in den Keller geführt, also weg von oben. Unten konnte ich vom Kellerfenster aus gegenüber ein Begräbnisinstitut sehen. Dort wurden die Leute rausgeholt. Man hörte auch Schüsse, es gab bestimmt Tote dort, Leute, die sich geweigert haben, mitzugehen. Und dann draußen – ein Menschenstrom, der von jüdischen Polizisten mit Peitschen geschlagen wurde.

Warum haben Juden das gemacht?

Um sich selbst das Leben zu verlängern. Die brauchte man.

Haben Sie die Verfrachtung gesehen?

Ja. Abends hat mich ein Herr von eben jener Wirtschaftsstelle Ost, mit dem man ein wenig reden konnte, abgeholt. „Kommen Sie, ich will Ihnen was zeigen." Und er hat mich zu dem Umschlagebahnhof geführt. Was sich da abspielte . . .

Erzählen Sie.

Das kann man gar nicht beschreiben . . . wie die Menschen wie Trauben aneinander hingen, wie sie auseinandergerissen und einzeln durch die Sperre hindurch auf den Bahnsteig getrieben und in die Güterwagen reingestoßen wurden. Ein Junge, ungefähr sechs oder sieben Jahre, hat sich an einen Wachmann geklammert und nach seiner Mama geschrien. Der Wachmann hat sich gebückt und ihn an einem Fuß genommen und hat ihn so an die Wand geschlagen, daß das Gehirn herausspritzte. Wir waren kurz davor, auf den Mann loszugehen, aber

„Kommt alle an den Bahnhof."

Jüdische Polizisten mit Peitschen

An die Wand geschlagen, daß das Gehirn herausspritzte

Auf der Suche nach Zyankali

es wäre sinnlos gewesen. Ja, so war das mit der Deportation. Das kleine Ghetto ist in wenigen Tagen geräumt gewesen.

Aber weil der Pole, von dem ich sprach, und seine Frau ein Interesse daran hatten, in den Besitz von Zyankali zu kommen, sind wir noch einmal zurück ins kleine Ghetto. In unserer Straße war eine Apotheke, eine jüdische Apotheke. Die Frau Tscherwinska – so hieß die Polin – hat mich mitgenommen und dort nach Zyankali gesucht. Aber die Regale waren leer. Dann sind wir rauf in die Wohnung gegangen, weil sie dachte, dort sei irgendwo etwas versteckt. Als wir das Speisezimmer betraten – es war ein großer Raum –, saß die ganze Familie tot am Tisch. Ich sehe noch ein Mädchen von vielleicht zehn, elf Jahren vor mir. Die hat mich angesehen, als ob sie noch leben würde. Grauenhaft.

Wie war das Straßenbild im Ghetto?

Die Menschen waren in den Wohnungen derart zusammengepfercht, unvorstellbar. In einem Zimmer von 16 oder 18 Quadratmetern waren 20, 25 Menschen drin. Wie die da schlafen konnten? . . . Es hat sie rausgetrieben. Alles hat sich auf der Straße abgespielt, auch der Tod. Wenn es nicht mehr ging, sind die Menschen eben umgestürzt. Die Nachfolgenden sind über sie hinweg, es wurde irgendwie gemeldet und dann kam der „Schüdderump", wie Wilhelm Raabe sagt, und holte sie in die Kiste rein – und diese Kiste sah man allenthalben in den Straßen. Es muß sehr viele davon gegeben haben.

Ich kann Ihnen ein besonders anschauliches Bild geben. Ich sagte ja bereits, daß ich die jüdische Belegschaft an dem Tag der Deportation aus den Arbeitsräumen geholt habe. Am nächsten Morgen mußte ich ja nun melden, daß sie noch da seien, obwohl alles leer war. Da bin ich die Schibowska hoch, und noch eine Straße; ich weiß nicht mehr, wie ich dahin gekommen bin, ich war ja selber völlig durcheinander, und da bin ich streckenweise nur . . . also, ich mußte den Schritt verlängern, um nicht auf Tote zu treten. Einmal bin ich auf irgend etwas ausgerutscht, so daß ich mich festhalten mußte. Und da sehe ich vor mir das wunderbare Gesicht einer alten Frau. Tot natürlich. Also, wie die mich angesehen hat! Wissen Sie, so . . . so etwas . . . beinahe Zärtliches hat die Frau im Tod ausgestrahlt. Ich glaube, daß sie glücklich war, tot zu sein.

*Im Warschauer Ghetto,
aus dem Fotobericht von Hans Siekmann*

Es hatten nicht mal alle Schußwunden, manche sind mit dem Gewehrkolben oder sonst was totgeschlagen worden, oder sie sind aus Angst, Aufregung zusammengebrochen. Oft waren es alte Leute. Das war so ein fürchterliches Erlebnis. Dieser Gang von der Schibowska, von unserer Fabrik durch von Leichen übersäte Ghettostraßen, zu irgendeinem untergeordneten Hauptquartier der SS . . . Und wie ich dort behandelt wurde! Ich mußte ein wenig den Teutonen raushängen lassen, um nicht unterzugehen. Die hätten mich glatt fertiggemacht. „Sie unterstehen sich, Juden zu verstecken", so hat man es genannt. „Ich habe sie nicht versteckt, ich habe meine Aufträge vom Roten Kreuz, die muß ich erledigen." Und das muß ich so bestimmt gesagt haben, daß sie mich daraufhin in Ruhe ließen. Dann kam einer und sagte: „Wir führen sie vom Betrieb ab und in ein nahe gelegenes Wohnhaus, da sollen sie übernachten und werden am nächsten Morgen wieder hergeführt." Das ging gut, vierzehn Tage – und am darauffolgenden Morgen war die Fabrik leer, waren die auch abgeholt.

Den Teutonen raushängen lassen

Wohin hat man sie gebracht?

Nach Majdanek, nach Treblinka.

Wozu?

Zum Töten, zum Ermorden. Mit Zyklon B von der IG Farben.

Solange sie in der Fabrik gearbeitet haben, waren sie sicher, nicht zu sterben?

Das kann man nicht sagen. Sie waren ja dann abends frei, sie sind in ihre Schlafstätte zurückgekehrt und so weiter. Die Angst war immer da. Die Angst konnte ihnen im Grunde auch eine Beschäftigung nicht nehmen.

Haben Sie mit Ihren Landsleuten über die Zustände gesprochen?

Mit einem konnte ich etwas reden. Man mußte in jedem Fall vorsichtig sein. Ich habe sonst mit niemandem gesprochen. Ich habe in der Familie dieses Polen verkehrt und nur selten im Hotel geschlafen. Ich habe immer bei ihnen geschlafen, weil die eine fürchterliche Angst hatten. Ich konnte mir das gar nicht erklären, er hatte ja einen guten Posten und ist auch gut bezahlt worden. Er war der einzige außer mir, der im Betrieb überhaupt bezahlt wurde. Ja, es war schlimm.

Man mußte vorsichtig sein

Wie haben Sie diese Erlebnisse verarbeitet?

Das war unmöglich. So etwas kann man nicht verarbeiten. Man stellt sich höchstens Fragen – man ist doch von seinen Eltern in einem Geist großgezogen worden, den man menschlich nennen kann: Verhalte dich deinen Mitschülern oder Lehrern gegenüber oder in der Nachbarschaft anständig, damit uns keine Klagen kommen. So sind wir doch erzogen worden. Und dann stehen Sie plötzlich hier vor dem Inferno. Wissen Sie, da sehen Sie Dinge, die Sie vorher nie für möglich gehalten hätten. Ich habe schon mal so etwas erlebt. Ich bin in Mühlhausen im Elsaß geboren und habe, auch an meinem Geburtstag am 9. August, das erste Gefecht des Ersten Weltkriegs erlebt – bei uns im Keller, in der Nähe der Kampfstätte, Schlacht kann man ja nicht sagen. Da haben sich die Franzosen oben am Ringbahndamm eingegraben und haben auf den Feind geschossen, der vom Hartwald von der Rheinseite her kam. Und an diesem Morgen – es war natürlich verboten – da bin ich raus an den Ringbahndamm und fand mich plötzlich inmitten von Toten; lauter Franzosen, weil dies die französische Seite war. Diesen Eindruck bin ich auch nie losgeworden, aber er steht in keinem Verhältnis zu dem, was man in Warschau zu sehen bekam. Wissen Sie, in Warschau . . . diese abscheuliche, man kann nicht mal sagen abscheuliche, diese fürchterliche Unmenschlichkeit, das zu verarbeiten, das ist unmöglich. Man gewinnt natürlich mit den Jahren einigen Abstand . . . Aber wie kann man so etwas vergessen! Wissen Sie, das Vergessen, das gibt es gar nicht für so einen Fall. Nein, es kommt heute noch vor, nach beinahe 50 Jahren, daß ich im Schlaf anfange zu schreien, so daß die Leute unter mir schon meine Schwester drüben anrufen wollten, sie solle nach mir sehen.

Diese fürchterliche Unmenschlichkeit

Erzählen Sie von den Erinnerungen, die Sie bis heute verfolgen.

Der Junge mit den Schmeißfliegen im Gesicht

Sie brauchten nur auf die Straße hinaus zu gehen, da haben Sie verhungerte Leute gesehen. In Abständen von hundert Metern lagen Tote, um die sich niemand gekümmert hat und auch nur kümmern konnte. Es hat doch jeder mit sich selber zu tun gehabt. Bei der Räumung des kleinen Ghettos, als wir im Keller waren, haben wir einen Jungen auf dem Trottoir am Haus liegen sehen. Der hatte ein ganz schwarzes Gesicht. In der Augustsonne, lauter Schmeißfliegen im Gesicht! Stellen Sie sich vor, was das Kind gelitten hat, noch in seinen letzten Atemzügen. Wir haben darauf gewartet, daß die Hand sinkt, daß es zu Ende ist. Und das hat weiß Gott wie lange gedauert. Es war furchtbar. Wissen Sie, wenn Sie fragen, wie ich das verarbeitet habe . . . Wie kann man so etwas verarbeiten, wenn man daheim selber einen zwölfjährigen Jungen hat? Wäre der nun auch von Jehova mit dem Schicksal bedacht worden, als Jude zur Welt zu kommen, hätte er dagelegen. Ich meine, man führt doch irgendwie alles wieder auf sich selbst zurück.

Was kann ich dafür, daß ich nicht als Jude geboren bin?

Was kann ich dafür, daß ich nicht als Jude geboren bin? Das ist lächerlich. Das kann man den Leuten nicht weismachen. Die Sache ist doch, es ging doch nur um Raub. Dieser ganze Rassismus . . . das war nicht von der Masse, sondern von jenen, die dahinter stehen. So wie im Mittelalter in Worms, in Speyer, in Mainz, da wurden die Juden geplündert, damit die hohe Geistlichkeit ihr Budget aufbessern konnte. Sie wollten alles haben. Deshalb auch die Milliarde „Bußgeld" noch im November 1938. Es ging doch nur um den Raub, um gar nichts anderes.

Joseph Goebbels besichtigt das zusammengeschmolzene Gold der ermordeten Juden. Dritter von rechts: der Befehlshaber der Einsatzgruppe D, Otto Ohlendorf, der das Gold nach Berlin brachte und der den Mord an 90 000 Menschen eingestanden hat.

Hans Siekmann

Hans Siekmann war während des Krieges als Soldat im besetzten Warschau und wurde dort Zeuge der Zustände im Ghetto. Nach dem Krieg arbeitete er als Justizbeamter.

Herr Siekmann, Sie lebten während des Krieges in der Nähe des Warschauer Ghettos. Was war das Ghetto?

Das Ghetto war ein eingezäunter Stadtteil von Warschau.

Wie war es eingezäunt?

Mit Stacheldraht und Bretterzäunen

Teilweise mit Stacheldraht, teilweise mit Bretterzäunen.

Wurde es bewacht?

Es wurde bewacht, ja.

Wer waren die Bewohner?

Die Bewohner waren ausschließlich Juden.

Wieviel Leute lebten da? Haben Sie eine Ahnung?

Es waren ca. 500 000

Ich schätze, so ungefähr 100 000.

Sie waren tagtäglich im Ghetto?

Alle 2–3 Wochen im Ghetto

Tagtäglich nicht. Vielleicht alle vierzehn Tage, drei Wochen einmal.

Was haben Sie dort gemacht?

Wir waren eine motorisierte Kolonne, eine Omnibuskolonne, und im Ghetto in Warschau waren Reparaturwerkstätten, wo wir unsere Fahrzeuge hinbrachten zur Reparatur.

Die Juden haben für Sie gearbeitet?

Die Juden haben für uns gearbeitet.

Haben sie gut gearbeitet?

Sie haben gut gearbeitet, ja.

Die Juden haben gut gearbeitet

Haben sie Essen dafür bekommen, daß sie da gearbeitet haben?

Nein.

Was für Lebensmittelzuteilungen haben sie gehabt?

Das kann ich nicht sagen. In jedem Fall war es kaum etwas. Es war nicht viel.

Wie sahen die Menschen aus?

Abgemagert, heruntergekommen, verhungert und schlecht, mehr als schlecht.

Abgemagert, heruntergekommen

Haben Sie Menschen auf der Straße liegen gesehen?

Die Leute lagen auf der Straße. Teilweise tot, teilweise dem Tod nahe.

Haben Sie Leichenwagen gesehen?

Leichenwagen haben wir auch gesehen.

Haben die Leute Angst vor Ihnen gehabt?

Die Leute haben vor der Wehrmacht keine Angst gehabt, aber vor der SS.

Wie haben sie sie unterschieden?

Man sagte unter den Juden im Ghetto, die Soldaten mit dem Hoheitszeichen – also mit dem Adler – auf der rechten Seite, oben auf der Brust, die seien gut. Aber die Soldaten, die das Hoheitszeichen am linken Ärmel hätten, die seien schlecht. Und das war die SS.

Haben Sie gesehen, daß die SS gegen die Leute brutal vorgegangen ist?

Brutalitäten gesehen

Ja, das habe ich einige Male gesehen.

Haben sie zugeschlagen?

Ja, das habe ich einige Male gesehen.

Haben Sie Erschießungen gesehen?

Erschießungen habe ich nicht gesehen, nein.

Haben die Menschen um Essen gebettelt?

Um Essen und Trinken gebettelt

Ja, um Essen und auch um Trinken.

Warum um Trinken?

Wahrscheinlich war die Wasser- oder überhaupt die Zuteilung von Flüssigkeiten derart gering, daß man damit nicht auskam. Sie müssen bedenken, da waren, ich schätze so etwa 100 000 Menschen eingepfercht in einem Viertel. Und ob da die Wasserversorgung immer gut war, das möchte ich bezweifeln. Und daher wahrscheinlich auch das Betteln hinsichtlich des Trinkwassers.

Haben sie bei Ihnen auch gebettelt?

Ja, die Leute in der Werkstatt. Schon mal wegen einer Zigarette oder überhaupt wegen Rauchwaren. Aber auch schon mal wegen Brot.

Wie haben die Menschen im Ghetto überlebt?

Ein Paar Schuhe gegen Kartoffeln

Ja, wie haben die überlebt? Mit Handel. Da wurde sehr viel gehandelt. Der eine hatte eine Hose auf dem Arm und die tauschte er wieder gegen ein Paar Schuhe ein. Oder derjenige, der jetzt meinetwegen ein Paar Schuhe hatte, der tauschte sie ein gegen Kartoffeln oder Lebensmittel, falls einer gerade so etwas hatte.

Haben Sie mit Ihren Kameraden über die Zustände im Ghetto gesprochen?

Da ist drüber gesprochen worden. Es sind ja Aufnahmen gemacht worden. Nicht nur ich habe Aufnahmen gemacht, auch andere.

Was haben die Kameraden gesagt?

Menschenschinderei

Man hat durchweg gesagt, daß das eine Menschenschinderei sei. Man hat es im allgemeinen nicht verstehen können, daß die Menschen eingepfercht sind und dann noch verhungert und tot auf der Straße liegen.

War Ihnen klar, daß es eine systematische Aktion war, die Leute durch Hunger umzubringen?

Ja, ja, ja. Ja, es war eine systematische Aktion. Denn die Zuteilung an Lebensmitteln – die erstreckte sich ja fast über ein Jahr, in der Zeit, wo ich da war – die hat sich nicht gebessert. Im Gegenteil, sie ist wahrscheinlich schlechter geworden.

War Ihnen klar, daß es sich um einen Massenmord handelte?

Massenmord in dem Sinne habe ich nicht gesehen. Ich habe einige Leichen auf den Straßen gesehen oder die Leute, die verhungert waren. Dann habe ich einmal einen Leichenwagen gesehen, als man die Toten von der Straße aufsammelte und auf einen... Karren, will ich mal sagen, lud, und sie dann wegtransportierte. Nach Erzählungen von Leuten, die auch im Ghetto gewesen sind, sollen sie in Massengräbern verscharrt worden sein.

Wann haben Sie noch gesehen, daß Juden mißhandelt wurden?

Ich habe auf dem Transport nach Rußland – wir sind nach Rostow transportiert worden – auf einem kleinen Bahnhof kurz vor Charkow einen Güterzug gesehen. Und im nachhinein ist mir erst bewußt geworden, daß da Juden drin verladen waren, die ins Vernichtungslager gebracht wurden.

Wann haben Sie zum ersten Mal von der Vernichtung gehört?

Über diese Massenvernichtungen habe ich erst während meiner Dienstzeit beim Landgericht gehört.

Nach dem Krieg?

Nach dem Krieg. Ja. Es muß in den Jahren zwischen 1965 und 1967 gewesen sein.

Sie haben im Ghetto fotografiert.

Ja. (Abb. 1:) Hier sieht man eine Frau liegen, wahrscheinlich tot, mit einer Decke zugedeckt. (Abb. 2:) Bei diesem Foto sieht man den Ein- oder Ausgang des Ghettos, bewacht von einem polnischen Polizisten, und den Bretterzaun, der das Ghetto einzäunt. (Abb. 3:) Hier sieht man jemanden, der den Eßnapf mit hat und um Brot bettelt und an der Straße liegt. (Abb. 4:) Ein kleiner Markt. Da wird mit Holz gehandelt. (Abb. 5:) Dieses Bild zeigt einen jungen Mann, ebenfalls mit einem Eßgeschirr in der Hand, der vermutlich auch um Essen bettelt. (Abb. 6:) Ein Leichenwagen, der mit der Hand gezogen wird. (Abb. 7:) Hier ist eine alte Frau, wahrscheinlich tot, auch mit einer alten Decke zugedeckt. (S. 43:) Hier ist ein junges Mädchen mit den Geschwistern. (Abb. 8:) Die nur im Ghetto fahrende Straßenbahn mit dem Judenstern

Eine systematische Aktion

Juden auf dem Weg zum Vernichtungslager

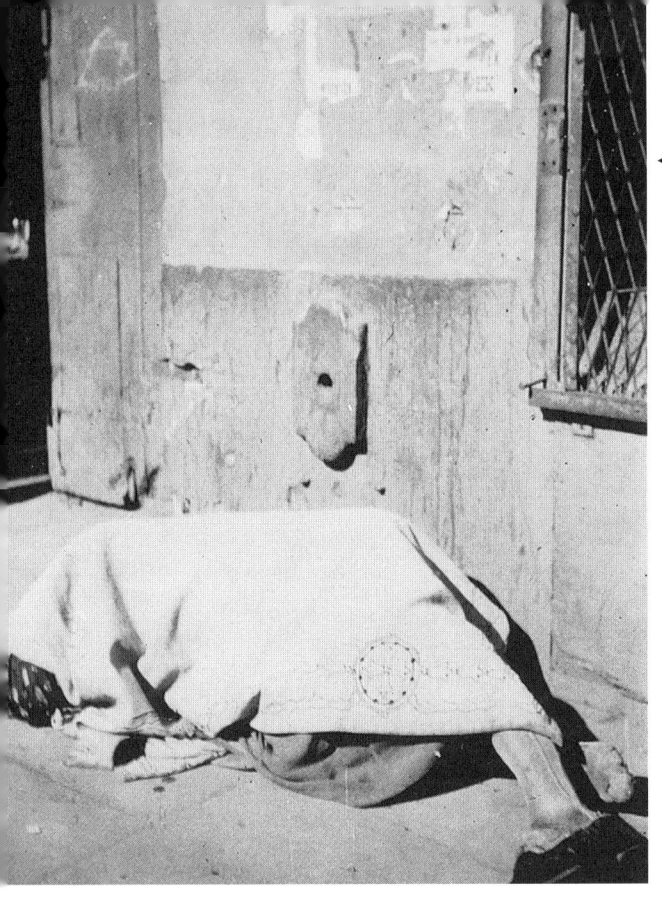

5 ◀

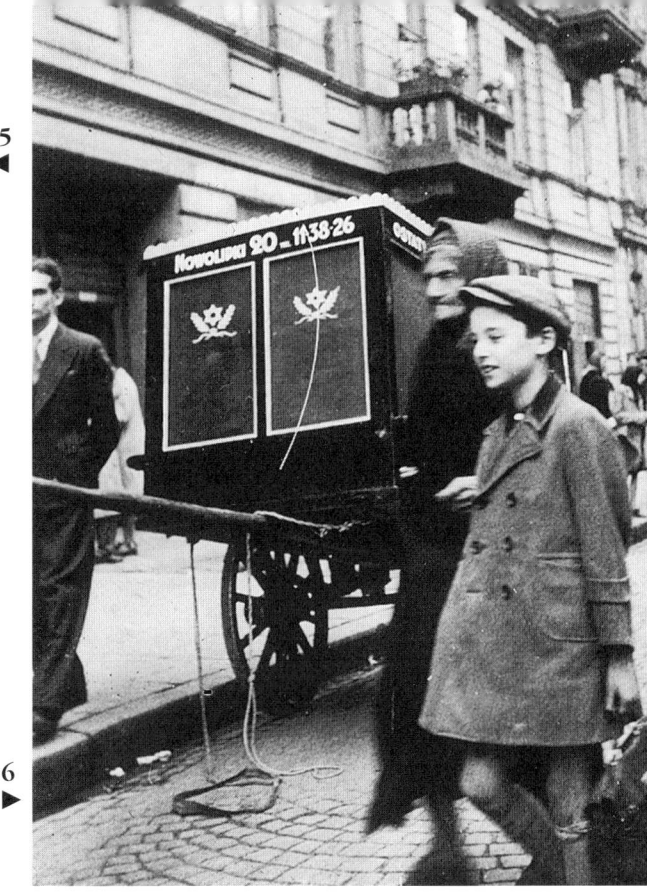

6 ▶

7 ◀

8 ▶

oben. (Abb. 9:) Hier ist ein Übergang von einem polnischen Bezirk zum anderen polnischen Bezirk. Man hat eine Brücke gebaut, damit die Polen mit den Juden nicht zusammentrafen, und unterhalb der Brücke, da zog sich wie ein Schlauch das Ghetto durch. (Abb. 10:) Der Ein- oder der Ausgang vom Ghetto, oben mit den Schildern „Seuchensperrgebiet. Nur Durchfahrt gestattet". (S. 46:) Und hier liegt auch einer, der wahrscheinlich tot ist.

▲ 10   9 ▼

Dr. Walter Soswinski

Dr. Walter Soswinski, geboren 1905, war in den dreißiger Jahren Bankangestellter in Wien und setzte sich für ein freies Österreich ein. Als einer der ersten prominenten Gegner der Nationalsozialisten wurde er direkt nach der Annexion des Landes 1938 verhaftet und in das Konzentrationslager Dachau deportiert, später kam er nach Mauthausen und Auschwitz. Nach Kriegsende wurde er Generalrat der Österreichischen Nationalbank – etliche Banknoten tragen seine Unterschrift.

Herr Dr. Soswinski, nach der Annexion Österreichs wurden Sie sofort verhaftet und nach Dachau deportiert. In dem Zug mit den Deportierten waren auch Juden. Wie hat man sie behandelt?

Es war der erste Österreicher-Transport. Aus der Liste ging hervor, daß es sich dabei um einen sogenannten Prominententransport handelte, das heißt, es waren prominente Österreicher, christliche wie jüdische. Christlich hieß nicht, daß es Katholiken waren oder Protestanten, es konnten genauso Konfessionslose sein.

Prominententransport aus Wien

In der Sitzordnung wurde – anders als später – kein Unterschied gemacht. Juden und Nichtjuden – also Arier, wie es geheißen hat – saßen nebeneinander. Aber die Behandlung war verschieden. Die Bewachungsmannschaften waren österreichische Nationalsozialisten, die vor dem Anschluß nach Deutschland geflüchtet sind, und bei dieser Gelegenheit konnten sie ihr Mütchen kühlen.

Wir sind in einem Schnellzugwaggon gefahren und mußten die ganze Fahrt über ins Licht schauen. Es ist klar, daß man in der Zeit von abends sechs bis morgens um acht Uhr auch einmal, wie es so schön militärisch heißt, austreten muß. Wenn das aber ein Jude wollte, mußte er sich auf Steinen oder auf Holzscheiten vor dem Abteil hinknien. Sie wurden bei jeder Gelegenheit, wenn Ablöse bei der SS war, geschlagen und gedemütigt. Sie wurden beschimpft, durften nicht oder mußten zumindest eine ganze Weile warten, bis sie überhaupt austreten konnten.

Wie wurden sie in Dachau behandelt?

Die Juden galten ja nicht als Deutsche. Sie hatten zwar einen roten Winkel, aber darüber den gelben Winkel. Und bei der Arbeit – das Lager war ja noch nicht fertig ausgebaut – mußten sie die Schubkarren

Schläge

doppelt so voll machen wie die anderen. Es waren eine ganze Menge älterer Leute von 50 und fast 60 Jahren, nehme ich an, darunter. Natürlich sind sie mal gestolpert oder konnten nicht weitermachen, mußten mal absetzen – das hat dann Schläge gegeben. Ich will damit nicht sagen, daß die anderen gut behandelt wurden, aber es gab noch eine deutliche Differenzierung zwischen der Behandlung eines Deutschen, wie wir Österreicher uns ja nennen sollten, und der eines Juden, der keine Nationalität gehabt hat.

1943 wurden Sie von Dachau nach Lublin transportiert. Warum?

Distrikt Lublin „judenrein" geschossen

Wir wurden deshalb dorthin geschickt, weil der Distrikt Lublin am 4. November 1943 „judenrein" geschossen worden war.

Was heißt das?

Das heißt, daß dort die letzten Juden erschossen worden waren. Das war die Tötungsart dort. Sie mußten sich neben einem Graben aufstellen, wurden mit Maschinengewehren erschossen und fielen dann in die Grube hinein.
Die Juden waren ja vorher in ein Ghetto verlegt worden, wo sie ihre verschiedenen Gewerbebetriebe weiter geführt hatten, Tischlereien, Schustereien, Mechanikerwerkstätten, Apotheken usw. Und die standen nun leer. Aber die Deutschen brauchten diese Betriebe, weil die Front nur ca. 80 oder 100 Kilometer entfernt war. Wenn nun Reparaturen anfielen oder bei Niederlagen Chassis von Autos gekommen sind, bei denen die Aufbauten wiederhergestellt werden mußten, konnte das dort nicht mehr gemacht werden, weil sie die letzten arbeitenden Juden erschossen hatten. Aus diesem Grund wurden aus Dachau, Buchenwald und Sachsenhausen 100 deutschsprachige Häftlinge dorthin geschickt, damit diese Werkstätten wieder in Betrieb genommen werden konnten.

Von Lublin kamen Sie nach Auschwitz. Was haben Sie dort von den Vergasungen mitbekommen?

An sich war das ein Wunder, wie wir nach Auschwitz gekommen sind, daß auf einmal plötzlich 300 deutsche Häftlinge, dazu noch lauter Politische, dort angekommen sind. Das war ja Sommer 1944 eigentlich nicht mehr möglich, eine solche Anhäufung von politischen Häftlingen hat man ja in Auschwitz nicht mehr erlebt.

Die Leichen angezündet

Was ich gesehen habe, waren zum Beispiel die Gruben, die außerhalb lagen. Weil die Krematorien nicht mehr ausgereicht haben, als die großen Transporte mit ungarischen Juden gekommen sind, hat man die Leichen ja in Gruben geworfen und angezündet.
Ich konnte das nur deshalb sehen, weil ich die Möglichkeit hatte, als Kapo* der Bauleitungskommandos in Auschwitz auch nach draußen

* Arbeitsleiter

zu kommen. Aber diejenigen, die das nicht konnten, haben es ebenfalls mitbekommen – gerochen. Denn wenn dort die Leichen verbrannt wurden, hat sich ein so fürchterlicher Geruch entwickelt, daß einem das Essen – obwohl man ohnehin so wenig zu essen bekam – verleidet wurde.

Der Geruch der Leichen?

Der der verbrannten Leichen. Es war ein süßlicher, fürchterlicher Geruch. Aber wir haben immer gewußt, was sich abspielt, weil die SS auch nicht den Mund gehalten hat. Sie haben gespürt, daß es auf das Ende zugeht, und ein Teil von ihnen, nicht alle, hat schon darüber geredet. Sie haben also kein Geheimnis mehr daraus gemacht.

Haben sie irgendwelche Erklärungen gegeben, warum sie es gemacht haben?

Man muß immer sagen, wie sie zur SS gekommen waren. Ob freiwillig, ob gezwungenermaßen, das war ja nicht so ganz einfach zu bestimmen. In Österreich zum Beispiel hat man 1944 junge Leute in die SS geschickt, deren Vater im Lager umgekommen war. So etwas hat es also auch gegeben. Aber typischer ist beispielsweise das Gespräch mit dem SS-Mann, der gesagt hat: „Na ja, wir sind so aufgewachsen. Und der Herr Pfarrer, der uns unterrichtet hat, hat gesagt: ‚Schließlich haben die Juden ja Christus umgebracht.'" Das ist also hängengeblieben. Man kann natürlich nicht sagen, daß das die Ursache dafür war. Aber es war eine Erklärung für ihn, eine Rechtfertigung vor sich selbst – daß andere ihm schon gesagt hatten, daß die Juden an etwas schuld seien, nämlich an der Ermordung des Christus. Obwohl die Leute durchaus nicht fromm waren.

Haben Sie die Selektionen gesehen?

Nein, nur das Ergebnis, die Übriggebliebenen. Ein Beispiel: Ins Baukommando kamen zwei jüdische Ungarn. Sie waren in der Selektion herausgenommen worden, weil sie Ingenieure waren. Da man in Auschwitz ja immer und ewig gebaut hat, glaubte man, daß man sie in der Bauleitung noch brauchen könnte. Es kam dann zu der Frage: „Jetzt möchte ich nur wissen, wo meine Frau und meine Kinder sind?" Wir haben sie daraufhin gefragt: „Wissen Sie denn nicht, wo sie sind? Haben Sie denn nie Radio gehört?" Wir haben im Lager unter Lebensgefahr das englische, das französische, das russische Radio gehört. „Nein, wir haben uns für Politik nicht interessiert", war die Antwort der Neuankömmlinge. Das waren diese fürchterlichen Tage, wo man riechen konnte, daß die Vergasten verbrannt wurden. Durch diese Frage habe ich also gewußt, daß er mit Frau und Kindern gekommen war und daß die nicht mehr lebten. Er war ein Überlebender, weil er einen

„Schließlich haben die Juden ja Christus umgebracht."

„Wo sind meine Frau und meine Kinder?"

Beruf hatte, von dem die Nazis glaubten, daß sie ihn für den Endsieg noch brauchen würden.

Von Auschwitz sind Sie nach Mauthausen gekommen, Ihre letzte Station in den Konzentrationslagern. Auch dort hat man die Juden im Rahmen der Endlösung ermordet. Auf welche Weise geschah das?

Das „Fallschirmspringen" in Mauthausen

In Mauthausen waren alle Tötungsarten möglich. Man hat die Menschen durch Arbeit so zugrunde gerichtet, daß sie nicht mehr menschenähnlich ausschauten, man hat sie erschlagen, erschossen, erstochen. Und dann gab es eine Mauthausener „Eigentümlichkeit", wie mir vorsichtig gesagt wurde. Man hat die Juden oben an den Steinbruch herangeführt und sie dann hinuntergestoßen.

In welche Tiefe?

25 bis 30 Meter, schätze ich, das kann ich nicht genau sagen. Ein Ereignis ist dem ganzen Lager in Erinnerung geblieben, sogar SS-Leute haben davon gesprochen: Mit einem der Transporte waren eines Tages holländische Juden gekommen, darunter auch ein Opernsänger. Und irgendein SS-Mann scheint einmal etwas von Kultur oder von Musik gehört zu haben – er sagte dem Mann, er solle das Ave Maria von Gounod singen. Der Sänger war sicher der Meinung, wenn er so etwas singen soll, sei er gerettet, und hat es dann tatsächlich gemacht. Aber als er fertig war, hat der SS-Mann ihn den Steinbruch hinuntergestoßen.

Der Opernsänger wird heruntergestoßen

Diese Tötungsart hieß „Fallschirmspringen". Das ist öfter gemacht worden. Dieses Ereignis war nur irgendwie auffälliger und zeigt die Bösartigkeit dieser Leute.

Das große Geheimnis

Ich will auch ein ganz schweres Kapitel hier vor Ihnen nennen. Es soll zwischen uns ausgesprochen sein, und trotzdem werden wir in der Öffentlichkeit nicht darüber reden. Genauso wenig, wie wir am 30. Juni gezögert haben, die befohlene Pflicht zu tun und Kameraden, die sich verfehlt hatten, an die Wand zu stellen und zu erschießen. Wie wir darüber niemals gesprochen haben und sprechen werden. Das war eine, Gott sei Dank uns innewohnende Selbstverständlichkeit des Taktes, daß wir uns untereinander nie darüber unterhalten haben, nie darüber sprachen, es hat jeden geschauert und jedem war klar, daß er es das nächste Mal wieder tun würde, wenn es ihm befohlen wird und wenn es notwendig ist.
Ich meine die Judenevakuierung, die Ausrottung des jüdischen Volkes. Es gehört zu den Dingen, die man leicht ausspricht: Das jüdische Volk wird ausgerottet . . . Ganz klar steht in unserem Programm drin: Austreibung der Juden, Ausrottung. Machen wir, ha, Kleinigkeit. Und dann kommen sie alle – all die braven 80 Millionen Deutschen, und jeder hat seinen anständigen Juden: „Ja, alle anderen sind Schweine, aber der ist ein prima Jude." Und – zugesehen, es durchgestanden hat keiner. Von Euch werden die meisten wissen, was es heißt, wenn hundert Leichen beisammen, wenn fünfhundert daliegen oder wenn tausend daliegen. Und dies durchgehalten zu haben und dabei, abgesehen von menschlichen Ausnahmeschwächen, anständig geblieben zu sein, hat uns hart gemacht und ist ein niemals genanntes und niemals zu nennendes Ruhmesblatt.

Heinrich Himmler, Reichsführer SS

Dr. Dr. Klaus Hornig

Der Jurist Dr. Klaus Hornig, geboren 1907, verweigerte als Oberleutnant während des Polenfeldzugs die Teilnahme an der Ermordung von Zivilisten. Er belehrte auch seine Kompanie ausdrücklich über § 47 des Militärstrafgesetzbuches, der jedem Untergebenen das Recht gibt, einen Befehl zu verweigern, wenn er in dessen Ausführung ein Verbrechen erkennt. Klaus Hornig kam dennoch bis Kriegsende in das Konzentrationslager Buchenwald, weil er einen Mörder als „SS-Lümmel" beschimpft hatte.

Herr Dr. Hornig, haben Sie das November-Pogrom 1938 miterlebt?

Die eleganten Geschäfte in der Theatinerstraße

Ja, hier in München. Ich hatte mich von Trier nach München versetzen lassen, um nach acht Jahren Unterbrechung mein Studium als Jurist wieder aufzunehmen. Ich habe vor allem in der Theatinerstraße mitbekommen, wie die eleganten Geschäfte dort zertrümmert wurden. Und in der Hildensbergerstraße habe ich gesehen, wie die Juden aus ihren Wohnungen rausgeholt wurden, das Mobiliar wurde auch gleich mit abgeschleppt. Die Juden brachte man dann zunächst nach Dachau, ins Konzentrationslager. Ich habe mich gewundert, daß die Polizei herumstand und nicht eingriff. Aber das war ja alles von oben so angeordnet, daß die Polizei keinesfalls eingreifen durfte gegen die SA-Horden, die diese Aktion durchführten.

Was sagten die Leute, die dabei waren?

Recht geschehen

Die Leute, die standen herum und guckten dumm – mit anderen Worten, als wenn es den Juden recht geschähe.

Wann sind Sie im Osten das erste Mal mit dem systematischen Massaker an den Juden in Berührung gekommen?

Nachdem ich auf Befehl Himmlers von der Wehrmacht zur Polizeitruppe zurückgeholt wurde. Von Innsbruck, der 2. Gebirgsdivision, wurde ich, nachdem ich kurze Zeit als Rechtslehrer an der Polizei-Offiziersschule in Fürstenfeldbruck tätig war, nach Lublin abkommandiert, zum Polizei-Bataillon 306. Und da bekam ich als ersten Auftrag, russische Politruks, also Polit-Kommissare, durch Genickschuß zu „erledigen". Ich ging zu meinem Kommandeur, dem Major Dreyer, und sagte, ich käme eben von der Wehrmacht, sei zur Polizeitruppe überstellt worden, es sei mir leider unmöglich, auf wehrlose Menschen zu schießen. Daraufhin sagte mir der Major Dreyer: „Wissen Sie, machen Sie doch keine Schwierigkeiten. Fahren Sie mal raus nach Zamosc, da ist ein SS-Sturmführer, der macht diese Aktion schon wochenlang, und sehen Sie sich das einmal an." Also fuhr ich mit meiner Kompanie raus und nun fiel mir aus der Zeit meines juristischen Studiums ein, daß es einen Paragraphen gibt, und zwar § 47 des Militärstrafgesetzbuches, der besagt, daß jeder Untergebene das Recht hat, einen Befehl zu verweigern, sofern er ein Verbrechen erkennt. Daran erinnert, belehrte ich meine Truppe, und ich kam in Zamosc – das ist etwa 80 km von Lublin entfernt – an. Ich konnte meine Truppe aus diesen Erschießungen heraushalten, weil da ein Polizei- und SS-Reiterzug war, der diese Aktion schon wochenlang betrieben hatte.

§ 47 des Militärstrafgesetzbuches

Später, als die Transporte kamen, mußte ich dann mit ansehen, wie die Juden zunächst zur Erschießung geführt wurden, und als das dann überhand nahm, fing man mit den Vergasungen an in Treblinka, in Sobibór und dergleichen. Das war allerdings zu einer Zeit, wo ich bereits abgelöst war wegen meines Verhaltens. Und mir gesagt worden war, ich sei nicht ostfähig, d.h. ich hätte nicht die richtige Härte, dort vorzugehen.

Was war das Schicksal der jüdischen Soldaten und Offiziere an der Ostfront?

Die wurden, soweit sie aus den Gefangenenlagern herausgeholt wurden, durch Genickschuß getötet.

Jüdische Gefangene durch Genickschuß getötet

Wurden sie ausgezogen?

Ja, sie mußten nackt in die Grube laufen. Das machte man ganz bewußt, weil man in dem Sandboden, der Kieselsäure enthält, nach einem halben oder einem Jahr von dem nackten Körper nur noch Knochen vorfinden kann.

Und das „Spießrutenlaufen"?

Das „Spießrutenlaufen" kam dadurch zustande, daß sie natürlich, als sie die ersten Schüsse hörten, zögerten, und da wurden sie mit Bajonetten gestochen und liefen so in die Grube. Ich war empört, daß dieser SS-Führer mit einem russischen Beutegewehr aus zwei Metern Entfernung sogar mitschoß, so daß er nach einer halben Stunde da stand, sein Kleppermantel bis zu den Knien mit Gehirn und Blut besprizt. Ich rügte ihn daraufhin und sagte: „Ein Offizier darf bei solchen Exekutionen nicht mitschießen" und nannte ihn, weil er frech wurde, noch „SS-Lümmel". Das wurde mir sehr übelgenommen. Das kam nachher auch in dem ganzen Prozeß wieder: Ich hätte als früherer

Das Spießrutenlaufen

„SS-Lümmel"

Wehrmachtsoffizier eine SS- und polizeifeindliche Einstellung bewiesen. Außerdem hätte ich meine Truppe dazu verleitet, die Befehle nicht auszuführen, so daß in der Anklageverfügung stand: Zersetzung der Wehrkraft, Untergrabung der Manneszucht und Erregen von Mißvergnügen in der Truppe sowie SS- und polizeifeindliche Einstellung.

Wie hat man gewußt, wer Jude ist zwischen den Offizieren und Soldaten?

Von Kameraden ausgeliefert

Die sogenannten Kameraden kannten sich doch gegenseitig und haben die praktisch der SS ausgeliefert.

Haben sie etwas dafür bekommen?

Ja, natürlich. Ein Kommißbrot und so etwas.

Obwohl weder Sie noch Ihr Bataillon an den Massenerschießungen teilgenommen haben, sind Sie Zeuge solcher Exekutionen gewesen. Wie haben die Soldaten auf die Massenmorde reagiert?

Diejenigen, die geschossen haben?

Ja.

Ja, für die war das eine Selbstverständlichkeit. Die hatten das schon wochenlang gemacht. Ich war nur nachher erstaunt und empört, als ich hörte, daß dieser sogenannte Kommissarbefehl* vom März 1941 vom Oberkommando der Wehrmacht kam. Ich habe ja immer geglaubt, er käme von Himmler und Hitler.

* *Der Befehl, während des Ostfeldzuges politische Kommissare „aller Art" sofort zu „erledigen"*

Von von Brauchitsch.

Von Brauchitsch bzw. Keitel.

Haben Sie während des Polenfeldzugs gesehen, wie man die jüdische Bevölkerung aus den Häusern holte, um sie zu ermorden?

Die SS plündert vor dem Mord

Dann, als ich zurückfuhr, um nach den rückwärtigen Diensten zu schauen, habe ich feststellen müssen, daß der SD – das waren bewaffnete Leute in SS-Uniform mit dem ‚SD' drauf – die Juden aus den Häusern rausholte und Geschäfte plünderte.

Haben Sie gesehen, wie man sie in dem Graben erschossen hat?

Das habe ich auch selbst miterlebt.

Erzählen Sie.

Militärstrafgesetzbuch

§ 47

Wird durch die Ausführung eines Befehls in Dienstsachen ein Strafgesetz verletzt, so ist dafür der befehlende Vorgesetzte allein verantwortlich. Es trifft jedoch den gehorchenden Untergebenen die Strafe des Teilnehmers:

1. wenn er den ihm erteilten Befehl überschritten hat, oder
2. wenn ihm bekannt gewesen ist, daß der Befehl des Vorgesetzten eine Handlung betraf, welche ein bürgerliches oder militärisches Verbrechen oder Vergehen bezweckte.

1940

Der verheimlichte Paragraph 47

Kinder als Zuschauer beim Massenmord

Zunächst in kleinen Gruppen. Und bei den größeren Aktionen, als sie dann mit Sonderzügen, also Güterwagen ankamen, da habe ich einige Sachen miterlebt . . . wie sogar SS-Führer Frauen und Kinder zu diesen Erschießungen mitnahmen. Denn im Gegensatz zur Wehrmacht durften Polizeioffiziere und SS-Führer ihre Familien mit in das Generalgouvernement, also nach Polen, nehmen. Ich war empört, daß dieser Hauptsturmführer, SS-Hauptsturmführer Walz, Frau und Kinder mitnahm. Als ich ihn rügte, sagte er: „Das tue ich ganz bewußt, um meine Familie zu einer gewissen Härte zu erziehen."

Haben Sie die Gaswagen gesehen, die Lastwagen, in denen man die Juden vergast hat?

Der Anfang der Vergasungen

Das waren die Anfänge der Vergasungen. Und zwar wurden die Auspuffgase des Motors in den abgedichteten Lastwagen hineingeleitet. Erst später, als das Zyklon B erfunden war, begann die Vergasung in großem Maßstab – in Auschwitz, Treblinka, Sobibór etc.

Wurden Sie je dafür bestraft, daß Sie den Mordbefehl verweigert haben?

§ 47

Nein, es wurden zwei Urteile gefällt, die aber niemals rechtskräftig wurden oder auch nur werden konnten, weil man ja um diesen Paragraphen nicht herumkam.

Paragraph 47?

Ja, 47. Ich bin in fünf Polizeigefängnissen festgehalten worden – ich unterstand ja als Polizei-Offizier der SS- und Polizeigerichtsbarkeit, so daß also die Urteile von diesen Gerichten gefällt wurden. Das waren Sondergerichte, die ungefähr die gleichen Maßnahmen hatten wie die Gestapo und der SD. Und da die Urteile nicht rechtskräftig wurden, das eine in Kassel, das andere in Mainz, da hat Himmler einfach angeordnet – das Fernschreiben wurde mir noch vom Kommandanten in Buchenwald vorgelegt –: Einweisung ins KZ Buchenwald. Denn

Sieben Todesarten in Buchenwald

bekanntlich gab es dort ja die sieben Todesarten, auf irgendeine Weise würde ich schon erledigt werden, dachte er wohl.

Rudolf Lorenz

Rudolf Lorenz, geboren 1920, meldete sich während des Krieges freiwillig zu den Fallschirmjägern. Als er jedoch abkommandiert wurde, um an Erschießungen von Juden teilzunehmen, weigerte er sich, diesen Befehl auszuführen. Da seinem Ansuchen um eine Versetzung nicht stattgegeben wurde, desertierte er und wurde schließlich wegen Fahnenflucht zum Tode verurteilt. Um das Leben ihres Sohnes zu retten, wandte sich seine Mutter, eine glühende Anhängerin Hitlers, an eine frühere Schulkameradin, Paula Hitler. Deren Intervention bei ihrem Bruder hatte Erfolg.

Herr Lorenz, Sie waren als Gefreiter Fallschirmjäger bei der Luftwaffe. Haben Sie an den Judenerschießungen im Osten teilgenommen?

Ja. Ich bin damals zum ZBV abgestellt worden, das heißt „Zur besonderen Verwendung". Erst wußte ich nicht, was das war, aber als wir in Polen und in Rußland in den Feldzug reinkamen, erfuhr ich, was das bedeutete: Es hieß, junge Mädchen, junge Kerle festzunehmen, aus den Häusern herauszuprügeln, um sie dann nach Deutschland zu schleppen. Und eines Tages standen auf einmal fünfzehn Juden bei uns vorm Gebäude. Der Feldwebel Schweikert sagte: „Die werden erschossen." Da sagte ich: „Warum sollen die erschossen werden, das sind doch Jungs von 15 bis 18 Jahren, die haben doch nichts verbrochen." Daraufhin sagte er: „Alles Partisanen." Ich sagte: „Hör mal, das sind keine Partisanen, das sind Juden. Ich seh' das, weil sie den gelben Punkt da dran haben. Ich bin doch nicht blöde." Da sagte er: „Dann müssen sie erst recht erschossen werden." Da habe ich gesagt: „Paß mal auf, das ist Quatsch, was du da machst. Die wissen überhaupt nicht, was Partisanen sind. Die wissen auch nicht, was ein Soldat ist, gar nichts wissen die." Da sagte er: „Quatsch nicht so dämlich rum. Die kriegen einen Spaten, die müssen ihre Löcher dort graben, und müssen sich dann ausziehen und dann werden sie erschossen."

Und sie haben tatsächlich alle vor unseren Augen ihr eigenes Loch graben müssen, haben sich dann dort hinstellen müssen, nackt, und wurden erschossen. Ich selbst habe nicht, besser gesagt daneben geschossen. Derjenige, der vor mir stand, ist dann stiften gegangen, durch den Fluß und ab in die Wälder. Wir haben ihn nie wieder gesehen. Ich habe zum Feldwebel gesagt: „Nun kannst Du Dir vorstellen, wenn der mal einen deutschen Soldaten trifft, was der für eine Wut auf

Ein Soldat verweigert den Mordbefehl

„Dann müssen sie erst recht erschossen werden."

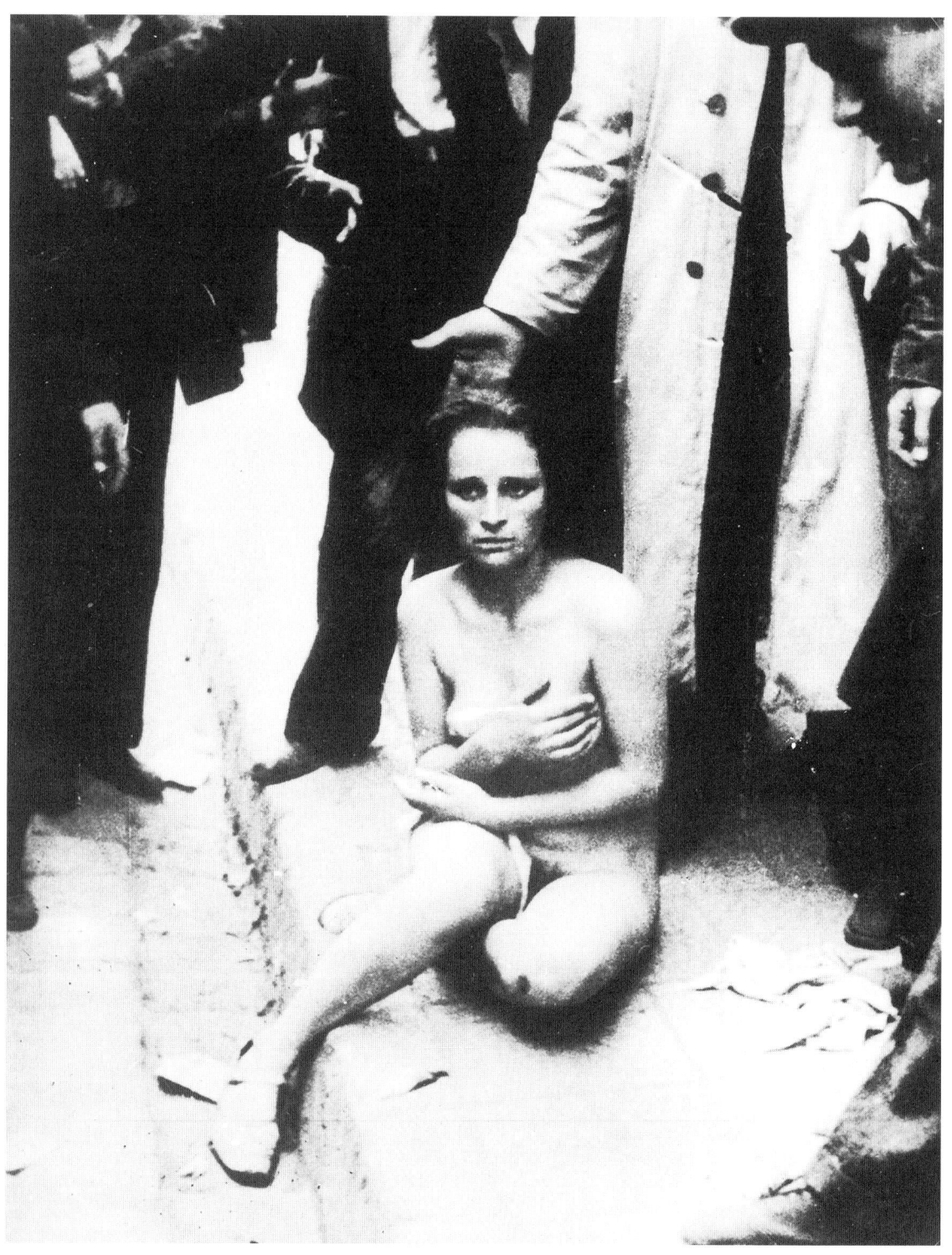

Pogrom in Lemberg 1941

uns hat. Es gibt keine Berechtigung, hier irgend jemanden zu erschiessen. Es gibt kein Gerichtsurteil. Wer verurteilt denn die Leute?"

Haben Sie an anderen Erschießungen teilgenommen?

Ich selbst habe an keinen Erschießungen, keinen größeren Erschießungen teilgenommen. Ich habe nur mal gesehen, wie der Feldwebel Schweikert in Neuhoff bei Modlin ein jüdisches Mädchen mit einem Bajonett erstochen hat. Das Bajonett hatte er einem Posten weggenommen – Kieblein hieß der. Das Mädchen lag dann tot neben dem Posten, und der war am Zittern. Und da habe ich gefragt: „Aus welchem Grund? Warum haben Sie das Mädchen umgebracht?" Er sagte mir: „Hör mal, die wollte ausreißen." Und da habe ich gesagt: „Also, das glaube ich nicht. Die Mädchen haben uns keine Scherereien gemacht; beim Arbeiten nicht und auch sonst nicht. Das glaube ich nicht, daß die ausreißen wollte."

Der Feldwebel ersticht ein jüdisches Mädchen

Haben Sie in Rußland Juden persönlich gekannt?

Einmal waren wir mit dem Kübelwagen unterwegs. Da der Knüppeldamm von Partisanen durchbrochen worden war, sind wir mit dem Wagen in ein Schlammgebiet hineingeraten, der Feldwebel Schweikart, der Unteroffizier Schuster und ich. Weil wir furchtbare Angst vor den Partisanen hatten, haben wir den Wagen stehengelassen und sind in ein Dorf gelaufen. Da kamen drei Leute auf uns zu und haben gefragt, was los sei. Der Mann kriegte mit, daß ich Angst hatte, daß ich am ganzen Körper zitterte. Er hat mich dann gefragt: „Warum hast du so eine Angst?" Und ich sagte: „Ich habe halt so eine Angst, was soll ich machen?" Und er sagte: „Ich habe eine Tochter, die hat auch Angst vor den Deutschen." Da sagte ich: „Zeigen Sie uns doch einmal Ihre Tochter." Und er hat uns dann zu seiner Tochter gebracht. Sie hat Balalaika gespielt, er auch, und ich habe sogar noch mit dem Mädchen getanzt. Der Unteroffizier Schuster hat auch mitgetanzt.

Die Tochter hat Angst vor den Deutschen

Die Leute haben uns Hurzi, das sind Gurken und Bratkartoffeln gemacht, und Ei . . .

Sie haben Ihnen Essen gegeben . . .

Ja, sie haben uns richtig zu essen gegeben. Die Angst hatte sich bei ihnen zerschlagen und bei uns dreien auch. Sie haben perfekt deutsch gesprochen – ich habe nie gefragt, wo sie das Deutsch gelernt haben. Wir haben dann dort auch übernachtet und sind am nächsten Tag, nachdem sie uns den Wagen rausgeschleppt hatten, weggefahren.

Drei Tage später wollte ich sie noch einmal besuchen und mich bedanken, daß sie uns den Wagen rausgeholt und daß sie mich getröstet haben, als ich so eine Angst hatte. Doch als ich dorthin kam, waren auf einmal andere Leute, Russen, in dem Haus. Ich habe sie

„Das waren Juden."

gefragt: „Wo sind denn die drei, das Mädchen und der Mann und die Frau? Sie sagten: „Da draußen siehst du noch das Loch. Die mußten sich ihr eigenes Grab schaufeln, und dann sind sie von eurer SS erschossen worden." Ich sagte: „Wieso denn das?" Da sagte der Mann: „Das waren Juden."

Sie haben nie mehr an weiteren Erschießungen teilgenommen?

Nein.

Warum?

Der Rat der Mutter

Ich habe mich geweigert. Ich habe gesagt, ich sei mit den Nerven fertig. Und als ich Weihnachten 1941 zu Hause war, habe ich meiner Mutter alles erzählt. Sie sagte: „Ja, Junge, was soll ich dazu sagen? Du bist nur ein Soldat, dann mußt du auch das machen, was sie dir auftragen." Ich sagte: „Ich kann es nicht." Da hat sie gesagt: „Es tut mir leid, ich kann dir auch nicht helfen. Du hast dich freiwillig zu den Soldaten, den Fallschirmjägern gemeldet, jetzt mußt du auch selber zurechtkommen."

Als ich dann zurück in Rußland war, sollte ich wieder an Judenerschießungen teilnehmen. Ich habe mich geweigert: „Nee, ich mache das nicht mehr, ich kann es nicht, ich bin mit den Nerven fertig." Da haben sie gesagt: „Dann müssen wir dich nach Frankfurt an der Oder ins Lazarett bringen." Das haben sie dann auch gemacht, und von dort bin ich nach Regenwalde in Pommern gebracht worden.

Was für ein Lazarett war das?

Sie haben nicht gesagt, was für eins es war. Zur Untersuchung, hieß es.

Was hat man untersucht?

Den Kopf, das Blut und das alles. Aber der Stabsarzt sagte immer wieder: „Sie sind nicht krank, Ihnen fehlt nichts. Sie sind gesund, Sie müssen wieder an die Front zurück." Ich sagte: „Ich will ja. Aber zu meiner Fallschirmtruppe und nicht wieder zu dem ZBV." Der Arzt sagte: „Du mußt den Dienst dort machen, wo du hingestellt wirst. Du kannst dich nicht weigern." Da habe ich gesagt: „Wenn das so ist, dann muß ich aus dem Krankenhaus abhauen und mich beim General beschweren. Ich gehe nicht wieder zum ZBV."

Beim General beschweren

Von einem Unteroffizier in Regenwalde habe ich mir die Uniform geklaut und bin dann sonnabends nach Lübeck gefahren. Ich wollte zur Kommandantur und zum General, um mich zu beschweren. Aber als ich in Lübeck auf dem Bahnhof ankam, standen dort drei von der Feldgendarmerie und nahmen mich fest. Sie fragten, was ich beim

General wolle. Und dann habe ich es ihnen erklärt. Ich sagte: „Paßt mal auf, ich will mich beschweren, ich gehe nicht mehr zum ZBV zurück. Ich will zur Fallschirmtruppe." Da sagte der eine: „Du mußt dort deinen Dienst machen, wo du hinkommandiert wirst und nirgendwo anders. Wenn du zu den Judenerschießungen abkommandiert wirst, mußt du eben Juden erschießen. Du bist doch Deutscher." Ich habe gesagt: „Und wenn ich zehnmal Deutscher bin, ich brauche keine jungen Mädchen und jungen Kerle erschießen. Das mache ich nicht". Dann haben sie mir Fesseln angelegt und mich nach Berlin, nach Zehlendorf ins Gefängnis gebracht. Dort wurde ich vernommen, und ich habe dasselbe gesagt: „Paßt auf, ich bin nicht gegen den Staat oder sonst was. Aber ich bin dagegen, daß ich Juden und andere Leute umbringen soll, die nichts verbrochen haben." „Ja, dann mußt du erst mal zur Untersuchung", haben sie geantwortet und mich nach Berlin-Buch in die Nervenheilanstalt gebracht. Dort haben sie mich geschockt, mir Malaria-Blut gespritzt und Rückenmarkpunktion gemacht, Gehirnpunktion gemacht, und nichts gefunden.

Und wenn ich zehnmal Deutscher bin

Anschließend kam ich ins Luftwaffenfeldgericht Steglitz II, wo ich zu einem Jahr Gefängnis wegen Ungehorsam und Befehlsverweigerung verurteilt und nach Torgau in die Festung gebracht wurde. Nach ungefähr sechs Wochen hieß es, wir würden abtransportiert – wieder raus an die Front, wieder zur besonderen Verwendung. Und ich sagte: „Was soll denn das? Jetzt habe ich keine Ehrenabzeichen mehr dran, soll ich jetzt als Kanonenfutter nach Rußland raus?" Da sagte er: „Da draußen bist Du in einem Bewährungsbataillon, Feldbewährungsbataillon II." Ich sagte: „Wo liegt das denn?" „An der Front, bei Mokelew." Ich hatte Kameraden kennengelernt, die auch gegen den Krieg waren und ebenfalls keine unschuldigen Leute erschießen wollten. Wir haben dann abgesprochen, daß wir bei der erstbesten Gelegenheit flüchten wollten.

Soll ich als Kanonenfutter raus?

Wie viele Kameraden waren das?

Vier Stück.

Wann wurden Sie wieder verhaftet?

1943.

Sie waren fahnenflüchtig, sind Sie vor Gericht gekommen?

1943 wurde ich nach Torgau zurückgebracht, meine drei Kameraden waren schon alle zum Tode verurteilt worden. Anfang 1944 wurde ich ebenfalls zum Tode verurteilt. Am 6. September 1944 kam der Unteroffizier Klose in meine Zelle. Er schmiß mir Hand- und Fußfesseln hin, die rot von Blut waren, und sagte: „Paß mal auf, deine Kameraden begucken sich die Kartoffeln von unten, mach mal die Fesseln

Drei Kameraden zum Tode verurteilt

sauber." Da hab ich zu ihm gesagt: „Die mache ich nicht sauber! Du Schwein, nimm die Fesseln hier raus." Er hat die Fesseln auch wieder mitgenommen und sie höchstwahrscheinlich jemand anderem zum Saubermachen gegeben. Ich habe sie jedenfalls nicht saubergemacht.

Weil ich wieder verrückt gespielt habe, haben sie mich nach Waldheim, wieder in die Nervenheilanstalt, gebracht. Dort hat man wieder eine Rückenmarkspunktion gemacht, Gehirnwasser gezogen und mich wieder geschockt.

Wie kommt es, daß Ihre Kameraden hingerichtet wurden und Sie am Leben geblieben sind?

Hitlers Schwester hilft

Als meine Mutter erfuhr, daß eine Schulkameradin, die Schwester von Adolf Hitler, in Dresden wohnte – wir wohnten unmittelbar bei Dresden –, ist sie zu ihr hingefahren und hat ihr gesagt, daß man mich bei der Wehrmacht falsch behandelt habe; daß da ein Fehler vorliege; daß ich zu weich sei, um bei Judenerschießungen teilzunehmen. Und sie hat ihr ein Gnadengesuch gegeben, das ein Rechtsanwalt für meine Mutter angefertigt hatte. Die Schwester von Hitler hat es angenommen und gesagt: „Gut, ich setze mich für ihn ein. Ich werde meinem Bruder das Gnadengesuch von Ihnen zukommen lassen."

Bis 1945, bis zum Kriegsende habe ich in der Festung gesessen und auf meine Erschießung gewartet. Ich habe auch noch den Todesmarsch mitgemacht, der von Torgau an die tschechische Grenze ging und wo sie im Laufen noch geschossen haben. Aber glücklicherweise bin ich – einen Tag vor Kriegsende – in Königswalde gerettet worden. Eine Frau, die ich gar nicht kannte, hat mich in ihr Haus reingezogen. Sie und ihr Sohn haben mir die Fesseln abgemacht und mir einen Zivilanzug gegeben. Und so bin ich bis heute am Leben.

Eine Frau hat Mitleid

Sie waren in Rußland und in Polen. Waren Sie auch einmal im Warschauer Ghetto?

Im Ghetto selbst war ich nicht drinnen. Ein Mädchen hatte mich aufgefordert, einmal dorthin zu kommen. Und ich wollte sie dann eigentlich auch dort besuchen. 20 Meter vor dem Ghetto lag ein alter Mann, ungefähr 70 Jahre alt. Er hatte nichts Richtiges an, und überall, an seinem Körper und Gesicht, hingen Schmeißfliegen. Ich dachte, der alte Mann sei tot und wollte ihn mit dem Bein vom Trottoir runterschieben. In dem Moment hob er seinen linken Arm hoch, und mir war klar, daß er noch lebte. Ich wollte ihn etwas fragen, aber da kriegte ich von einem Wachposten der SS eins mit dem Gummiknüppel aufs Kreuz gedonnert. Er sagte: „Mensch, laß die Leute krepieren. Die müssen krepieren, die Juden. Die sollen alle sehen, daß wir denen nicht helfen und daß sie verhungern müssen. Laß ihn liegen und mach, daß du wegkommst hier."

„Die müssen krepieren, die Juden."

Vor Angst bin ich natürlich abgehauen. Am nächsten Tag habe ich dem Mädchen von dem alten Mann erzählt, und sie sagte: „Wir müssen jeden Tag an dem alten Mann vorbeigehen und uns das angucken. Und unsere Angehörigen werden genauso brutal mißhandelt. Die kriegen nichts zu essen. Ihr müßtet mal sehen, wie sie drinnen im Ghetto hungern und Kohldampf schieben."

Auch wir wollen warnen Juden und Kapitalisten und Bolschewisten. Hört es: Wir wollen, daß Juda vernichtet wird. Und Juda wird vernichtet werden.

Wir schwören, wir werden nicht eher den Kampf aufgeben, bis der letzte Jude in Europa vernichtet ist und gestorben ist.

Wenn ich hier die wunderbare Halle ansehe, so weiß ich, daß dieses Gelöbnis keine Phrase bleibt.

Robert Ley,
Reichsleiter der Deutschen Arbeitsfront

Dr. Dr. Rolf Heinze

Der Chirurg Dr. Dr. Rolf Heinze wurde 1913 in Berlin geboren. Von April 1940 bis zum letzten Tag des Krieges hat er an den verschiedenen Fronten als Mediziner gedient. Nach 1945 zunächst in der damaligen DDR in Chemnitz, dann ab 1959 in Düsseldorf praktizierend, wurde er zum Pionier der Entwicklung von Kunststoffknochen.

Herr Dr. Heinze, Sie sind im April 1940 eingezogen worden und waren von 1941 bis 1945 deutscher Wehrmachts-Sanitätsoffizier, unter anderem auch in Norwegen. Was haben Sie dort im Zusammenhang mit den Massenmorden an Juden erlebt?

Amerika bombardieren

1941 sollten wir sowjetische Kriegsgefangene aus Stargard in Pommern nach Norwegen bringen, die dort zum Bau von Startbahnen für Großflugzeuge (die gegebenenfalls sogar Amerika bombardieren könnten), vor allem auf der Trondheim vorgelagerten Insel Oerlandet, vorgesehen waren.

Da unsere Kriegsgefangenen aber in einem derart schlechten körperlichen Zustand waren, abgemagert bis aufs Skelett, mußten wir sie noch in Stargard im Lager lassen, um sie aufzufüttern und gingen daher Ende Oktober 1941 vorerst nur mit einer Bewachungskompanie und der Mannschaft des Stammlagers nach Lillehammer – in das Lager Joerstadmoen, das idyllisch am Mjösa-See lag und früher ein norwegisches Militärlager gewesen war. Dort bereiteten wir alles für den Empfang von wenigstens 10 000 sowjetischen Kriegsgefangenen vor.

Da unser Lager aber wegen des schlechten körperlichen Zustands der Gefangenen längere Zeit nicht belegt war, entschloß sich der Oberbefehlshaber Norwegen, Graf von Falkenhorst, im Frühjahr 1942, den Ort zeitweilig der zivilen SS zur Verfügung zu stellen, die dort ein Konzentrationslager für norwegische „Jössinger", Widerständler, vorwiegend Intellektuelle, einrichten wollte.

Beruhigungsmittel für SS-Männer

Wir hatten den nachdrücklichen Befehl, uns nicht um die Aufgaben der SS zu kümmern oder einzumischen. Da ich aber eine Verbandsstube für unsere Wehrmachtstruppen unterhielt, wurde ich bald häufig von dem etwa 60 Mann starken SS-Verband frequentiert, vor allem mit der Bitte um Beruhigungs- und Schlafmittel.

Warum?

Als erster kam der Hauptsturmführer, ein Riese von einem Kerl, blond, blauäugig und nach außen hin das Strammste, was ich in meinem Leben erlebt habe, zu mir. Schwitzend, ängstlich und mit zitternden Händen saß er da und erzählte mir: „Ich kann nicht mehr schlafen, ich werde dauernd von den Bildern verfolgt, die ich zum Teil selbst verursacht habe und miterleben mußte bei der Erschießung von Tausenden von polnischen Bürgern, meist Juden."

Die SS-Männer haben Angst

Nachdem er bei mir gewesen war, kamen fast alle dieser österreichischen 18- bis 20jährigen SS-Männer, einschließlich ihrer schneidigen Sturmführer. Und bald wurde ich nicht nur zum Ausgeben von Schlaf- und Beruhigungsmitteln, sondern auch zur Behandlung ihrer seelischen Leiden in Anspruch genommen. Sie erzählten mir, daß sie in Polen dem Generalgouverneur Frank unterstellt waren und im Auftrag des Reichsrasseamtes vor allem jüdische Familien liquidieren mußten. Sie berichteten, wie sie, meist auf Denunziationen hin, Juden zusammengetrieben haben und wie sie ganze Familien – Großvater, Großmutter, Vater, Mutter, Kinder und Enkelkinder – anfangs mit Gewehr und Pistole, später mit dem Maschinengewehr füsiliert haben – oft sogar doppelreihig, vor den Gräben, die die Opfer selbst aufwerfen mußten. Einer ging anschließend entlang und erschoß all die mit einer Pistole, die noch nicht tot waren. Die nächste Gruppe polnischer Juden mußte daraufhin die Gräben mit dem aufgeworfenen Sand und Kalk zuwerfen, dann wurde die nächste Gruppe in derselben Weise liquidiert. Vorher mußten sich die Opfer noch nackt ausziehen, obwohl der Herbst schon sehr kühl und Anfang Oktober bereits ein Wintereinbruch gewesen war.

Familien zusammengetrieben und liquidiert

Die jungen SS-Leute waren durchweg Prototypen der sogenannten germanischen Rasse, wenn man überhaupt von der germanischen Rasse sprechen darf – blond, blauäugig, nicht unter 1,80 Meter groß. Bei mir saßen sie mit zitternden Händen und oft verworrener Sprache und erzählten und erzählten; da sie meist katholisch waren, benutzten sie mich als Beichtvater für die von ihnen begangenen Untaten an Frauen, Kindern und Männern, die sie auszurotten hatten – zum Aufbau der reinrassigen, polnischen Bevölkerung, die dann germanisiert werden sollte.

Prototypen der sogenannten germanischen Rasse zittern

Sie erzählten mir auch von Vergewaltigungen, die sie begangen hatten, nur weil sie sich gegenseitig beweisen wollten, was für Kerle sie waren. Und das hat die Leute vollkommen fertiggemacht.

Die SS vergewaltigt

Trotz der einhergehenden Unterweisung, z. B. durch Prof. Günther, Ordinarius für Rassenhygiene an der Universität Berlin, zeigten alle diese jungen Männer Symptome der Reue und waren sogar bußbereit. Das zeigte sich darin, daß ich zu den Häftlingen im Konzentrationslager gehen und die Kranken und ältere Häftlinge heraussuchen konnte, um sie – oft auch unter falschen Diagnosen – nach Lillehammer ins Krankenhaus zu überweisen.

Die SS-Leute ließen mich – obwohl sie wußten, daß ich im Lager nichts zu suchen hatte – frei schalten und walten, offensichtlich aus

dem Gefühl heraus, mir als Wissendem um ihre seelischen Sorgen und ihren zerrütteten Nervenzustand entgegenkommen zu wollen.

Es war eindeutig zu erkennen, daß diese zuvor überzeugten Anhänger der Rassenhygiene an den Konsequenzen, nämlich der Ermordung der Juden, größtenteils seelisch zerbrochen sind. Der Hauptsturmführer erzählte mir: „Es war ein so furchtbarer Eindruck für uns alle; von meinen zu Beginn etwa 200 SS-Leuten, die wir dem Rassenhygienischen Amt der NSDAP unterstanden, waren schon mehrere in Polen seelisch so verändert, daß man sie in Nervenheilanstalten unterbringen mußte."

SS-Leute müssen in Nervenheilanstalten

Haben Sie sie nicht gefragt, wie sie es als bewaffnete Menschen fertiggebracht haben, auf unbewaffnete, wehrlose nackte Männer, Frauen und Kinder zu schießen?

Natürlich habe ich sie gefragt. Aber ich wußte ja auch selbst, daß diese jungen Menschen durch die Schulen, Jugendorganisationen usw. schon eine lange Erziehung im Sinne der Nazis hinter sich hatten. Sie waren dazu erzogen worden, nun auch all das zu tun, was der Führer befahl.

Sie wurden zum Morden erzogen?

Sie wurden zum Morden erzogen und dachten dabei noch, daß es eine große Tat für die germanische, deutsche, arische Rasse sei.

Eine große Tat für die „arische Rasse"

Und der Haß?

Der Haß war anerzogen, nicht ursprünglich in ihnen drin. Deshalb konnten sie das, was sie durchführen sollten, auch nicht ertragen.

Haben Sie andere Szenen des Hasses erlebt?

Ja, sicher. Ich war ja während des Rußlandfeldzugs als Lagerarzt an das Front-Kriegsgefangenenlager Sta-Lag III/03 nach Stargard in Pommern versetzt worden. Wir holten sowjetische Kriegsgefangene aus Rußland und Polen, um die schwer ausgehungerten Männer wieder arbeitsfähig zu machen — eine fast unmögliche Aufgabe.

Behandlung sowjetischer Kriegsgefangener

Anfang Oktober 1941 kam ich mit den ersten sowjetischen Gefangenen in Stargard an und mußte mit ihnen ins Lager marschieren, wo etwa 80 000 französische Kriegsgefangene waren. Die circa 5 000 Männer haben für den Marsch vom Bahnhof bis zum Lager, eine Strecke von 3 Kilometern, mehr als 6 Stunden gebraucht. Das war damals das einzige Mal, daß ich als Arzt an die Wachsoldaten einen Befehl geben mußte, das Bajonett aufzupflanzen und Schüsse abzugeben, um meine Kriegsgefangenen vor den rasenden deutschen Menschen, die auf die skelettartig abgemagerten Gestalten eintraten, einschlugen usw., zu schützen. Diese haßerfüllte Szene sitzt mir bis heute tief drin.

Dr. Hans Günter Seraphim

Dr. Hans Günter Seraphim wurde 1913 geboren. Als russisch sprechender Offizier führte der Historiker ein Bataillon moslemischer Turk-Verbände gegen die Rote Armee. Nach dem Krieg wurde er zum Sachverständigen und Berater der Verteidigung bei den Nürnberger Prozessen berufen, später zum Berater bei den Prozessen gegen die Einsatzgruppen. Er führte zahllose Gespräche mit den Angeklagten.

Herr Dr. Seraphim, Sie waren während des ganzen Krieges Offizier, in Frankreich und Italien, auf dem Balkan und in Rußland. Wann haben Sie zum ersten Mal von der Massenvernichtung der Juden gehört?

„Feindpropaganda"

Zum ersten Mal eigentlich 1944, als uns durch einen Kommandeurbericht eine genaue Darstellung der Judenvernichtung im Osten gegeben wurde – mit dem Hinweis darauf, daß dies Feindpropaganda sei, entsprechend der falschen Propaganda 1914, als die Gegenseite behauptete, die deutschen Soldaten hackten Kinderhände ab usw. So haben wir diesen Bericht dann auch aufgefaßt.

Sie wußten nichts?

Wir wußten nichts.

Worüber wurde in dem Bericht gesprochen? Über Vergasungen, Erschießungen?

Nur von Vernichtung allgemein, nicht detailliert. Und dann bin ich erst 1946, als ich nach Nürnberg berufen wurde, wieder mit diesen Dingen konfrontiert worden.

Welche Aufgabe hatten Sie in Nürnberg?

Berater der Verteidigung bei den Nürnberger Prozessen

Meine Aufgabe war die Mitherausgabe der Akten des Internationalen Militärtribunals – also des Hauptprozesses. Als die Verteidiger erfuhren, daß ich Historiker und Zeitgeschichtler bin, baten sie mich als Sachverständigen, für die Nachfolgeprozesse tätig zu werden. Das habe ich gerne getan. Anderthalb Jahre lang habe ich die Angeklagten jeden Abend im Gefängnis besucht und mit ihnen über ihre Fälle gesprochen. Und habe so ihre Mentalität kennengelernt.

Wie war diese Mentalität?

Man sollte mit Otto Ohlendorf anfangen. Als Teilnehmer habe ich ihn oft in seinem Prozeß gehört, vor allen Dingen habe ich ihn in den Pausen sehr intensiv über seine Leute reden hören. Im Prozeß legte er seine eigenen Leute rein und schob die Schuld auf die Wehrmacht usw.

Welches Verbrechens wurde er beschuldigt?

Ohlendorf wurde der Vernichtung von etwa 90 000 jüdischen Menschen durch seine Einsatzgruppe beschuldigt. Er war ein hoher SS-Führer.

Mord an 90 000 Juden

Ich habe mit einem Einsatzkommandoführer, einem Oberregierungsrat und Juristen, gesprochen, bevor dessen Prozeß anfing. Der sagte zu mir: „Herr Doktor, machen Sie sich um mich keine Sorgen. Ohlendorf werden 90 000 getötete Menschen vorgeworfen, mir 5 000. Das ist doch eine Kleinigkeit dagegen, ich muß ja freigesprochen werden." Er fühlte sich also völlig unschuldig. Ich erwiderte daraufhin: „Lieber Herr Sowieso, wenn es mehr als keiner war, dann reicht es." Er hat dann zunächst, glaube ich, 20 Jahre bekommen. In der Revision wurde die Strafe auf zehn Jahre heruntergesetzt, aber er ist bereits früher, ich weiß nicht mehr wann, entlassen worden und hat bis zu seinem Tod in einem großen Industrieunternehmen als Syndikus gearbeitet.

5 000 Morde ... eine Kleinigkeit

Es gibt Kreise, die die Ausrottung der Juden bestreiten, man spricht von der Auschwitz-Lüge. Sie haben alle Dokumente in der Hand gehabt. Was sagen Sie dazu?

Mir kommt es lachhaft vor, wenn man das heutzutage leugnen will, denn die SS hat selbst sehr genau Buch geführt. Aus dem Jahre 1943, glaube ich, stammt die Statistik der SS über mehr als 3 Millionen vernichtete Juden. Außerdem liegen auch die Berichte der Einsatzgruppen vor, die die Vernichtung im Osten durchgeführt haben. Wie groß die Zahl wirklich gewesen ist, ob es nun sechs Millionen waren oder fünf Millionen, das spielt für mich überhaupt keine Rolle.

Die SS hat selbst genau Buch geführt

Auch juristisch spielt das keine Rolle.

Und auch menschlich spielt es keine Rolle. Denn wenn es einer mehr als keiner war, dann reicht das schon, dann waren sie Totschläger.

Sie waren Totschläger

Den Engländern und Amerikanern wird vorgeworfen, daß sie im Radio nicht über die Massenvernichtungen gesprochen hätten. Was hätte es Ihrer Meinung nach, der Sie den ganzen Krieg hindurch für Deutschland gekämpft haben, geändert?

Es hätte nichts geändert

Es hätte nichts geändert, denn die Deutschen hätten es nicht gehört. Das Abhören feindlicher Sender war ja verboten. Natürlich gab es eine Reihe von Leuten, die es trotzdem machten. Aber ob das nun stimmte oder ob es Propaganda war, das hätten sie nicht entscheiden können.

Wenn das deutsche Volk gewußt hätte, was in seinem Namen vorgeht, wäre etwas geschehen?

Geschehen ist ja praktisch nur das, was die Widerstandsbewegung getan hat, was uns zum 20. Juli hinführte.

Haben die Menschen nichts getan, weil der Terror so groß war?

Die Atmosphäre im Dritten Reich

Nein, Sie dürfen die Atmosphäre, die im Dritten Reich herrschte, nicht vergessen: die Flüsterpropaganda; die nicht berechenbare Verschickung der Menschen in die Konzentrationslager; die Drohung an die Leute, die aus dem Lager entlassen wurden, sie würden sofort wieder zurückgeholt werden, wenn sie den Mund aufmachten über das, was sie gesehen, gehört und erlitten hatten.

Ich habe in meinen zahlreichen Gutachten zu dieser Frage immer wieder darauf hingewiesen, daß etwa im Jahre 1937 die Mentalität des deutschen Volkes so war, daß man davon sprechen konnte, daß ihm das Rückgrat gebrochen war. Über allem lag der Schleier des Geheimnisses. Die Leute hatten einfach Angst, etwas zu tun.

Die Angst

Es wäre nichts passiert.

Willi Dreßen

Willi Dreßen, geboren 1935, ist Oberstaatsanwalt und Leiter der „Zentralen Stelle der Landesjustizverwaltungen zur Aufklärung nationalsozialistischer Verbrechen" in Ludwigsburg. Durch seine Veröffentlichungen hat er sich auch international einen Namen als Zeithistoriker gemacht.

Herr Oberstaatsanwalt, immer wieder wird behauptet – auch von manchen Historikern –, daß es sich bei dem Massenmord an den Juden um eine Erfindung handle. Wie verhält sich die Zentrale Stelle zur Aufklärung von NS-Verbrechen gegenüber solchen Behauptungen?

Nun, diese Ansicht ist absurd. Wir wissen aus unserer Arbeit, aus Hunderten von Zeugenaussagen – nicht nur der Opfer, sondern auch der Täter selbst –, daß der Holocaust so abgelaufen ist, wie er bekannt geworden ist. Also mit den großen Vergasungen, mit der Tätigkeit der Einsatzgruppen usw. Wir wissen das aus den Aussagen der Täter, die im Regelfall klar und deutlich über die Existenz der Gaskammern, über die Existenz der Einsatzgruppen sprechen, nur ihre jeweils eigene Beteiligung an dem Geschehen zu verheimlichen suchen. Das Kerngeschehen aber, die Gaskammern, die Einsatzgruppen, darüber sagen sie ganz offen aus.

Wenn man über den Judenmord spricht, denkt man im allgemeinen an Auschwitz oder Majdanek und andere Vernichtungslager. Aber die Massentötungen haben sehr früh angefangen. Es existiert ein Dokument, das bereits aus dem Jahr 1940 stammt, die Aussage von Generaloberst von Blaskowitz.

Ja, ich kenne die Eingabe von Blaskowitz. Er hat sich schon zur Zeit des Polenfeldzugs darüber beschwert, daß die Einsatzkommandos und Einsatzgruppen in großem Maße Juden in fürchterlicher Form abgeschlachtet haben und hat das zum Anlaß genommen, eine Beschwerde darüber einzureichen. Er spricht von über mehreren zehntausend Juden, die abgeschlachtet wurden. Damit hat er durchaus recht. Und nicht nur Juden, es sind auch Polen umgebracht worden, im Rahmen der Intelligenzaktion zum Beispiel.

In fürchterlicher Form abgeschlachtet

Aber es war nicht so, daß zu diesem Zeitpunkt schon systematisch Einsatzgruppen und Einsatzkommandos aufgestellt worden sind, die die Juden gesammelt, an vorbereitete Erschießungsplätze gebracht und sie dort erschossen haben. Den damaligen Kommandos sind im großen Maßstab jüdische Intellektuelle, angeblich „Partisanenverdächtige", in den Dörfern zum Opfer gefallen. Die systematische Tötung der Opfer jeglichen Alters, jeglichen Geschlechts, wie sie dann im Rußlandfeldzug stattfand, die gab es beim Polenfeldzug noch nicht.

Wann wurde beschlossen, die Juden in Polen zu ermorden?

Wir wissen, daß Hitler diesen Entschluß selbst gefaßt hat

Darüber ist kein schriftliches Dokument erhalten geblieben. Wir wissen aber, daß Hitler diesen Entschluß selbst gefaßt hat. Wahrscheinlich hat er darüber gar nichts veröffentlicht, so daß es also müßig sein wird, noch weiter nachzuforschen. Die Historiker haben es bis heute vergeblich versucht.

Aber in mehreren Urteilen wurde festgestellt, daß die Anordnung von Hitler selbst kam.

Das ist richtig. Sie kam von Hitler selbst. Doch der Befehl, der direkte Befehl zur Ermordung der Juden ist zu diesem Zeitpunkt noch nicht bekannt gewesen. Der ist erst später, 1941, im Zusammenhang mit dem Rußlandfeldzug, erfolgt. Vom März 1941 existieren solche Befehle. Zum Polenfeldzug selbst ist, wie gesagt, nichts Schriftliches erhalten, soweit ich unterrichtet bin. Wahrscheinlich ist auch gar kein schriftlicher Befehl ergangen, sondern es hat sich um einen Geheimbefehl gehandelt.

Der Heydrich-Erlaß

Aber es gibt den schriftlichen Heydrich-Erlaß.

Ja.

Von wann stammt der?

Der Heydrich-Erlaß ist von Juli 1941. Alles im Zusammenhang mit dem Rußlandfeldzug, mit dem „Unternehmen Barbarossa", wie man es besser nennen sollte.

Damals wurde schon klar gesagt, daß die Juden ermordet werden sollen?

Es wurde klar gesagt

Da wurde klar gesagt, daß die Juden ermordet werden müssen. Ende Juli 1941 ist der Befehl, der sich ja zunächst nur auf Juden erstreckt hatte, die angeblich als Partisanen oder im Widerstand tätig waren, auch auf Frauen und Kinder ausgedehnt worden. Es ist also ein allgemeiner Befehl zur Ermordung der Juden ergangen.

Haben Sie schriftliche Dokumente darüber vorliegen?

Es existiert, wie gesagt, nicht der Geheimbefehl Hitlers, aber sonst gibt es schriftliche Verordnungen.

Es gibt doch den Befehl der 17. Armee zur Ermordung der Frauen und Kinder?

Ja. Es ist der Befehl des Oberkommandos der 17. Armee, in dem steht, daß Juden beiderlei Geschlechts und jeglichen Alters „abwehrmäßig verdächtig" seien . . .

Sogar Babys verdächtigt

Auch Babys?

Babys auch. Es ist ein absurder Befehl, aber es ist tatsächlich so. Und „abwehrmäßig Verdächtige" waren natürlich zu exekutieren und sind auch exekutiert worden.

Das ist ein Wehrmacht-Befehl, kein SS-Befehl.

Das ist ein Wehrmacht-Befehl. Die Wehrmacht hat ja diejenigen, die zu exekutieren waren, gesammelt und den Einsatzgruppen zur Verfügung gestellt – zur Sonderbehandlung. Es war also von der Wehrmacht vorgesehen, daß diese Leute gesammelt und den Einsatzgruppen zum Ermorden zur Verfügung gestellt wurden. Oder daß die Einsatzgruppen, wie es ja auch gewesen ist, in eigener Zuständigkeit hinter der kämpfenden Truppe herzogen und alle Juden – alle, das heißt auch Babys – sammelten, an vorbereitete Erschießungsgruben brachten und sie dort erschossen haben.

Die Beteiligung der Wehrmacht

Von wem wurden diese Massenermordungen durchgeführt? Wir wissen, daß die SS da war. Wer war noch daran beteiligt? Die Polizei?

Es hat hin und wieder Erschießungen und Exekutionen gegeben, an denen auch Wehrmachtsteile beteiligt waren. Der Regelfall war das nicht. In der Regel wurden die Juden von den Einsatzgruppen und Einsatzkommandos ermordet. Und die setzten sich aus Angehörigen des SD, der Stapo, also der Staatspolizei, der Sipo und auch Angehörigen der SS und der Waffen-SS zusammen.

Die Massenerschießungen waren die erste Phase der Judenermordung. Das war scheinbar nicht „produktiv oder rentabel" genug, denn dann kam eine zweite Phase, die Gaswagen. Worum handelte es sich dabei?

Die Gaswagen waren Lkws, die hermetisch abgeschlossen waren. Vom Motor führte ein Gummischlauch in den abgedichteten Kastenaufbau, durch den die Abgase dort hineingeleitet wurden. Und das diente

Lkw als Gaswagen

dazu, die Opfer in diesen Wagen zu vergasen, zu töten.

Haben Sie ein Dokument, das dies beweist?

„Spezialwagen"

Ja, natürlich. Es ist von einer Gruppe der Zentralen Stelle im amerikanischen Staatsarchiv in Washington ausfindig gemacht worden – das sogenannte Gaswagen-Dokument. Und in diesem Dokument heißt es: „Geheime Reichssache, einzige Ausfertigung, Berlin den 5. Juni 1942, Vermerk betr. technische Abänderung an den in Betrieb eingesetzten und an den sich in Herstellung befindlichen Spezialwagen".

Von wem stammt es?

Der Autor ist der ehemalige SS-Standartenführer Rauff, der Leiter der Technischen Abteilung im Reichssicherheitshauptamt. Rauff ist es gelungen, nach dem Krieg nach Südamerika, nach Chile, zu entkommen. Wir kannten seine volle Adresse in Santiago de Chile, und die Bundesrepublik hat in dem Prozeß, der in Hannover gegen seine Untergebenen angestrengt worden ist, seine Auslieferung verlangt. Vergeblich. Dem Gericht blieb nichts anderes übrig, als mitsamt Staatsanwaltschaft und Verteidigung nach Chile zu fahren und ihn an Ort und Stelle zu vernehmen. Er hat auch bereitwillig gegen seine Untergebenen ausgesagt, die zu langjährigen Zuchthausstrafen verurteilt worden sind.

Was steht in diesem Dokument?

„97 000 verarbeitet"

„Das Ladegut"

Das ist ein kaltes, technisches Dokument, als ob eine andere technische Entwicklung beschrieben würde. So heißt es: „Seit Dezember 1941 wurden beispielsweise mit drei eingesetzten Wagen 97 000 verarbeitet, ohne daß Mängel an den Fahrzeugen auftraten." Und dann ist ausgeführt, wie die einzelnen technischen Einzelheiten für den Gaswagen sein sollten. Es heißt zum Beispiel: „Um ein schnelles Einströmen des CO unter Vermeidung von Überdrucken zu ermöglichen, sind an der oberen Rückwand zwei offene Schlitze von 10 x 1 cm lichter Weite anzubringen" usw. An anderer Stelle heißt es: „In einer Besprechung mit der Herstellerfirma wurde von dieser Seite darauf hingewiesen, daß eine Verkürzung des Kastenaufbaus eine ungünstige Gewichtsverlagerung nach sich zieht. Es wurde betont, daß eine Überlastung der Vorderachse eintritt. Tatsächlich findet aber ungewollt ein Ausgleich in der Gewichtsverteilung dadurch statt, daß das Ladegut (das waren also die Opfer) beim Betrieb in dem Streben nach der hinteren Tür immer vorwiegend dort liegt. Hierdurch tritt eine zusätzliche Belastung der Vorderachse nicht ein." Man hat also berücksichtigt, daß die Opfer, wenn es dunkel wurde, wenn das Motorabgas einströmte, alle zur hinteren Tür stürzten, um zu entkommen zu versuchen. Das hatte man bei der technischen Herstellung dieses Fahrzeuges schon berücksichtigt, sehr präzise berücksichtigt.

Rauff nennt es „verarbeiten", er spricht von 97 000 „Verarbeiteten".

Ja. „Verarbeitete" und „Ladegut" sind die üblichen Tarnausdrücke. Sie werden in den Dokumenten niemals das Wort Liquidierung finden. Es hat Vorschläge für Kriegsauszeichnungen an Teilnehmer der Exekutionen gegeben, die wieder zurückgenommen worden sind, weil gesagt wurde, das Wort Exekution müsse umgetauscht werden in „kriegswichtige Sonderaufgaben", damit die Tarnung gewährleistet bliebe.

Es gab den Fall Täubner, bei dem ein Mann eine individuelle Sonderaktion zur Ermordung der Juden angefangen hat. Worum handelte es sich dabei?

Max Täubner war Leiter einer Transportkompanie und hat eigenmächtig, mit seinen Untergebenen, Juden in der schrecklichsten Form ermordet. Er ist damals vor ein SS-Gericht gestellt und auch verurteilt worden. Zunächst zu zehn Jahren. Nicht wegen Mordes – in dem Urteil heißt es wörtlich: „Es ist um keinen der getöteten Juden schade", sondern wegen Disziplinlosigkeit.

Täubners Sonderaktion

Weil er es auf eigene Faust gemacht hat?

Weil er selbst, ohne Befehl, diese Sachen gemacht hat, für die er nicht zuständig gewesen ist. Im übrigen ist er dann sehr bald wieder rehabilitiert und ist, glaube ich, nachdem er eine kurze Zeit im Gefängnis verbracht hat, wieder freigelassen worden.

In diesem Urteil gibt es ein sehr interessantes Detail: Der Mann hat nicht nur getötet, er ließ auch alles fotografieren. Er wurde verurteilt, weil die Gefahr bestand, daß die Fotos ins Ausland gelangen und die Welt erfährt, was dort geschehen ist.

Ja, das stimmt. Er hat alles fotografieren lassen und hat das zu Hause auch rumgezeigt. Bei seiner Frau. Aber er ist kein Einzelfall. Es war zwar verboten, solche Mordaktionen zu fotografieren oder zu filmen, spätestens seit November 1941. Dennoch ist es immer wieder gemacht worden. Über die Erschießungen, über diese Grausamkeiten existieren zahlreiche private Fotos. Die Soldaten haben sie nachher weggeworfen, wenn sie in Gefangenschaft gerieten, und so sind sie in russische oder polnische Hände gekommen. Es ist nach dem Krieg auch so gewesen, daß an der Schweizer Grenze diese Fotos zum Standardpreis von 5 Dollar verkauft wurden für diejenigen, die in die Schweiz rüberflüchten wollten.

Der Mann, der sich beim Morden fotografieren läßt

Aus welchem Motiv heraus haben die Leute trotz des Verbots fotografiert?

85

Das ist schwer zu sagen. Wahrscheinlich, weil sie sich damit brüsten wollten. Das ist meine Meinung dazu.

Ca. 1,4 Millionen Menschen sind durch die Einsatzgruppen ermordet worden. Wie viele Leute haben diese Aktionen durchgeführt?

Nun, es waren gar nicht mal so viele Leute eingesetzt. Man schätzt, daß es insgesamt etwas über 2 000 Angehörige der SS oder der Polizei gewesen sind. Es war keine sehr große Anzahl von Angehörigen der SS oder der Polizei, die da tätig gewesen ist.

Man hat die Opfer in der üblichen Form gesammelt, hat sie dann an die vorbereiteten Gräber gebracht und sie dort erschossen. Wenn Sie sagen, daß das eine sehr große Anzahl Opfer für eine so kleine Anzahl von Mördern ist, kann man, wenn man zynisch ist, antworten, sie sind sehr fleißig gewesen. Also, sagen wir mal, sie sind sehr engagiert tätig gewesen.

Die Einsatzgruppen waren sehr fleißig

Es gibt den Fall aus Winniza in der Ukraine, was ist da passiert?

Dort hatten sich beim üblichen Aufruf zur Meldung zunächst zu wenige Juden gemeldet.

Wozu sollten sie sich melden?

„Die Kriegslist"

Zur Umsiedlung, wie es hieß. Die Umsiedlung war aber gleichbedeutend mit der Tötung, mit der Erschießung. Und weil sich zu wenige gemeldet hatten, ist man auf eine List verfallen: Man ist an den örtlichen Rabbiner herangetreten und hat ihm gesagt, er möchte doch eine Anzahl von intelligenten Juden angeben, weil die für Registrierungsarbeiten benötigt würden, für schwierige Registrierungsarbeiten. Der Rabbiner war auch unbefangen und hat das getan. Die Leute haben sich gemeldet, um bei den Deutschen zu arbeiten. Dann hat man sie jedoch noch einmal weggeschickt mit der Begründung: „Ihr seid noch nicht genug, habt Ihr keine Freunde, keine Bekannten, die Ihr noch heranholen könnt?" Und sie haben dann auch noch Bekannte mitgebracht. So hat man auf ganz hinterhältige Weise fast die gesamte Intelligenzschicht des Ortes sammeln können.

Und dann nahm man sie gefangen, hat ihnen den Schmuck, alle Wertsachen, das Geld abgenommen, und anschließend wurden sie erschossen.

Richtig. Und weil sich diese Methode so gut bewährt hatte, wurde sie dann auch fortgesetzt.

Bei der SS gab es scheinbar Leute, die diese Massenhinrichtungen zu ihrem eigenen materiellen Vorteil ausgenutzt haben.

Der „Totschläger von Kowno" – in grausamer Weise prügelte er litauische Zivilisten zu Tode

Ja, dafür gibt es zahlreiche Beispiele. Das Motiv der Eigensucht hat bei den Angehörigen der Einsatzgruppen eine große Rolle gespielt. Eines von vielen Beispielen: Ein Kriminalangestellter beim Grenzpolizeikommissariat Neu-Sandez, Bezirk Krakau, hat darüber ausgesagt: „Die Mitglieder des Grenzpolizeikommissariats waren bis auf wenige Ausnahmen gerne bereit, bei Erschießungen von Juden mitzumachen. Das war für sie ein Fest! ... Da hat keiner gefehlt. Ich betone nochmals, daß man sich heute ein falsches Bild macht, wenn man glaubt, die Judenaktionen wurden widerwillig durchgeführt. Der Haß gegen die Juden war groß, es war Rache, und man wollte Geld und Gold. Wir wollen uns doch nichts vormachen, bei den Judenaktionen gab es etwas zu holen."

Der Raubmord

Viele haben sich bereichert

Manche Leute haben sich also bereichert?

Viele Leute haben sich dabei bereichert.

Gab es keine Proteste seitens der Kirchen gegen die Massenermordungen?

Unschuldige Menschen litten wie Christus

Doch, das hat es auch gegeben. Auch dazu zitiere ich Ihnen jetzt ein Beispiel: „Der litauische Pfarrer Jonas Gilas äußerte während seiner Predigt: ‚Wie die Henker schlugen sie unschuldige Menschen, stießen Greise und schwangere Frauen. Unschuldige Menschen litten wie Christus vom Judas. Ihr Blut konnte noch nicht trocknen, da raubten sie schon ihr Gut.' Diese Worte des Priesters waren anscheinend für diejenigen bestimmt, die an der Liquidierung der Juden beteiligt waren. Ganz besonders bezeichnend ist es für Gilas, daß er sich, ohne dazu die Erlaubnis zu haben, in die Synagoge zu den verhafteten Juden begab, um sie zu trösten und ihnen Mut zuzusprechen." Das wissen wir aus einer nationalsozialistischen Ereignismeldung: „Ereignismeldung UdSSR Nr. 130 vom 7. November 1941."

Der „Fußtritt-SS"

Bei diesen Mördereinheiten war ein SS-Mann, den man den Fußtritt-SS genannt hat.

Ja, das ist richtig. Das war ein ehemaliger Kriminalangestellter, der zu dieser Einsatzgruppe hingekommen war. Es war ja so, daß sich die Opfer am Rand einer Grube aufstellen mußten. Dann wurden sie ins Genick geschossen und fielen in die Grube. Und dieser SS-Mann nun schoß die Opfer in den Nacken und gab ihnen gleichzeitig einen Tritt ins Gesäß, durch den sie dann in die Grube hineingeschleudert wurden.

Haben andere das auch gemacht?

Das war an sich seine „Spezialität", wenn man das als Spezialität bezeichnen will.

Einer wollte nicht mitmachen . . .

„Ein feiges Schwein bist Du."

Es kam natürlich auch vor, daß Leute sich weigerten, dabei mitzumachen. Einer der Angehörigen der Gruppe, die ihm zugeteilt war, weigerte sich mit den Worten: „Ich kann so etwas nicht tun." Da hat er gesagt: „Komm her", und hat das Opfer dann selbst erschossen. Es handelte sich um eine Frau. Anschließend hat er seinen Untergebenen mit den Worten beschimpft: „Du willst Nationalsozialist sein? Ein feiges Schwein bist du."

Wurden die Leute gezwungen, an den Mordaktionen teilzunehmen?

Nun, es gab durchaus die Möglichkeit, sich davon auch freistellen zu lassen. Bei der Aufstellung der Einsatzgruppen ist den Leuten in vielen Fällen gesagt worden: „Wenn ihr euch weigert, mitzumachen, dann werdet ihr nach Hause zurückgeschickt, und das ist eurer Karriere natürlich nicht förderlich." Im wesentlichen haben die Leute, wie gesagt, aus eigenem Antrieb mitgemacht und haben sich – um sich zu bereichern, um nicht aufzufallen – untergeordnet.

Es hat relativ viele Fälle gegeben, in denen sich SS- und Polizeiangehörige auch geweigert haben, bei den Erschießungen mitzumachen. Die Zentrale Stelle hat in der sogenannten Sammlung Befehlsnotstand alle diese Fälle untersucht. Bei keinem von ihnen hat sich ergeben, daß einem Schützen, der sich geweigert hatte, etwas Ernsthaftes passiert ist. Sicher, sie wurden nach Hause zurückgeschickt, sicher, es war ihrer Karriere nicht förderlich, und sie wurden von den anderen als Feiglinge beschimpft. Manche sind nicht einmal aus der Truppe genommen, sondern mit anderen Aufgaben betraut worden. Es gab also durchaus die Möglichkeit, sich dem zu entziehen.

Verweigerung des Mordbefehls

Ein ganz eigenes Kapitel ist der Krieg gegen die Kinder. Im August 1941 wandte sich der Feldkommandant in Bjelaja-Zerkow in der Ukraine an das Sonderkommando 4a mit der Aufforderung, die jüdische Bevölkerung zu töten. Der SS-Obersturmführer August Häfner hat über die Tötung der Kinder berichtet.

Das ist richtig. In seiner Aussage heißt es: „Daraufhin gab Blobel mir den Befehl, die Erschießung der Kinder durchzuführen. Ich fragte ihn: ‚Durch wen soll die Erschießung durchgeführt werden?' Er antwortete: ‚Durch die Waffen-SS.' Ich erhob Einspruch. Ich habe zu ihm gesagt: ‚Das sind alles junge Männer, wie sollen wir es vor denen verantworten, wenn sie kleine Kinder erschießen?' Daraufhin sagte er: ‚Dann nehmen Sie doch Ihre Männer.' Auch jetzt sagte ich wieder: ‚Wie sollen die das tun, die haben doch auch kleine Kinder.' Dieses Tauziehen hat etwa zehn Minuten gedauert. Ich habe vorgeschlagen, daß die ukrainische Miliz des Feldkommandanten die Kinder erschießen solle. Es wurde von keiner Seite gegen diesen Vorschlag Einspruch erhoben. Ich ging raus an das Waldstück, ganz allein. Die Wehrmacht hatte bereits eine Grube ausgehoben. Die Kinder wurden in einem Zugkraftwagen angebracht. Mit dieser technischen Abwicklung hatte ich nichts zu tun. Die Ukrainer standen herum und zitterten. Die Kinder wurden von dem Zugkraftwagen herabgenommen. Sie wurden oberhalb der Grube aufgestellt und erschossen, so daß sie hineinfielen. Wo sie gerade getroffen wurden, wurden sie eben getroffen. Sie fielen in die Grube. Es war ein unbeschreiblicher Jammer. Dieses Bild vergesse ich nie in meinem Leben. Ich trage sehr schwer daran. Insbesondere ist mir ein Erlebnis mit einem kleinen blonden Mädchen in Erinnerung, das mich an der Hand nahm. Es wurde später auch

Kleine Kinder erschießen

Die Wehrmacht hatte bereits eine Grube ausgehoben

erschossen. Die Grube war in der Nähe eines Waldstücks. Es war nicht in der Nähe dieses Schießstandes. Die Erschießung wird so nachmittags gegen halb vier oder vier Uhr gewesen sein. Die Erschießung fand am Tag nach der Verhandlung beim Feldkommandanten statt. Manche Kinder wurden vier- bis fünfmal getroffen, bis sie tot waren." Das ist die Aussage des SS-Obersturmführers Häfner.

Kennen Sie die Tragödie der zwanzig Kinder in Hamburg, die sich zum Ende des Krieges abspielte?

Das war im April oder Mai 1945, jedenfalls kurz vor Ende des Krieges, als die Engländer auf Hamburg zuzogen und die Stadt besetzt werden sollte.

Was geschah da?

Die SS erhängt Kinder

Es handelte sich um zwanzig Kinder, zehn Jungen, zehn Mädchen im Alter von fünf bis zwölf Jahren, an denen Tuberkulose-Experimente durchgeführt worden waren – von Professor Dr. Heißmeier, der deswegen später in der DDR zu lebenslangem Zuchthaus verurteilt worden ist. Man hatte den Kindern Sputum von Tuberkulosekranken in die Lungen eingeblasen und hat dann anhand von Fieberstatistiken usw. den Fortgang der Krankheit beobachtet. Als nun die Engländer auf Hamburg zogen, hatte man Angst, daß die ganze Sache herauskommen würde. Deshalb brachte man die Kinder in das Nebenlager Bullenhuser Damm, das war eine ehemalige Hamburger Schule, und hat sie dort im Keller an den Heizungsrohren erhängt. Es ist nach dem Krieg, im sogenannten Kurierhaus-Prozeß, in Hamburg über diese Sache verhandelt worden. Angeklagt waren der Lagerarzt von Neuengamme, Dr. Trzebinski, und zwei junge SS-Angehörige von, glaube ich, 19 Jahren. Einer hieß Frahm, der andere hieß Jauch. Sie waren damit beauftragt gewesen, die Kinder zu erhängen. Weil die Kinder zu leicht waren, hatten sich die beiden noch selbst an die Beine der Kinder gehängt, um sie zu beschweren.

Sind die Leute verurteilt worden?

Man hat sie zum Tode verurteilt. Sie sind auch hingerichtet worden. Und Dr. Heißmeier, der Mann, der die Versuche durchgeführt hat, ist, wie gesagt, in der DDR zu lebenslänglicher Haft verurteilt worden.

Die Marschroute für den Judenmord war bereits im September 1939 festgelegt. (aus „Der Stürmer")

Axel Freiherr von dem Bussche

Axel Freiherr von dem Bussche, geboren 1919, war einer der höchstdekorierten Offiziere der Wehrmacht. Als 24jähriger, im November 1943, entschloß er sich, Hitler mit einer an seinem Körper angebrachten Dynamitladung zu töten und war bereit, sein eigenes Leben dafür zu opfern. Diese Entscheidung fiel drei Monate, nachdem er Zeuge eines Massakers an Juden geworden war. Der Anschlag auf Adolf Hitler schlug im letzten Moment fehl.

Freiherr von dem Bussche, seit wann waren Sie im Widerstand?

Ich war Adjutant eines Ersatzregiments in Potsdam. Mein Mentor, Fritz-Dietlof Schulenburg, hatte uns schon 1941 und 1942 im Rahmen dieses Regiments, eigentlich schon Anfang 1940, über den Charakter des Dritten Reiches aufgeklärt. Er selber war ein alter Kämpfer, er war zuletzt Stellvertretender Polizeipräsident von Berlin gewesen, und wurde später Stellvertretender Oberpräsident in Breslau in Schlesien. Er hatte sich innerlich ganz gelöst und suchte schon ab 1940 junge Leute, die bei einem wie und wann auch immer ablaufenden Putsch in Berlin helfen konnten, die Rundfunkstationen, die verschiedenen wichtigen Ministerien zu besetzen.

Über den Charakter des Dritten Reiches aufgeklärt

Er hat uns dann sehr gut vorbereitet auf die Pflicht, diese Dinge von innen heraus wieder in Ordnung zu bringen. Es ging darum, die Offiziere dieses Ersatzregimentes so auszulesen, daß sie nicht viel fragen würden, wenn sie eines Tages zur Wiederherstellung von Recht und Gerechtigkeit unter dem Stichwort „Walküre" die ausführende, ausübende Gewalt im Reiche mit übernehmen helfen müßten.

Wann haben Sie das erste Mal selber Verbrechen gegen die Juden erlebt?

Ich habe die Massenzusammentreibungen der Juden gesehen.

Ist das brutal vor sich gegangen?

Das war nicht blutig

Nein, das war nicht blutig, es war nur ganz besonders brutal insofern, als sie mit einem Minimum von Gepäck in einem Minimum von Zeit von ihrem Eigentum, Häusern, Wohnplätzen weg sehr eng in Wloclawek zusammengetrieben wurden, damit sie an einer Stelle wohnten.

Wann haben Sie das erste Mal den Mord an Juden gesehen?

Im Spätherbst 1942 bei strahlendem Wetter in der westlichen Ukraine, in der Stadt Dubno, eine Stunde mit dem Auto südlich von Rowno, das wir Deutsche damals zur Hauptstadt der Ukraine gemacht hatten, unter dem Gauleiter Koch, der zuvor Gauleiter in Ostpreußen gewesen war. Darauf muß ich allerdings im Detail eingehen:

Ich war nach der Spaltung des Ersatzheeres im Sommer 1942 mit meinem Regimentsstab und einem Regiment ganz junger, unausgebildeter Rekruten zur Besatzungsarmee in die Ukraine versetzt worden. In Rowno selber saß ein Armeekorps – ich glaube, es war das 50. –, das bestand aber vorwiegend aus Flak und war prophylaktisch, als Bluff, sehr auffallend eingerichtet gegen die damals beginnende Partisanenbewegung. Und wir waren eine Division, die 23. Infanterie-Reserve-Division, und waren das eine Regiment in Dubno. Ich war Regimentsadjutant, mein Kommandeur hieß Utsch, Oberstleutnant Utsch, er hatte im Jahr zuvor in Griechenland einen Arm verloren. Wir saßen da und bildeten ganz junge Rekruten aus – mit den üblichen Ausbildungsplänen und keiner mobilen Bewaffnung. Wir hatten knapp Feldküchen – die Spaltung des Ersatzheeres in Heimatarmee und Besatzungsarmee, die auch nur eine Ausbildungsarmee war, war im Sommer 1942 sehr schnell vor sich gegangen, denn in den besetzten Ostgebieten wuchs die Zahl der Partisanen. Und es herrschte wieder eine sehr merkwürdige Befehlshierarchie. Das Land war unter nationalsozialistischer Besatzungsverwaltung; es war in Gebiete aufgeteilt, die nach Rowno gehörten, zu der Ukraine, also Gauleiter Koch unterstanden. Und wir hatten in Dubno einen Gebietskommissar, der eine Region verwaltete, die etwa dreimal so groß war wie ein deutscher Landkreis, mit dem Auftrag, Lebensmittel herauszuwirtschaften und zur Ernährung des Reiches und der besetzten Gebiete abzuführen. Wiederum nur der Auftrag, falls es Unruhen gibt, wieder Ordnung herzustellen. Also reine Ausbildungs-, Besatzungsarmee ohne zivile Autorität.

Nun zu Ihrer Frage: Der Gebietskommissar – schätzungsweise Mitte Dreißig, in brauner Uniform, ein stämmiger Mann – erschien morgens im Regimentsbüro und wollte den Oberstleutnant Utsch sprechen. Das war ungewöhnlich. Ich habe ihn zu meinem Kommandeur hineingeführt, und das Gespräch dauerte etwa eine halbe Stunde. Dann kam der Gebietskommissar heraus und ging weg. Ich habe den Kommandeur gefragt: „Was wollte der eigentlich?" Da hat er gesagt: „Er sprach von einer Aktion ‚Herbst 42', die vom Dnjepr organisiert nach Westen geht, und die ab morgen früh hier gewisse, nicht definierte Funktionen auf dem ehemals polnischen Militärflugplatz auszuführen hat. Er hat gebeten, daß wir, qua Besatzungsmilitär, den Flugplatz mit einem Kordon von Soldaten absichern. Daraufhin habe ich gesagt: ‚Ja, aber da ist ja alles noch ruhig.' Ich habe das dann auch abgelehnt. Da hat er gesagt: ‚Dann muß ich das eben mit meiner ukrainischen Hilfsmiliz

In den besetzten Ostgebieten wuchs die Zahl der Partisanen

Ein stämmiger Mann in brauner Uniform

machen.' Er hatte sich ganz offenbar geärgert, aber über den Inhalt und den Zweck der Aktion nichts gesagt."

Mit dem Pferd war ich vorher schon oft auf dem Flugplatz gewesen und bin dort geritten. In den letzten Wochen hatte ich beobachtet, daß da tiefe Gräben quer ausgegraben worden waren, ich schätze vier Meter tief und etwa zwei bis drei Meter breit und recht lang. Als Soldat hatte ich mir gedacht, hier hat irgendein Narr versucht, den Flugplatz unbrauchbar zu machen. Doch nichts dergleichen, denn am nächsten Morgen wurde ich vom Regimentsschreiber, einem Feldwebel, tief erschüttert, sehr deutlich gebeten, sofort auf diesen Flugplatz zu gehen, um da mal nach dem zu sehen, was er kurz vorher gesehen hatte. Ich bin dann, etwas erstaunt über die Eindringlichkeit dieses Feldwebels, raus, und da sah ich in diesem strahlenden Spätherbst, blauer Himmel über dem Flugplatz, folgendes Bild:

Ganz links außen sah man Lastwagen heranfahren, aus denen Menschen quollen, die sich dort nackt auszogen und in einer Reihe anstellten, als ob sie auf den Omnibus warteten. Die Reihe war etwa sechshundert, achthundert, tausend Meter lang. Und rechts, wo ich diese Gräben gesehen hatte, hörte ich so alle zwanzig Sekunden Schüsse. Und dann rückte diese Kette von unbekleideten Menschen – Männer, Frauen, Kinder, Greise – einige Meter vor und verharrte. Ab und zu brachen einzelne Menschen aus der Reihe heraus, unbekleidete, versuchten über den kahlen Flugplatz zu entkommen – und brachen im Feuer dieser ukrainischen Miliz zusammen.

Das Bild rechts ist so schnell, wie ich spreche, kaum zu beschreiben. Jedenfalls war es für mich nicht auffaßbar. Da saß jeweils an dem Grabenrand auf einem Erdhügel ein offenbar deutscher Soldat einer schwarzbekleideten Spezialeinheit mit einer Maschinenpistole und ließ immer zwölf von diesen unbekleideten Menschen in die Grube steigen und schoß dann. Zwölf, vierzehn Schuß, dann rückte die Reihe nach und wurde wieder in diese Grube geschickt. Ich habe die Grube auf ein paar hundert Meter Entfernung selber nicht gesehen, weiß aber, daß sich die Menschen dort quer über die anderen Toten legen mußten und dann durch Genickschuß getötet worden sind.

Was war Ihre Reaktion?

Ich habe das Bild geschildert, ich habe gesagt, es ist nicht ganz einfach – um es zu untertreiben – zu verstehen, was da vor sich geht. Mord, ja. Massenmord, ja. Aber darüber stand ganz deutlich der Begriff der Ausrottung. Hier wurde planmäßig in einer Aktion vom Dnjepr nach Westen eine Minderheit vernichtet. Die Frage stellt sich . . . ich werde nicht darüber reden, was das für Emotionen hervorbringt, ich habe mich immer geweigert, darüber zu sprechen. Ich kann nur sagen, was ich als Soldat, Adjutant eines Regimentes, an Ort und Stelle für Reaktionen hatte. Nämlich: Wie kann das verhindert, aufgehalten, abgebrochen werden? Was ist hier meine soldatische Aufgabe?

Gräben vier Meter tief und etwa zwei bis drei Meter breit

Nackt ausgezogen

Eine Minderheit vernichtet

Lassen Sie mich etwas sagen, was mir erst viel später bewußt geworden ist. Die wirklich christliche Reaktion wäre gewesen, sich auf der Stelle auszuziehen und in diese Schlange einzureihen. Ich habe das mit den verschiedensten Kennern der Materie durchdiskutiert. Die haben gesagt, ja, aber sie hätten dich nicht erschossen. Diese abgerichteten Exekutionskommandos, „Ausrottungskommandos", hätten mich wahrscheinlich als Narren festgenommen und in eine wie auch immer geartete psychotherapeutische, psychoanalytische Klinik gebracht. Wir kennen die Phänomene auch aus einer anderen ideologischen Massendiktatur. Vielleicht hätten sie mich auch erschossen. Aber ich glaube es nicht, sondern ich glaube, daß sie so abgerichtet waren, nur auf die Objekte ihrer Mordaktion zu schießen.

Die wirklich christliche Reaktion

SS-Leute?

. . . in schwarzen Uniformen. Ja. Spezialkommandos unter Führung eines Feldwebels, der in der Nacht darauf bei einem Essen, das der Gebietskommissar für ihn und seine zwölf Männer gab, gesagt hat, er hätte selbst 30 000 erschossen und wäre dann mit der Leitung dieses Trupps beauftragt worden, dessen Angehörige schon schätzungsweise je 5 000 – 10 000 Juden erschossen hatten.

Selbst 30 000 erschossen

Pro Person?

Ja, jeder.
Ich muß noch eine Fußnote vorausschicken. Auschwitz gab es noch nicht. Auschwitz wurde in jenen Monaten gebaut, weil sich herausstellte, daß auch diese abgerichteten „Ausrottungsspezialisten" es mit ihren Nerven nicht aushielten, und man also zu einer industriellen Ausrottungsinstallation – Auschwitz und andere Lager – übergehen mußte. Auschwitz ist, soweit ich weiß, erst im Winter 1942/43 in Betrieb genommen worden, ebenso wie die anderen Gasöfen-Lager. Es war also noch ein, ich möchte sagen, früher Versuch, wie man die Endlösung der Judenfrage realisiert.

Ich bin dann sehr schnell zu meinem Kommandeur gegangen und habe ihn darüber aufgeklärt. Er ist mit mir raufgegangen und hat sich das angesehen. Die Frage an Oberstleutnant Ernst Utsch war: Eingreifen oder nicht eingreifen? Wollen wir unsere Rekruten das unterbrechen lassen? Er hat gesagt: „Da können wir gar nichts machen. Das Führerhauptquartier mit dem Führerbegleitbataillon liegt drei bis vier, vielleicht fünf Stunden von uns entfernt in Winniza. Die würden informiert werden, daß, wenn wir hier eingreifen, die deutsche Garnison in Dubno meutert. Und sie wird blindlings hierherbefohlen werden, um diese Meuterei mit allen erdenklichen Mitteln abzubrechen. Sie sind heute abend hier mit ihren gepanzerten Fahrzeugen und schießen uns diese Rekruten zusammen. Sie werden nicht wissen, was hier vor sich geht. Denn das Ganze ist ja so vorbereitet, daß selbst ich als Kom-

Eingreifen oder nicht?

mandeur nur wußte: Heute beginnt die Aktion. Die werden auf dem Befehlswege also hören: Meuterei in Dubno, das Ersatzregiment 23 und das dazugehörige Rekrutenkontingent meutert, und sie werden uns zusammenschießen." Er hat also nicht den Entschluß gefaßt, es zu unterbrechen, abzubrechen. Das hätte seiner Meinung nach bestenfalls einen Aufschub der Aktion bewirkt, aber nicht einen Abbruch.

„Die Ehre genommen"

Er schwieg dann doch wohl sehr betreten, und auf dem halben Weg zurück zur Kaserne blieb er stehen, guckte mich an und sagte den Satz: „Jetzt hat er uns auch noch die Ehre genommen." Es war zwischen uns nicht nötig zu sagen, wen er meinte mit „er". Aber Utsch hatte, nachdem er den Entschluß gefaßt hatte, seine Rekruten nicht verbluten zu lassen, doch begriffen, daß wir beide, die wir es gesehen und nicht eingegriffen haben, ein elementares Erlebnis hatten (wobei ich sagen muß, daß das Wort Ehre in jenen Jahren so mißbraucht worden ist, daß man jemanden gut kennen mußte, um zu verstehen, was er meinte: „Jetzt hat er uns auch die Ehre genommen" – und er meinte uns, die wir es gesehen hatten).

Hitler beseitigen

Durch die Vorbereitung von Friedrich Dietlof Schulenburg wußte ich, daß diese Dinge nur aufzuhalten waren, wenn man die Befehlsgeber- und die Befehlsempfängerorganisation köpft. Das heißt, daß man Adolf Hitler beseitigen mußte, um dadurch den Zustand der Eid-

Die Herrenmenschen

freiheit für alle öffentlichen Dienste herstellen zu können. Denn die öffentlichen Dienste waren ja alle auf Adolf Hitler vereidigt. Und wir nahmen den Eid ernst im Dritten Reich. Aber es war auch klar, daß der Eid durch diese Befehlsgebung gebrochen war. Sie werden vielleicht mit gewissen Historikern einwerfen, daß nie bewiesen worden ist, daß Hitler es befohlen hat . . . ich glaube, er hat es im Mafia-Stil befohlen. Denn schon die Mitwisserschaft hätte ihn veranlassen müssen, das sofort einzustellen, wenn sagen wir mal, Himmler es selbständig gemacht hätte.

Helmut James Graf von Moltke schrieb an seine Frau am 10. Oktober 1942: „Gestern Mittag war es insofern interessant, als der Mann, mit dem ich aß, gerade aus dem Gouvernement kam und uns authentisch über den SS-Hochofen berichtete. Ich habe es bisher nicht geglaubt, aber er hat mir versichert, daß es stimmte. In diesen Hochöfen werden täglich 6 000 Menschen verarbeitet." Haben Sie während des Krieges über die Vergasungen gehört?

Täglich 6 000 Menschen „verarbeitet"

Beim Erntedankfest 1942, also im November, glaube ich, habe ich den Regimentskommandeur beim Erntedankfest vertreten müssen und saß neben einer Frau, die mit einem Abteilungsleiter aus dem Gebietskommissariat verheiratet war. Die hat mir auf meine Fragen geantwortet, man wäre jetzt dabei, auf eine humanere Lösung überzugehen, nämlich nicht die Erschießungen vornehmen zu lassen, sondern in einem Gasofen die Juden zu verbrennen. Sie hat auch erwähnt, daß die Versuche, es in Lastkraftwagen mit den Abgasen zu machen – die Lastwagen wurden gefüllt mit Menschen, die ausgerottet werden sollten, und dann wurden die Abgase hereingeführt –, daß die sich nicht bewährt hatten.

„Eine humanere Lösung"

Die waren nicht „genügend effektiv"?

Es ging nicht, es waren nicht genug.

Man fragt sich, wie das möglich war. Wie war es möglich, daß man Leute dazu brachte, Kinder, Alte, Männer, Frauen, die unbewaffnet waren, zu ermorden?

Ich brauche Ihnen nicht zu sagen, daß es für einen Deutschen immer wieder darauf ankommt, eine Erklärung zu finden. Die Fachsprache hat das Wort Massenwahn erfunden. Das gibt es ja in der Geschichte wiederholt, daß Völker oder Stämme sich in einer Art Zustand befinden, der dem Wahn gleicht. „Masscraze" nennen es die Amerikaner. Ich nenne es eine Ersatzreligion, die nur in anderen Kategorien gewirkt hat als die uns mehr oder weniger bewußt in der Bergpredigt vorgeschriebene Tradition. Die haben damit gebrochen. Sie haben mit einem Vulgär-Darwinismus, dem „Survival of the fittest", dem Überleben des

Wie war das möglich?

Stärksten gearbeitet, obwohl das nicht ganz richtig ist. Das Überleben „of the fittest" im Englischen heißt ja der Angepaßten, der am besten Angepaßten.

Menschenjagd – sechs bewaffnete Männer gegen einen Zivilisten

Hans Herwarth von Bittenfeld

Hans Herwarth von Bittenfeld, geboren 1904, war von 1931 bis 1939 Diplomat an der Deutschen Botschaft in Moskau. Ende der dreißiger Jahre versuchte er bereits, die Regierungen in London und Paris vor den wirklichen Absichten Hitlers zu warnen. Im Krieg diente er als aktiver Offizier und gehörte dem Widerstandskreis des 20. Juli 1944 um Claus Graf Schenk von Stauffenberg an. Später war er Botschafter der Bundesrepublik in London und Staatssekretär im Bundespräsidialamt.

Herr Staatssekretär, vor dem Krieg waren Sie Diplomat in Moskau, und während des Krieges Offizier im Heer. Wann hat nach Ihrer Kenntnis der systematische, vorsätzliche Massenmord an Juden begonnen?

Daß Juden verfolgt und vernichtet werden, habe ich zum ersten Mal erfahren, als ich als Offizier ins Generalgouvernement nach Polen abkommandiert wurde – zum dortigen Militärbefehlshaber, Generaloberst Blaskowitz. Blaskowitz hat sich im Gegensatz zum Generalgouverneur von Polen, Hans Frank, für eine anständige Behandlung der Polen eingesetzt und hat dafür gesorgt, daß die jüdischen Arbeiter weiter in den Fabriken arbeiten konnten. Er hat nicht zugelassen, daß sie in Konzentrationslager oder in Ghettos zusammengezogen und dann vernichtet wurden. Er hat das damit begründet, daß die Juden ausgezeichnete Arbeiter seien und daß sie in den Fabriken gute Arbeit leisteten, die kriegswichtig sei; es sei ein Wahnsinn, diese Leute, diese gutwilligen Leute, an der Arbeit zu hindern und zu töten.

Generaloberst von Blaskowitz setzt sich für die polnischen Juden ein

Von 1940 an hat man also über eine Vernichtung der Juden gesprochen. Wie war die Reaktion auf das Verhalten von Generaloberst Blaskowitz?

Generaloberst Blaskowitz wurde daraufhin von seinem Posten abgelöst. Sein Nachfolger wurde der General der Kavallerie, Freiherr von Gienanth, der genau dieselbe Politik verfolgte: die Polen schützte und sich auch vor die Juden stellte. Er hat dann etwas diplomatischere Methoden angewandt, um sie überhaupt durchsetzen zu können, auch vergeblich. Er wurde ebenfalls abgelöst.

Von Gienanth stellt sich vor die Juden

Wann haben Sie persönlich Einzelheiten über den Massenmord erfahren?

Im Mai 1942. Ich war damals nicht mehr bei der Fronttruppe, sondern zum Generalstab des Heeres, in die Organisationsabteilung, abkommandiert worden. Chef der Organisationsabteilung war der Major Graf Stauffenberg, der spätere Attentäter vom 20. Juli, der ja eine Schlüsselfigur des deutschen Widerstandes war.

Exekution von Unschuldigen

Wir waren gerade zusammen – ich arbeitete unter ihm –, als ein Offizier von der Front kam und mit sichtlichen Zeichen des Schreckens erzählte, was er gesehen hatte: daß die SS unschuldige Juden im Alter von zwei bis achtzig Jahren, Kinder und Greise, aus einem Ort in der Ukraine herausgeführt hatte. Die armen Leute mußten dann einen großen Graben schaufeln, in Reihen antreten, wurden erschossen, fielen in die Grube rein, und dann kamen die nächsten dran.

Eine verbrecherische Handlung

Er war sichtlich erschüttert und zitterte noch. Stauffenberg war empört, wütend, wurde kreidebleich und sagte: „Das ist eine verbrecherische Handlung von der SS, aber dafür ist der Mörder Hitler verantwortlich." Diese Äußerung von Stauffenberg ist interessant, denn ursprünglich – als ich zu Stauffenberg kam, der ein Vetter meiner Frau ist – war Stauffenberg der Überzeugung, daß es nur darauf ankäme, die Gehilfen von Hitler zu beseitigen; daß sie verantwortlich seien für die Untaten, die begangen wurden, nicht nur gegen die Juden, sondern auch gegen die Polen, die Ukrainer, die Russen und so weiter. Und dann allmählich – wir haben uns oft unterhalten – habe ich gesagt: „Claus, es sind nicht die Gehilfen, auf die kommt es gar nicht an. Die führen nur die Befehle aus. Der Hitler ist die Inkarnation des Teufels. Er ist verantwortlich für diese Untaten, die eine Schande für das deutsche Volk sind."

Ein Schandfleck

Damals, als dieser Offizier zu uns kam, sagte Stauffenberg: „Das ist eine Schande, und das ist ein Schandfleck auf der Ehre des deutschen Volkes. Das werden wir alle noch einmal schwer büßen müssen, und der Herrgott möge uns verzeihen, daß solche furchtbaren Dinge passieren."

Dr. Walter Manoschek

Dr. Walter Manoschek, geboren 1957, lehrt Zeitgeschichte an der Sozial- und wirtschaftswissenschaftlichen Fakultät der Universität Wien. Seit Jahren beschäftigt sich der Historiker mit der Rolle der Wehrmacht während des Zweiten Weltkrieges; er war einer der wissenschaftlichen Mitgestalter der großen Wanderausstellung „Vernichtungskrieg. Verbrechen der Wehrmacht 1941–1944".

Herr Dr. Manoschek, von wem wurde in Serbien die sogenannte Endlösung der Judenfrage durchgeführt?

Im Gegensatz zum Osten, also Sowjetunion und Polen, hat die Wehrmacht in Serbien mit der Endlösung der Judenfrage im Herbst 1941 begonnen.

Die Wehrmacht beginnt die „Endlösung"

Wie kam es dazu?

Das hängt damit zusammen, daß im Sommer 1941 die Partisanentätigkeit Titos begonnen hatte und viel zuwenig Polizei und Sicherheitsmannschaften in Serbien stationiert waren, um die Partisanen zu bekämpfen, so wie es im Osten gewesen war. Das Ansuchen des Militärbefehlshabers von Serbien um die Zuführung weiterer Polizeikräfte wurde von Berlin abgelehnt, statt dessen hat Keitel, der Chef des Oberkommandos der Wehrmacht, die Wehrmacht direkt mit der Bekämpfung der Partisanen beauftragt. Nachdem der aus Österreich stammende General Franz Böhme die Militärbefehlshaberschaft in Serbien übernommen hatte, hat die Wehrmacht dann im Herbst 1941 auch die Methoden übernommen, mit denen die SS im Osten gegen die Partisanen vorgegangen ist – das heißt, unter dem militärischen Vorwand von Sühnemaßnahmen und Geiselerschießungen haben Exekutionskommandos zunächst sämtliche Juden, die bereits im Lager interniert waren, erschossen.

Nachdem sie und der Großteil der Zigeuner umgebracht worden waren, haben die Erschießungskommandos der Wehrmacht in einem wahren Blutrausch innerhalb von drei Monaten noch zusätzlich 20 000 serbische Zivilisten exekutiert.

In einem wahren Blutrausch

Die Wehrmacht ist also, weil die SS aus Personalmangel ausfiel, ohne irgendeinen Protest eingesprungen und hat „diese Aufgaben", die sonst SS, Sicherheitsdienst und Einsatztruppen durchgeführt haben, autonom durchgeführt. Das ist die besondere Situation in Serbien gewesen.

Gab es auch Gaskammern?

Die Wehrmacht vergast

Gaskammern hat es in Serbien nicht gegeben. Aber nachdem die Wehrmacht sämtliche erwachsenen jüdischen Männer im Herbst 1941 erschossen hatte – es handelte sich um circa 6 000 bis 7 000 Männer –, blieben die Frauen und Kinder übrig, die im Winter 1941/42 in einem Konzentrationslager ganz in der Nähe von Belgrad interniert wurden. Nach wenigen Monaten, im März 1942, traf aus Berlin ein Gaswagen ein, und innerhalb von zweieinhalb Monaten sind diese Frauen und Kinder darin – also in einem mobilen Gerät – ermordet worden.

Können Sie beschreiben, wie dieser Wagen, diese mobile Gaskammer ausgesehen hat?

Die „Entlausungswagen"

Dieser Gaswagen, der in der nationalsozialistischen Terminologie zur Tarnung auch als Entlausungswagen, als Spezialwagen, als Sonderfahrzeug bezeichnet worden ist, war ein umgebauter Saurer-Lastwagen. Bereits seit Ende 1939 wurden solche Wagen zur Ermordung von geistig und körperlich Behinderten eingesetzt.

Wo sind sie fabriziert worden?

Gaswagen im Vernichtungslager Chelmno

Sie wurden in der kriminaltechnischen Abteilung des Reichssicherheitshauptamtes in Berlin hergestellt. Zuerst hatte man Stahlflaschen mit Kohlenmonoxid verwendet, was aber ein sehr kompliziertes Unterfangen gewesen ist. Nach dem Überfall auf die Sowjetunion im Sommer 1941 hat man die Gaswagen so weiterentwickelt, daß nunmehr die Auspuffgase selbst direkt in das Wageninnere geleitet wurden. Im Herbst 1941 wurde diese neue Technik dann an sowjetischen Kriegsgefangenen im KZ Sachsenhausen ausprobiert. Und nachdem diese Versuche erfolgreich verlaufen sind, wurden noch Ende 1941 sechs Modelle hergestellt und im Osten eingesetzt.

In Berlin hergestellt

Wie sahen diese Gaswagen von innen aus?

Von außen waren sie nicht als etwas Besonderes zu erkennen. Es waren ganz normale Lastwagen. Innen hatten sie eine circa zehn Quadratmeter große Fläche mit Sitzbänken, auf die die Opfer plaziert wurden. Wenn der Innenraum dann hermetisch abgeschlossen worden war, wurde von den Fahrern an der Außenseite des Fahrzeuges ein Gashebel umgelegt, so daß die Abgase dann direkt in den Innenraum geleitet wurden.

In Serbien sagte man den jüdischen Frauen und Kindern, daß sie aus dem KZ in ein anderes Lager überstellt werden sollten, so daß sich die Leute freiwillig zu dieser Umsiedlungsaktion gemeldet haben. Zwei Monate lang ist dieser Gaswagen dort jeden Tag gefahren – er kam vor das Lager, die Leute sind eingestiegen, dann wurde das Fahrzeug geschlossen und ist über die Save-Brücke nach Belgrad gefahren. Nachdem die Brücke überquert war, hat der Wagen kurz angehalten, ein SS-Fahrer ist ausgestiegen und hat den Gashebel umgedreht. Dann ist diese Todesfahrt mitten durch Belgrad gegangen, während dieser Fahrt sind die Frauen und Kinder erstickt worden. Wenn das Fahrzeug auf dem Militärübungsplatz von Belgrad ankam, waren die Menschen darin bereits tot. Sie sind dann von einem serbischen Häftlingskommando ausgeladen und in Massengräbern verscharrt worden. Circa 6 000 bis 7 000 Frauen und Kinder sind in dieser zweimonatigen Tötungsaktion erstickt worden.

Ein SS-Fahrer dreht den Hebel um

Gibt es schriftliche Beweise für die Existenz dieser Gaswagen?

In den offiziellen Schriftwechseln wurden immer Tarnbezeichnungen verwendet. Man hat also versucht, diese Vergasungsaktionen nicht allzu publik zu machen im Schriftverkehr. Doch gleichzeitig wußten so gut wie alle in Belgrad eingesetzten Sicherheitsleute, Polizisten und SS-Angehörige, daß dieser Gaswagen dort im Einsatz ist. Es gibt eigentlich nur zwei Dokumente, aus denen dies klar hervorgeht. Das eine ist ein persönlicher Brief des Militärverwaltungschefs von Serbien, Harald Turner, der im April 1942 an seinen Freund, den SS-Gruppenführer Karl Wolff, den Stellvertreter Himmlers in Berlin, schreibt: „Lieber

Die Tarnbezeichnungen

Kamerad Wolff, schon vor Monaten habe ich alles an Juden im hiesigen Lande Greifbare erschießen und sämtliche Judenfrauen und -kinder in einem Lager konzentrieren lassen und zugleich mit Hilfe des Sicherheitsdienstes einen ‚Entlausungswagen' angeschafft, der nun in etwa 14 Tagen bis 4 Wochen auch die Räumung des Lagers endgültig durchgeführt haben wird." In diesem Brief wird also die Tarnbezeichnung ‚Entlausungswagen' in Anführungszeichen verwendet.

Und dann gibt es noch ein erhalten gebliebenes Telegramm von dem Chef des Sicherheitsdienstes in Belgrad, Dr. Emanuel Schäfer, der nach Ende der Vergasungsaktion nach Berlin telegrafiert. Darin steht: „Betrifft: Spezialwagen Sauger. Die Kraftfahrer SS-Scharführer Götz und Meier haben den Sonderauftrag durchgeführt, so daß die Genannten mit dem oben angegebenen Fahrzeug zurückbeordert werden können. Infolge Achsriß der hinteren Achshälfte kann eine Überführung der Achse nicht durchgeführt werden. Ich habe daher angeordnet, daß das Fahrzeug verladen und mit der Eisenbahn nach Berlin überführt wird." Das heißt, nach Abschluß dieser Aktion Anfang Juni 1942 ist an diesem Wagen ein Schaden aufgetreten, so daß er mit der Eisenbahn nach Berlin zurückgebracht werden mußte.

„Sonderauftrag ausgeführt"

Eine Unzahl von Zeugen

Das sind die einzigen authentischen Dokumente, die es dazu gibt. Aber es gibt eine Unzahl von Zeugenaussagen von Beteiligten an der Gaswagenaktion – von beteiligten Polizisten in Belgrad –, in denen keiner geleugnet hat, daß es diesen Wagen gegeben hat, sondern sehr detaillierte Beschreibungen über diese Aktion abgegeben werden.

Dr. Peter Pechel

Dr. Peter Pechel, geboren 1920, war im Krieg Oberleutnant und arbeitete später als Journalist. Während einer Kurierfahrt für das Oberkommando der Wehrmacht erfuhr er 1943 Einzelheiten über die sogenannte „Endlösung". Sein Vater, der wegen mißliebiger Artikel von den Nationalsozialisten verhaftet worden war, überlebte das Konzentrationslager Sachsenhausen.

Herr Pechel, Sie waren beim Oberkommando des Heeres. Man kann annehmen, daß man dort sehr gut informiert war. Wann haben Sie das erste Mal über den systematischen Mord an Juden gehört?

Nicht im Oberkommando selbst, sondern während einer Reise. Das war eines der entscheidensten und sonderbarsten Erlebnisse meines Lebens.

Ich war, wie gesagt, im Oberkommando des Heeres. Ich war vorher verwundet worden und noch nicht wieder frontdienstfähig und wurde abgeordnet. Ich war wahrscheinlich einer der jüngsten Ordonanzoffiziere überhaupt, ich war 22 und 23 Jahre alt während dieses Jahres. Und gewissermaßen als eine Art Belohnung für meine Dienste hatte ich eine Kurierreise nach Bukarest verschrieben bekommen. Danach mußte ich dann wieder an die Front.

Ich saß also abends – das muß Ende Mai oder Anfang Juni 1943 gewesen sein –, in diesem D-Zug Berlin-Bukarest, in einem Abteil ganz für mich allein, denn als Kurier durfte ja niemand sonst ins Abteil hinein. Es war alles voll von Kuriersäcken mit Geheimpost. Sogar an meinem Handgelenk hatte ich – wie bei einem Schwerverbrecher mit einer Kralle befestigt – noch geheime Dokumente.

Wir hielten in Breslau, es dämmerte schon, und in das Abteil stieg ein Pionier-Oberst, ungefähr 40 bis 45 Jahre alt. Ich sagte ihm noch: „Herr Oberst, Sie haben hier nichts zu suchen. Es tut mir schrecklich leid, dies ist das Kurierabteil." Darauf antwortete er mir: „Gut, Herr Kamerad, Sie haben Ihren Spruch aufgesagt, ich setze mich trotzdem hin, der Zug ist voll." Da sagte ich: „Bitte" – was sollte ich sonst machen? Ich war ein kleiner Oberleutnant. Wir kamen ins Gespräch. Es wurde dunkel, und Sie kennen ja diese Stimmung in Zügen, wenn man durch die Gegend fährt und man hat nur einen Mitreisenden – da tauscht man sich aus. Und man sollte auch nicht vergessen, das war 1943, das war nach Stalingrad. Jeder, der etwas wußte, wußte im Grunde, daß

Im Oberkommando des Heeres

Nach einer Stunde wußte man Bescheid

der Krieg verloren war. Nun, wir kamen einander so langsam näher. Damals, im Dritten Reich, war es so, daß man ungefähr nach einer Stunde wußte, wes Geistes Kind einer war. Das hing davon ab, wie gewisse Worte gebraucht wurden, welche Worte gebraucht wurden, welche Worte nicht oder mit einer speziellen Betonung gebraucht wurden. Und ich merkte, daß der Mann kein Nazi war. Er war Frontoffizier, wahrscheinlich unpolitisch wie die meisten. Wir kamen uns so nahe, gewannen so viel Vertrauen zueinander, daß ich ihm erzählte, daß mein Vater in Sachsenhausen bei Oranienburg sei. Mein Vater war Journalist, wie ich es bin, und war oft vom Propagandaministerium gewarnt worden, daß er seine kritischen Artikel nicht schreiben solle, aber er hat es weiter getan. Und eines Tages schlug dann die Gestapo zu. Ich war damals im Lazarett. Das erzählte ich diesem Oberst. Danach herrschte eine Weile Schweigen. Das hatte er vermutlich nicht erwartet. Dann holte er eine Flasche Cognac heraus und sagte: „Ich glaube, Herr Pechel, wir sollten auf das Wohl Ihres Vaters trinken." Gut, das machten wir. Dann sprachen wir wieder eine Weile, bis er sagte: „Wissen Sie was, es drängt mich. Ich muß Ihnen jetzt was erzählen. Sie sind im Oberkommando des Heeres, Sie gehen wieder an die Front, Sie kennen eine Menge Leute, die es eigentlich wissen müßten." Dann nahm er noch einen tiefen Schluck Cognac und fing langsam, ohne mich anzusehen, in die Dunkelheit des Abteils hinein – es war nur eine Notbeleuchtung da – zu erzählen an.

Vater im KZ

Sein Bataillon oder Regiment war in Polen gewesen und hatte dort Gräben für die rückwärtige Stellung, also Auffangstellungen, ausgehoben. Das war in der Nähe eines kurzen Eisenbahntunnels, der anscheinend durch einen Berg oder Hügel durchgestochen worden war. Eines Tages, erzählte er, seien ein paar Güterwagen mit Menschen angekommen und sie, die Pioniere, wären so nahe dran gewesen, daß sie gesehen hätten, daß es Juden waren, wahrscheinlich polnische Juden. Die Lok stieß diese mit Menschen vollgepferchten Güterwaggons in den Tunnel hinein, koppelte sich ab, und dann kamen SS-Leute mit diesen Diesel-Lkws, die wir im Krieg bei der Wehrmacht hatten. Sie stellten die Wagen an beide Ausgänge – anscheinend war der Tunnel so kurz, daß man auch den anderen Ausgang sehen konnte, das ist jedenfalls meine Interpretation der Erzählung des Obersten – stellten die Lkws also an beide Seiten – mit dem jeweiligen Heck zum Eingang. Der Tunnel wurde dann noch abgedeckt, so daß es keine Freiräume gab, und anschließend ließen sie die Motoren laufen.

Vergasung im Eisenbahntunnel

Der Oberst stockte etwas. Er war wahrscheinlich übermannt von dieser Erinnerung. Dann sagte er: „Und wissen Sie, was dann passierte? Dann sind diese Menschen in dem Tunnel langsam vergast worden. Wir haben ihre Schreie noch gehört." Ich fragte, wie lange das denn gedauert habe. Wahrscheinlich 24 Stunden, meinte er, er könne es nicht mehr genau sagen. Dann fügte er nach einer Weile hinzu: „Sehen Sie, Sie sind im Generalstab, Sie müssen das anderen erzählen. Niemand weiß das. Wir haben das gesehen, und ich bin Augenzeuge."

Die Schreie gehört

Ich habe eine ganze Weile gebraucht, um das zu verarbeiten. Ich kann mir vorstellen, daß ich fünf Minuten lang geschwiegen habe. Dann sagte ich: „Hören Sie zu, Herr Oberst, ich vertraue Ihnen. Ich habe Vertrauen zu Ihnen gewonnen. Aber was Sie mir da erzählt haben, ist so ungeheuerlich, das kann ich nicht glauben. Ich weiß, daß der Hitler und der Goebbels und der Göring, diese ganze Kamarilla, daß die Verbrecher sind. Aber selbst eine verbrecherische deutsche Regierung kann doch keinen Massenmord inszenieren, kann doch keinen Massenmord befehlen." Ich habe dann dem Oberst noch einmal gesagt: „So sehr ich Ihnen vertraue, ich kann das einfach nicht glauben. Das ist mit unserer ganzen Kultur, unserer ganzen Geschichte unvereinbar, daß eine deutsche Regierung einen Massenmord befiehlt." Und das muß ja doch auf Regierungsbefehl gewesen sein. Wir schwiegen. Nach einer Weile sagte der Oberst: „Sie müssen mir das glauben." Und ich sagte: „Das fällt mir sehr, sehr schwer." Er sagte dann: „Sie sehen doch Ihren Vater noch, bevor Sie an die Front gehen?" „Ja, die Genehmigung habe ich, wenn ich an die Front gehe." „Fragen Sie Ihren Vater. Im KZ haben sie einen besseren Nachrichtendienst als Sie im Oberkommando des Heeres." Ich sagte: „Das werde ich tun." Es war fast wie ein Befehl, den er da ausgesprochen hat.

Rudolf Pechel reiste im Frühjahr 1939 drei mal nach London, um vor Hitlers „Raubzügen" zu warnen – vergeblich. 1942 kam er in das Konzentrationslager Sachsenhausen.

Sie können sich vorstellen, mit welchen Gedanken ich nach Bukarest gefahren bin und wieder zurück. Dann, zehn Tage, bevor ich an die Front gegangen bin, bekam ich die übliche Genehmigung, meinen Vater im KZ zu besuchen. Ich sah ihn in einem kleinen Zimmer im Kommandogebäude des KZ Sachsenhausen. Mein Vater in dieser gestreiften Sträflingskluft mit dem roten Winkel der Politischen. Es war immer ein SS-Mann dabei, gewöhnlich so ein junger Volksdeutscher, die zusammengeschossen waren, meist von der Totenkopfdivision und die die Gefangenen bewachten. Ich habe den dann rausgeschickt und habe gesagt: „Holen Sie mir ein paar Zigaretten." Als er draußen war, habe ich meinem Vater schnell die Geschichte des Oberst erzählt und habe dann gefragt: „Das kann doch nicht wahr sein. Stimmt das?" Und mein Vater sagte: „Leider, mein Junge, es stimmt. Wir wissen davon, daß Massenerschießungen und später Massenvergasungen in Polen und Litauen vorgenommen wurden. Wir haben unseren Nachrichtendienst, und wir wissen darüber Bescheid."

„Sie müssen mir das glauben."

Besuch im KZ

„Es stimmt."

Dr. Hans Wilhelm Münch

Dr. Hans Wilhelm Münch, 1911 geboren, war Arzt und Untersturmführer der Waffen-SS. Er arbeitete als Hygieniker in Auschwitz, verweigerte jedoch, Gefangene für die Gaskammer zu selektieren und bat in Berlin um seine Versetzung. Seine Bitte wurde abgewiesen, weil er um ein „Staatsgeheimnis" wisse. Nach der Befreiung des Lagers wurde er von der Roten Armee gefangengenommen und an die polnischen Behörden übergeben, als einziger der 40 Angeklagten jedoch im Januar 1947 vom Volksgericht in Krakau aus der Haft entlassen – mit der Begründung: „Von Schuld und Sühne befreit".

Dr. Münch ist es gelungen, in seinem „wissenschaftlichen Laboratorium" einer Reihe jüdischer Wissenschaftler das Leben zu retten.

Herr Dr. Münch, Sie waren Arzt in Auschwitz. Sie haben die Vergasungen miterlebt. Was sind Vergasungen?

Also, abstrakt formuliert handelt es sich um die Tötung von Menschen in speziell dafür hergerichteten Räumen mittels Blausäuregas.

Wie ist das vor sich gegangen?

Die Pseudoduschen

Man hat große Räume präpariert, die als Duschraum getarnt waren. Da hat man die Menschen hineingeführt, zum Teil auch getrieben, dann mit Gewalt die Türen geschlossen und von oben, durch diese oder unmittelbar neben diesen installierten Pseudoduschen Blausäuregas hineingelassen.

Sie haben einmal die gesamte Prozedur, von der Ankunft bis zur Vergasung der Menschen, miterlebt.

Ja, während der Nacht. Während einer Nacht die ganze Prozedur.

Die großen Transporte, Tausende und Tausende von Menschen, sind in Viehwagen angekommen und wurden dann der Selektion unterzogen. Was heißt in diesem Fall „selektieren"?

Zu der Zeit, als man in Auschwitz mit den Vergasungen angefangen hat, also im Jahre 1943, stellte sich schon heraus, daß Himmler, daß die ganze deutsche Kriegsführung nicht auf Arbeitskräfte verzichten konnte. Man konnte es sich nicht leisten, dieses große Potential von Millionen von Juden einfach in toto zu vernichten, wie man das ja vorher in Majdanek und Treblinka und anderen Vernichtungslagern im Protektorat gemacht hatte. Daher wurden alle, die zur körperlichen Arbeit fähig waren, unmittelbar nach der Ankunft ausgesondert, selektiert. Und diese Selektion wurde befehlsgemäß von Fachleuten gemacht, also von Ärzten.

In Auschwitz anders als in Majdanek und Treblinka

Wie hat man sie selektiert? Auf die eine Seite die, die arbeiten konnten, und auf die andere Seite die Arbeitsunfähigen?

Ja, einschließlich der Kinder natürlich. Frauen und Kinder. Aber auch arbeitsfähige Mütter, Frauen also, die jung und kräftig waren, aber mehrere Kleinkinder hatten, die nach ihrer Mutter riefen, als man sie getrennt hatte. Die hat man dann, um den Ablauf nicht zu stören, auch zu ihren Kindern, zu den Selektierten gestellt.

Auch arbeitsfähige Mütter

Zur Vergasung?

Zur Vergasung.

Was hat man den Leuten gesagt?

Man hat nicht gesagt: „Ihr werdet jetzt getötet", sondern hat sehr großen Wert darauf gelegt, sie in dem Glauben zu lassen, daß sie jetzt, nach dem strapaziösen, tagelangen Transport – mit Hunger und Durst und Verschmutzung in diesen Waggons – die Möglichkeit zu duschen hätten. Anschließend kämen sie dann in Lager, wo sie ausreichend ernährt würden und später auch arbeiten könnten. Man hat ihnen also große Hoffnungen gemacht, und das wurde auch deshalb geglaubt, weil die meisten des Personals, das bei der Entladung von Transporten dort war, keine SS-Leute waren, sondern Häftlinge eines besonderen Kommandos.

Was waren das für Kommandos?

Das war eine Ansammlung von Häftlingen, die schon länger da waren; die sich die Gunst der SS errungen hatten, meist polyglotte Leute. Sie mußten dafür sorgen, daß die Ausladung ordnungsgemäß abgewickelt wurde. Man muß sich ja vorstellen, die Menschen waren nicht nur alle unterernährt, soweit sie aus anderen Lagern kamen, sondern hatten furchtbar gelitten, hatten während der Transporte oft tagelang ohne richtige Ernährung, ohne Wasser vor allen Dingen, ohne Flüssigkeit, aushalten müssen. Sie waren sehr verdreckt, und mußten dann manchmal auch vor dem Lager selber noch viele, viele Stunden stehen, ehe sie an der Reihe waren. Sie befanden sich in einem sehr desolaten

Die Gunst der SS errungen

Seifenstücke in die Gaskammer mitgegeben

Zustand, wenn sie ausgeladen wurden – nicht immer, aber sehr häufig –, und es gab Komplikationen. Die Häftlinge dieses Kommandos haben ihnen dann gut zugeredet, haben ihnen erklärt, wie gut es ihnen jetzt gehen würde. Sie würden zunächst unter die Dusche kommen, es gäbe warmes Wasser, und am Anfang, als es sich noch nicht um die großen Selektionen handelte, hat man ihnen sogar Seifenstücke mitgegeben . . .

In die Gaskammer?

In die Gaskammer. Aber später, als ich es miterlebt habe, war das nicht mehr der Fall. Es wurde ihnen also vermittelt, daß sie jetzt einer guten Zeit entgegengingen.

Haben Sie gesehen, wie die Leute in der Gaskammer gestorben sind?

Ich war nicht stark genug

Zunächst war da nichts zu sehen. Es waren sehr große, scheunenartige Tore und darin befand sich nur ein kleiner Spion, durch den die Leute, die die Prozedur überwachten, sich überzeugen konnten, ob der Effekt eingetreten war. Wie ich schon sagte, war ich nur während einer Nacht, als ein großer Transport liquidiert wurde, bei dem ganzen Vorgang dabei. Und da habe ich während dieses . . . sagen wir mal während der Phase, in der die Menschen gestorben sind, nicht hineingeschaut. Ich war nicht in der psychischen Verfassung, ich war nicht stark genug. Erst als das Kommando kam, daß die Gaskammer jetzt geöffnet werden könnte – nicht die Türen, durch die sie hineingekommen waren, sondern die Türen auf der Gegenseite, die waren genauso groß – und als die Exhaustoren liefen, da habe ich dann durch diesen Spion geschaut und habe gesehen, wie die Menschen in Knäueln, verkrampft und ineinander verhakt, auf dem Boden lagen und wie sie dann mit Stangen und Instrumenten von dem Sonderkommando auf der anderen Seite, wo die Türen offen waren, herausgezogen und auf Loren verfrachtet wurden zum Abtransport, zur Weiterverarbeitung in Krematorien.

Man hat die Türen auf der anderen Seite aufgemacht. Ist da nicht das Gas herausgeströmt?

Die Exhaustoren laufen

Vorher liefen Exhaustoren.

Was sind Exhaustoren?

Ventilatoren, durch die zunächst das Gas abgesaugt wurde. Dann wurden die Türen aufgemacht und mit langen Stangen die Leichen herausgezogen.

Die Leute, die die Leichen da herauszogen, wurden also nicht von dem ausströmenden Gas vergiftet?

Nein. Die hatten auch – nicht alle, aber die meisten – nasse Tücher vor der Nase.

Was waren das für Leute?

Das war das Sonderkommando. Dieses Sonderkommando waren Häftlinge, die eine besondere Ernährung und eine besondere Unterkunft erhielten und dadurch in höchstem Maße privilegiert waren. Aber sie mußten die schlimmste Arbeit verrichten, die es gab, nämlich die anfallenden, großen Leichenberge verarbeiten – in den Krematorien oder später dann auf großen Scheiterhaufen – und vor allen Dingen auch die Auswertung der Leichen, die darin bestand, daß man ihnen die Zähne ausbrach, soweit sich darin Goldreste befanden, und zeitweise wurden auch die Haare abgeschnitten.

Die schlimmste Arbeit

Wie lange hat die Vergasung gedauert?

Nach meiner Erinnerung relativ lang, weil man das nicht abschätzen kann. Allgemein wurde gesagt, man rechnet mit zehn Minuten, dann ist mit Sicherheit alles vorbei. Aber es wurde dann trotzdem noch gewartet, weil die Zeit nicht drängte. Bis der nächste Schub kommen würde, war immer noch Zeit genug, denn es gab ja mehrere Gaskammern, die gleichzeitig in Betrieb waren. Man war also nicht darauf angewiesen, daß schnell hintereinander vergast werden mußte.

Nach zehn Minuten war alles vorbei

Aber es fanden jeden Tag mehrere Vergasungen in jeder Gaskammer statt?

1944, während der großen Transporte aus Ungarn und Holland, da wurde natürlich jeden Tag vergast. Aber wenn der Normalbetrieb lief, dann wurde alles auf die Nacht verlegt, dann gab es nur nachts Vergasungen.

Wie kam es, daß Sie dabei waren?

Primär hatte ich mit den Vergasungen nichts zu tun. Ich war ja kein Lagerarzt, sondern war als Hygieniker dem Lager zugeteilt. Als aber die großen Vergasungen im Sommer 1944 stattfanden und einfach nicht genug Personal, also Ärzte für die Selektion da waren, wurde auf alle zurückgegriffen, die innerhalb dieses großen Komplexes Auschwitz als Ärzte tätig waren – auch die, die nicht unmittelbar mit den Selektionen zu tun hatten, wurden abkommandiert.

Aber Sie haben diese Arbeit verweigert.

Ja. Mit der Arbeit, zu der ich eigentlich eingeteilt war, konnte ich mich einigermaßen identifizieren: Als Hygieniker im Lager dafür zu sorgen,

Ein Arzt weigert sich, die Selektion vorzunehmen

daß die hygienischen Verhältnisse saniert würden, das war etwas, was mit meinem ärztlichen Gewissen durchaus vereinbar war. Aber ich konnte mich nicht dazu entschließen, an diesen Tötungen mitzuwirken. Ich habe dem Kommandanten und vor allen Dingen dem Oberarzt, dem alle Ärzte im Lager – und in gewisser Weise auch ich – unterstanden, mitgeteilt, daß ich psychisch nicht in der Lage sei, da mitzumachen und es mit meinem Gewissen als Arzt nicht verantworten könne. Zugleich habe ich mich natürlich auch meinem Chef in Berlin, Professor Mrugowsky, dem obersten Hygieniker der Waffen-SS, der mich nach Auschwitz abgestellt hatte, anvertraut. Und der hatte sehr viel Verständnis für meinen Zustand und hat sich wiederum mit dem Kommandanten auseinandergesetzt. Ich selbst hatte damit gerechnet, wegen der Weigerung irgendwie bestraft oder ins Sonderkommando gesteckt zu werden. Bestenfalls hatte ich gehofft, an die Front zu kommen, aber ich rechnete ebenso damit, daß man mich an die Wand stellte... daß man also Repressalien anwenden würde. Aber das war nicht der Fall, sondern ich geriet in die Mühlen von Kompetenzstreitigkeiten. Ein sehr glücklicher Zufall.

Ich rechnete damit, daß man mich an die Wand stellte

Haben Sie mit Ihren Kollegen und anderen Ärzten darüber gesprochen?

Ja, natürlich. Ich war ja im ständigen Kontakt mit ihnen. Und in meiner Funktion als Hygieniker ergab es sich natürlich auch, daß man über die Vergasungen sprach. Aber seltsamerweise sprachen sie nur über die Mängel und die Schwierigkeiten, die sich daraus ergaben, daß bei dieser Geschichte eine Menge improvisiert werden mußte. Denn Auschwitz war ja primär kein Vergasungslager. Aber an der Tatsache selbst – daß die Juden vergast werden sollten – bestand bei denjenigen, die aktiv mitgearbeitet haben, überhaupt kein Zweifel. Und mit der Tatsache, daß das mit dem ärztlichen Ethos nicht zu verantworten war, hatte sich ja jeder schon auseinandergesetzt. Das war keine Frage mehr. Man hatte „ja" gesagt und machte nun so gut es ging mit. Das heißt, man versuchte aus seiner Sicht und mit seinen Möglichkeiten, den ganzen Hergang der Vergasungen zu optimieren. Das war die Ansicht, die offizielle Meinung der Leute, die alle davon überzeugt waren, daß die Vernichtung der Juden richtig und die Vergasung bisher das beste Mittel sei, das gefunden worden war. Das war ihre Ansicht und darüber gab es keine Diskussion.

„Die Vernichtung der Juden ist richtig"

Wurde darüber gesprochen, woher der Befehl stammte?

Ja, das war klar. Innerhalb der SS war die KZ-SS-Formation die Mannschaft, die dieses sehr schwere Unterfangen, nämlich die Vernichtung, die Ermordung der Juden, allein zu tragen hatte. Dafür hatten sie eben besondere Privilegien, dafür hatte man ihnen einiges für die Zukunft versprochen.

Besondere Privilegien

War es klar, daß es der Wille Hitlers war?

Das war völlig klar. Der Ausführende war Himmler, aber der Führer hatte es befohlen. Da gab es keinen Zweifel. Da wurde nie nachgefragt.

Gab es noch einen anderen Arzt, der diese Arbeit verweigert hat?

Ja, also zunächst einmal auch mein eigentlicher Chef in Auschwitz, der erste Hygieniker... Das habe ich vorhin vielleicht nicht deutlich genug gesagt, aber wir haben uns zusammengetan und gemeinsam protestiert. Ein halbes Jahr später wurde dann, weil wir uns ja geweigert hatten, aus Berlin extra ein dritter Arzt geschickt. Das war der Ernst Delmotte, der sofort, als er merkte, zu welchem Zweck er hierher gekommen war, genau dasselbe wie wir getan hat. Und den hat man aber versucht umzustimmen.

Wer, die Ärzte?

Ja. Eine dritte Weigerung, das durfte nicht passieren.

Man hat ihn also zunächst in die Kongregation der Lagerärzte aufgenommen, hat ihn moralisch unter Druck gesetzt und ihm schließlich gesagt – praktisch als letztes Argument, das überhaupt noch möglich war –, daß das Selektieren letztlich die wichtigste Aufgabe eines Arztes sei, nicht nur in dieser Situation. Denn wenn er an der Front wäre, müßte er auch selektieren, da müßte er ja sagen, wer zuerst operiert wird und wer eventuell erst später kommt und damit ein schlechteres Schicksal hat usw. Die Selektion sei also eine ganz normale Angelegenheit.

Daß man so viel Rücksicht auf ihn genommen hat, hing sicher auch damit zusammen, daß er aus einer Familie sehr privilegierter SS-Führer, also alter Kämpfer aus dem engeren Kreis um Himmler, stammte. Wahrscheinlich war er auch protegiert worden, als Protegé zu diesem Professor Mrugowsky geschickt worden, der ja als Hygieniker die Möglichkeit hatte, seine Leute nicht unbedingt an die vorderste Kampffront zu schicken. Das sind Vermutungen.

Ließ er sich überreden?

Er ließ sich überreden. Nach etwa anderthalb, vielleicht auch zwei Monaten hat er dann ebenfalls Selektionen durchgeführt. Er hat sich sehr von uns beiden, die wir das Privileg hatten, nicht selektieren zu müssen, abgewandt. Und hat... er hat sich als sehr... ich weiß nicht ... er hat uns so ungefähr als verabscheuungswürdige Verräter an der großen Sache behandelt.

Im Urteil des Krakauer Auschwitz-Prozesses finde ich die Namen von 40 Angeklagten, aber nicht den von Dr. Ernst Delmotte. Wie kommt es, daß er nicht vor Gericht gestellt wurde?

Eine dritte Weigerung durfte nicht passieren

Die Selektion – eine ganz normale Angelegenheit

Ein Angeklagter fehlt

Weil er Selbstmord begangen hat ...

Wissen Sie etwas über die Gründe?

Nein. Ich war selbst Gefangener. Ob er sich jemandem anvertraut hat, liegt außerhalb meiner Kenntnis. Ob er aus Reue, Gewissensbissen oder einfach, weil er, wie er behauptete, in eine schreckliche Falle gefallen ist, oder auch aus allen diesen Gründen zusammen, bleibt wahrscheinlich für immer offen ...

Anstiftung zum Kindermord

Ich glaube, meine Herren, daß Sie mich soweit kennen, daß ich kein blutrünstiger Mensch bin und kein Mann, der irgendwie an etwas Hartem, das er tun muß, Freude oder Spaß hat. Der aber andererseits so gute Nerven und ein so großes Pflichtbewußtsein hat – das darf ich für mich in Anspruch nehmen –, daß ich dann, wenn ich eine Sache erkenne, und als notwendig erkenne, sie kompromißlos durchführe. Ich habe mich nicht für berechtigt gehalten – das betrifft die jüdischen Frauen und Kinder –, in den Kindern die Rächer groß werden zu lassen, die dann unsere Söhne und unsere Enkel umbringen.
Das hätte ich für feige gehalten. Folglich wurde die Frage kompromißlos gelöst.

Heinrich Himmler, Reichsführer SS

Dr. Dr. Ella Lingens

Ella Lingens, geboren 1919, arbeitete als Ärztin und Rechtsanwältin in Wien und half Juden nach dem Anschluß Österreichs bei der Flucht. Sie wurde denunziert und als politischer Häftling nach Auschwitz gebracht, wo sie als Ärztin tätig war.

Frau Dr. Lingens, Sie waren Häftling im Frauenlager Birkenau. Was haben Sie von den Vergasungen mitbekommen?

„Durch den Kamin gehen"

Zunächst haben die Häftlinge davon gesprochen. Sie sagten nur, man gehe durch den Kamin. Ich konnte mir nichts Richtiges darunter vorstellen. Außerdem bin ich ziemlich bald nach meiner Ankunft im Lager an Fleckfieber erkrankt, da ist man natürlich nicht bei Bewußtsein. Und nachher war ich auch noch sehr verwirrt und konnte nicht richtig zur Kenntnis nehmen, was vorgeht. Einmal ist allerdings die Lagerälteste an mein Bett gekommen und hat davon gesprochen, daß es die Transporte gebe und daß die Menschen alle getötet würden. Sie hat direkt von Gaskammern gesprochen, glaube ich. Aber das war immer noch in der Rekonvaleszenz nach dem Fleckfieber, also weiß ich nicht genau, was sie gesagt hat.

Ich persönlich habe den ersten echten Eindruck etwa Ende August 1943 bekommen. Es war eine sehr heiße Nacht. Ich konnte nicht schlafen und ging trotz des Verbots aus dem Block heraus an die Luft. Und da kamen sie . . . damals waren es noch Lastautos, offene Lastautos, voll besetzt mit Menschen. Sie fuhren die Rampe entlang in Richtung Krematorium. Und die Menschen haben geschrien, offenbar waren es welche, die wußten, was ihnen bevorstand, was nicht bei allen der Fall war. Und als letzter in dieser Wagenkolonne fuhr ein Rot-Kreuz-Wagen. Man sagte mir später, in diesem Wagen führe der SS-Mann, der die Büchsen mit dem Zyklon B habe. Ich sah sie beim Krematorium verschwinden, und etwa zehn Minuten, eine Viertelstunde später schlugen die Flammen aus dem Schornstein, und es kam ein dicker dunkler Rauch raus. Da wurde mir bewußt: Jetzt sind diese Menschen getötet worden, und jetzt werden ihre Leichen verbrannt.

Ein Rot-Kreuz-Wagen bringt Gas

Sie waren eine privilegierte Gefangene, eine Ärztin. Ist es dazu gekommen, daß Sie mit einem SS-Arzt über die Vergasungen der Juden sprechen konnten?

Ja, ich habe mit einigen darüber gesprochen. Der eine war Klein aus Siebenbürgen, Hermannstadt, der uns Ärztinnen oft sonntags besucht und sich mit uns unterhalten hat. Zu der Zeit der Ungarn-Transporte, als ununterbrochen, Tag und Nacht, diese Flammen aus dem Kamin kamen und man die Feuer auch außerhalb des Krematoriums von weitem gesehen hat, stand ich einmal neben ihm. Er hat sich das angeschaut, und ich habe ihn gefragt: „Wie können Sie das eigentlich mit Ihrem hippokratischen Eid vereinigen?" Daraufhin antwortete er: „Eben weil ich einen hippokratischen Eid geschworen habe, schneide ich einen eitrigen Blinddarm aus einem menschlichen Körper heraus. Die Juden sind der eitrige Blinddarm im Körper Europas und gehören herausgeschnitten." **„Ein eitriger Blinddarm"**

Gab es noch andere Unterhaltungen?

Ein Gespräch mit Mengele, das aber eigentlich nur indirekt über die Vergasungen war – nämlich gleich zu Anfang, als er mich gefragt hatte, warum ich im Lager sei. Ich sagte, weil ich versucht hätte, Juden zur Flucht ins Ausland zu verhelfen. Er sagte: „Wie glaubten Sie denn, daß das möglich ist?" Und ich sagte ihm: „Durch Bestechung der Gestapo ist das manchmal gelungen." Und da sagte er: „Ja, natürlich verkaufen wir Juden. Wir wären ja dumm, wenn wir es nicht täten." Das war seine Einstellung: Dort, wo wir was davon haben, können wir sie ja gehen lassen. Und es war vollkommen klar, daß der Rest eben hier zugrunde gehen würde. Ob vergast oder im Lager zugrunde gegangen, ist ja in Wirklichkeit kein so großer Unterschied gewesen. Denn das Lager an sich, auch ohne die Gaskammern, war schon Mord. Von meinen Patienten sind 80 Prozent gestorben. **Mengele: „Natürlich verkaufen wir Juden."**

Im Lager gab es auch ein offenes Feuer, um die Leichen zu verbrennen. Wozu das, es existierte doch ein Krematorium?

Normalerweise war das Feuer nicht da. Nur zur Zeit der Ungarn-Transporte, wo solche Menschenmassen gekommen sind. Damals gab es ja schon den Zug, das Bahngleis, das bis zum Krematorium führte. Und daneben sind die Menschen auch noch in Kolonnen zu Fuß gegangen. Das war innerhalb von sechs Wochen eine ganz große Zahl, ich weiß jetzt nicht mehr, wie viele es waren, aber es war eine Riesenmenge. Und da haben die Krematorien offenbar die Zahl der Leichen nicht mehr fassen können, daher wurden diese großen Feuer neben den Krematorien entfacht und die Leichen und auch Kleider und irgendwelche unbrauchbaren Dinge hineingeworfen. **Offene Leichenverbrennung**

Krematorien überlastet

Haben Sie das Feuer gesehen?

Ja, vom unteren Ende des B-Lagers aus. Also nicht von unserem Lager, dem Revier, sondern von dem daneben. Das war das B-Lager der Frauen, derjenigen, die zur Arbeit gegangen sind. Aber wir wurden manchmal dorthin gerufen, und von dort – das war schon ziemlich nahe am Krematorium – konnte man hinüberschauen.

Was haben Sie da gesehen?

Kinder werden lebendig verbrannt

Ich habe vor allem die großen Feuer gesehen. Da ich aber kurzsichtig bin und im Lager keine Brille gehabt habe, konnte ich eigentlich nur Konturen der Gestalten erkennen, die sich um diese Feuer bewegt und Dinge hineingeworfen haben. Ich war mit einer Pflegerin da, ich weiß noch, Maruscha war ihr Name, und wir standen am Ende und haben angeschaut, was dort vorgeht. Einmal hatte ich den Eindruck, daß eine der Gestalten etwas in den Händen hatte, das sich bewegte, bevor sie es hineinwarf. Und ich sagte so: „Maruscha, da wirft einer einen Hund ins Feuer." Sie hat gesagt: „Das war kein Hund, das war ein Kind." Ich selbst konnte das weder sehen noch bestätigen noch bestreiten – ich verlasse mich darauf, daß sie es richtig gesehen hat. Meine Augen haben es auf diese Entfernung nicht mehr so deutlich erkennen können.

Haben Sie die Selektionen gesehen?

Schöne Mädchen werden gerettet

Ja, ich habe zwei Arten von Selektionen gesehen. Einmal die in den Krankenblocks, die alle vier bis fünf Wochen stattgefunden haben, und dann die Selektionen an der Rampe. Die Rampe, das Eisenbahngleis führte ja an unserem Lager vorbei. Man sah [die Züge] vorbeifahren und stehenbleiben. Die Massen kamen aus den Waggons heraus, und da stand immer ein SS-Arzt und hat gewunken. Aber eine echte Selektion nach objektiven Gesichtspunkten . . . das hätte genausogut jeder Laie machen können, daß er einen Menschen, der halt etwas kräftiger und arbeitsfähiger aussah, ins Lager gelassen hat. Es war ganz willkürlich. Irgendeine Gruppe kam immer herein. Es kam auch vor, daß zum Beispiel einmal sehr schöne Mädchen von einem Lagerarzt hereingeführt wurden, weil es ihm leid tat, daß sie jetzt umgebracht werden sollten. Aber das als Selektion zu bezeichnen, ist eigentlich ganz sinnlos. Man hat das Lager immer wieder aufgefüllt, und alles, was keinen Platz mehr hatte, kam eben direkt in das Krematorium zu den Gaskammern.

Und das Erschreckende für mich war, wenn so ein Zug hereinkam – denn bei uns war es schon voll, meine Patienten lagen zu viert, zu dritt in den Krankenbetten, man hatte keine Decken, keine Leintücher, keine Medikamente und überhaupt nichts – daß man dachte: Jetzt kommen wieder welche herein. Und man ist über sich selbst erschrocken, daß der erste Gedanke war: Wenn die nur nicht zu uns kommen. Und der zweite: Ja, aber wenn sie nicht zu uns kommen, dann kommen sie ja ins Gas.

Haben Sie die Männer, Frauen und Kinder in die Gaskammern gehen sehen?

Nein, natürlich nicht. Das haben nur diese Arbeitskommandos im Krematorium gesehen, die alle paar Wochen ja selbst umgebracht wurden. Was wir gesehen haben, war, daß Massen von Menschen kamen, wie damals zum Beispiel die Ungarn-Transporte, 500 000 bis 600 000 Menschen innerhalb von sechs Wochen. Wenn die nun nicht umgebracht worden wären, hätte ja eine ganze Stadt entstehen müssen, man hätte sehen müssen, daß Lebensmitteltransporte hinkommen. Doch nichts dergleichen. Hier und da sind kleine Gruppen zurückgefahren, die in die Rüstungsfabriken gebracht wurden. Aber die großen Massen hat man nur hinfahren gesehen und nie mehr zurück.

500 000 – 600 000 Menschen in sechs Wochen

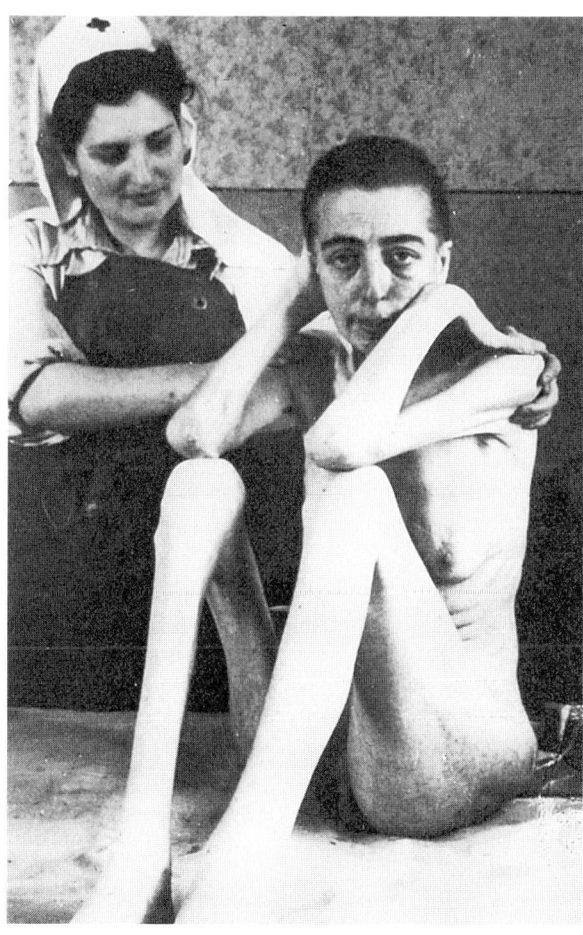

„Befreit"

Hermann Langbein

Hermann Langbein, geboren 1912, kam als politischer Gefangener ins Stammlager Auschwitz. Er wurde zur Arbeit in der Schreibstube eingesetzt und war gleichzeitig Mitglied in einer Widerstandsgruppe des Lagers. Nach dem Krieg arbeitete er als Schriftsteller in Wien.

Herr Langbein, als politischer Gefangener und als Schreiber im Krankenblock waren Sie ein sogenannter Privilegierter, weil Sie mehr mitbekommen haben als die anderen Gefangenen. Haben Sie die Gaskammern in Funktion gesehen?

Auf das Krematorium gesehen

Ja, ich war insofern privilegiert, als ich nicht im Krankenbau war, sondern als Häftlingsschreiber des SS-Standortarztes gearbeitet habe. Das ist der oberste SS-Arzt gewesen, der sein Büro im SS-Revier direkt neben dem Stammlager hatte. Dort habe ich auch ein Zimmer gehabt mit einem Schreibtisch, mit meiner Schreibmaschine und Stenogrammblock. Und von dort aus – das Zimmer war im Stock darüber – hat man über die Straße hinüber auf das Krematorium gesehen, wo in der Zeit, als ich nach Auschwitz kam, im August 1942, noch die Vergasungen stattgefunden haben. Später wurden große Krematorien in Birkenau gebaut, dann wurde dieses Krematorium, das dann „altes" hieß, stillgelegt. Die neuen habe ich nicht mehr sehen können. Aber in der Zeit, in den ersten Monaten, konnte ich durchs Fenster sehen, sehr deutlich, daß in den Hof vor dem Krematorium, der abgegrenzt war durch einen Zaun, Lastautos hineingefahren sind. Leute in Zivil, mit Judenstern auf den Kleidern, sind von den Lastautos runter, wurden runtergejagt, da gab es immer Schreiereien: „Raus, raus, schnell, schnell, schnell, schnell." Dann sind die Leute in dem Raum verschwunden, in den ich nicht hineinschauen konnte. Und dann habe ich gesehen, wie zwei SS-Leute auf das Dach des Krematoriums gegangen sind, meistens waren es dieselben zwei – ich kannte die ja, weil sie auch täglich bei uns im SS-Revier waren. Es waren der Unterscharführer Koch, ein Sachse, und der Unterscharführer Teuer, ein Sudetendeutscher. Sie sind mit konservendosenähnlichen Behältern, in denen das Gas Zyklon B war, auf das Dach gestiegen und haben die Deckel hochgehoben, mit denen die Schächte zugedeckt waren. Anschließend haben sie einen Ring, der Zähne hatte, genommen, haben ihn eingesetzt und gedreht, um den Deckel der Gaspatrone zu öffnen

Den Deckel der Gaspatrone geöffnet

120

und haben das Zyklon B eingeschüttet. Dann sind sie verschwunden. Nach einer gewissen Zeit kam aus dem Schornstein, der hinten war, dicker, schwarzer, qualmiger Rauch. Das habe ich des öfteren gesehen, solange die Vergasungen in diesem Krematorium durchgeführt wurden.

Haben Sie den Geruch des verbrennenden Menschenfleisches wahrgenommen?

Ja, und zwar vor allem, als in Birkenau in noch viel größerem Maßstab vergast worden ist. Birkenau lag nordwestlich vom Stammlager, etwa drei Kilometer. Und immer, wenn der Wind von Westen gekommen ist, gab es diesen ganz eigenartigen, süßlich-faden Geruch, den verbranntes Menschenfleisch offenbar macht. Der lag dann über dem Lager.

Wenn der Wind von Westen gekommen ist

Sie waren an der Quelle, Sie waren im SS-Revier, zwei Jahre lang. Ist es vorgekommen, daß die SS-Leute unter sich über die Massenmorde an Juden gesprochen haben?

Ja, das gehörte eigentlich zum Alltag. Untereinander war das natürlich kein Geheimnis für sie. Und vor uns haben sie auch kein Geheimnis daraus gemacht, weil sie ja erstens gesehen haben, was wir alles wissen, und zweitens, weil sie ja davon ausgingen, daß wir nicht überleben würden.

Kein Geheimnis

Aber ein Gespräch ist mir sehr in Erinnerung geblieben, weil es mich irgendwie berührt hat. Es gab viele SS-Führer – Offiziere hießen bei der SS Führer –, die mit ihrer Familie dort lebten. Sie hatten schöne Villen, und die Gegend war ja auch lange Zeit von Alliierten nicht bombardiert worden, das war also günstig für sie. Es lebte dort ein Dr. Werner Rohde, ein SS-Arzt, mit seiner Frau, einer sehr distinguierten Dame, die auch öfter zu uns ins SS-Revier gekommen ist, um mit ihrem Mann und den anderen zu reden, die sie ja auch kannte. Und eines Tages – ich weiß sogar, wann es war: Ende April, Anfang Mai '44 – da gab es eine Zeitlang keine Judentransporte nach Auschwitz. Sie hat sich bei dem SS-Unterscharführer Richter erkundigt, wann denn wieder welche kämen. Ich habe dieses Gespräch mitgehört, weil ich in einer Kammer daneben, die nur durch eine Holzwand abgetrennt war, Akten abzulegen hatte. Die Frau erkundigte sich deswegen, weil die Transporte immer alle möglichen Güter mitführten. Den Leuten wurde ja gesagt, ihr werdet umgesiedelt, und sie haben das, was sie besaßen, noch mitgenommen. Es wurde ihnen abgenommen. Und davon hat so ziemlich jeder von der SS profitiert. Der Richter, der Unterscharführer, hat ihr gesagt: „Jetzt kommen die ungarischen Juden." „Aha, jetzt werden wir Salami bekommen."

Eine sehr distinguierte Dame

Und Schmuck und alles andere!

Ja, aber die Salami war scheinbar das Wichtige. Das ist mir in Erinnerung geblieben. Schmuck und alles andere auch. Aber dies hat mich

Salami war das Wichtige

irgendwie überdurchschnittlich bewegt, weil diese distinguierte Dame, die in jeder guten Gesellschaft eine Rolle gespielt hätte, solche Fragen gestellt hat. Ich erinnere das Datum deswegen, weil ich genau weiß, daß die Ungarntransporte dann am 16. Mai 1944 begonnen haben. Das war die intensivste Vernichtungsaktion in Auschwitz.

Haben Sie im SS-Revier davon gehört, daß man lebende Kinder ins Feuer geworfen hat?

Vernichtung der ungarischen Juden

Ja, das habe ich gehört. Und zwar war das während dieser sogenannten Ungarn-Aktion, der intensivsten Vernichtungsaktion der ungarischen Juden. Wir hatten in Auschwitz eine Widerstandsorganisation, bei der ich auch mitgewirkt habe, und wir hatten Verbindung nach Birkenau, wo die Vernichtung konzentriert war. Während dieser Aktion haben wir erfahren, daß in Birkenau neben einem der kleinen Krematorien jetzt auch Scheiterhaufen errichtet wurden. Es gab zwei große, symmetrisch gebaute, und zwei etwas kleinere. Und dort sollten die Leichen verbrannt werden, weil die Öfen der Krematorien nicht mehr reichten. Einmal erfuhren wir, daß von den ankommenden Transporten Kinder lebend in diese Scheiterhaufen hineingeworfen wurden – weil damals das Giftgas Zyklon B Mangelware war. Der Kommandant hat den Befehl gegeben, weniger Gas in die Gaskammern zu werfen, also den Tötungsvorgang zu verzögern, und die Kinder, die das leichteste Gewicht hatten, nicht in die Gaskammer zu schicken, sondern lebend ins Feuer zu werfen.

Die Kinder lebend ins Feuer geworfen

Ich habe das dem Standortarzt erzählt, zu dem ich damals – das war ja Spätfrühling, Sommer '44 – schon ein solches Verhältnis hatte, daß ich sprechen konnte. Und er sagte, das sei unmöglich, das könne nicht sein. Am nächsten Tag ist er nach Birkenau hinausgefahren. Als er zurückgekommen ist – ich habe ihn nur angeschaut –, hat er mir gesagt: „Das war Befehl vom Höß", das war der Kommandant von Auschwitz. Von diesem Zeitpunkt an hat der Standortarzt an nichts von dem, was ich ihm gesagt habe, gezweifelt.

Befehl vom Höß

Rudolf Höß, Kommandant von Auschwitz. Er gab den Befehl, Kinder lebendig ins Feuer zu werfen.

Günther Schwarberg

Günther Schwarberg, Journalist und Zeithistoriker, war während des Krieges noch ein Kind – wie die Opfer des Geschehens, über das er am Tatort – im Keller einer Hamburger Schule – erzählte. Die Erforschung der Geschichte dieser zwanzig jüdischen Kinder, die in der zu einem Konzentrationslager „umfunktionierten" Hamburger Volksschule am Bullenhuser Damm am 20. April 1945 erhängt wurden, betrachtet Günther Schwarberg als die wichtigste Aufgabe in seinem Leben. Zusammen mit der Rechtsanwältin Barbara Hüsing wurde ihm für die Aufarbeitung dieses Verbrechens, die Gründung der Vereinigung „Kinder vom Bullenhuser Damm" und die jahrzehntelangen Nachforschungen nach den Angehörigen als erstem Deutschen der Anne-Frank-Preis verliehen.

Leider fehlt das Gespräch im Film, weil sich nach dem Ende der Dreharbeiten herausstellte, daß es wegen eines technischen Fehlers in der Tonaufnahme nicht sendefähig ist. Als zeithistorisches Dokument existiert es jedoch im Archiv des Autors.

Herr Schwarberg, bei der Befreiung von Auschwitz hat die Welt mit Erstaunen gesehen, daß Hunderte jüdischer Kinder am Leben geblieben waren. Wie ist das zu erklären? Sie waren doch keine Arbeitskräfte, warum sind sie nicht ebenfalls umgebracht worden?

Ich kann Ihnen nur die Geschichte von 20 Kindern erzählen, die am Leben geblieben sind, weil man sie für medizinische Experimente benutzt hat. Die hatte man hierher nach Hamburg gebracht und dann, als die Experimente beendet waren, ermordet.

Um was für Experimente handelte es sich?

Das waren Tuberkulose-Experimente. Der SS-Arzt Dr. Heißmeier hat den Kindern in die aufgeschnittene Haut aktive Tuberkulose-Erreger hineingerieben. Außerdem hat er ihnen diese Erreger mit einem Gummischlauch in die Lungenflügel eingeführt. Auf diese Weise wollte er testen, ob sich in den Körpern der Kinder Abwehrstoffe gegen Tuberkulose entwickeln, die man dann für einen Impfstoff gebrauchen könnte. Das ist nicht gelungen, es haben sich keine solchen Abwehrstoffe gebildet. Das hätte er auch wissen können, wenn er die Literatur dazu gelesen hätte, aber das hat er nicht getan. Am Ende des Krie-

Tuberkulose-Erreger unter die Haut gerieben

Die Engländer waren nur sechs Kilometer von Hamburg entfernt

ges, also im April 1945, waren da nun 20 Kinder, übersät mit Narben, mit Geschwüren, herausoperierten Lymphdrüsen – unter beiden Armen hatte man sie ihnen herausoperiert –, und die Engländer waren nur noch sechs Kilometer von Hamburg entfernt. In dieser Situation hat man sich dann für die für Faschisten typische und einfachste Lösung entschieden: nämlich weg mit den Kindern, beseitigen.

Wie hat man sie ermordet?

Vom Lager Neuengamme sind sie am 20. April in den Keller dieser Schule, die damals leerstand, gebracht worden. Sie wurden im Keller auf den Boden gelegt, bis sie eingeschlafen waren, nachts um elf Uhr war das. Dann hat ihnen ein anderer SS-Arzt namens Trzebinski Morphiumspritzen gegeben. Als die Wirkung einsetzte, hat ein SS-Mann den ersten Jungen, den zwölfjährigen Georges André Kohn aus Paris auf den Arm genommen. Zu den anderen, die noch wach waren, sagte er, er würde jetzt ins Bett gebracht. Dann ist er mit dem Jungen in diesen Raum gegangen, wo an der Wand ein Haken mit einem Strick hing, den die SS-Leute mitgebracht hatten. In diese Schlinge hat er den

Die SS erhängt Kinder

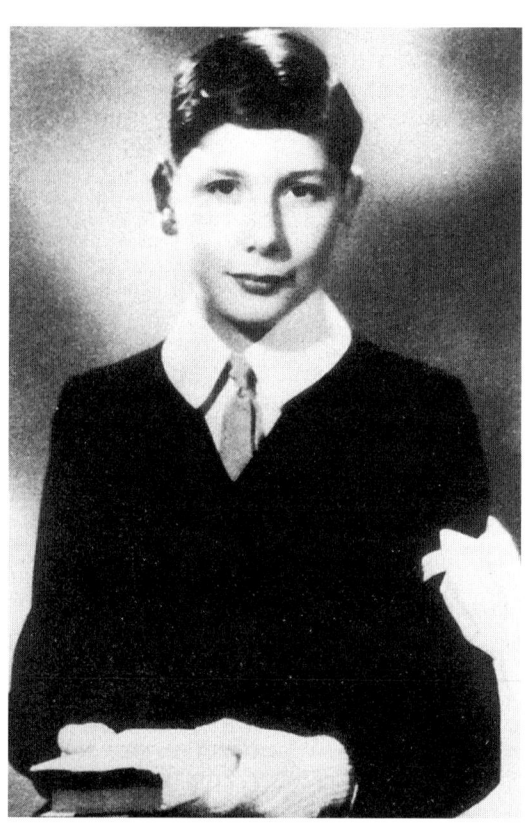

Georges André Kohn, eines der zwanzig gehängten Kinder.

Jungen eingehängt. Aber der Junge wog so wenig, er war so leicht, daß sich die Schlinge nicht zuzog. Daraufhin hat sich der SS-Mann mit an die Schlinge gehängt, bis sie zu war. Fünf Minuten hat er dort gehangen, bis der Junge erstickt war.

Anschließend haben sie ihn abgenommen, haben die Leiche in den Nachbarkeller gebracht, und dann wurde das nächste Kind erhängt. Die Ältesten waren zwölf Jahre alt, die jüngsten fünf – zehn Mädchen und zehn Jungen. Juden aus mehreren Ländern Europas, zwei aus Frankreich, zwei aus Holland, ein kleiner Junge aus Italien, ein Junge aus Jugoslawien, die anderen kamen alle aus Polen. Am Morgen des 21. April 1945 waren sie alle tot. Ihre Leichen wurden nach Neuengamme gebracht und dort im Krematorium verbrannt.

Die Täter wurden gefaßt, vor Gericht gestellt und zum Tode verurteilt. Aber man hat damals nicht alle gefunden, drei waren untergetaucht: Der Mann, der das Kommando dabei hatte, der SS-Obersturmführer Arnold Strippel, also ein Oberleutnant; der Arzt Dr. Heißmeier und ein zweiter Arzt, Dr. Hans Klein. Die hat man nie gesucht. Hans Klein wurde dann Professor für Gerichtsmedizin an der Universität Heidelberg und hat dort bis zu seiner Pensionierung viele tausend Studenten ausgebildet. Der zweite, Dr. Heißmeier, wurde 17 Jahre nach Ende des Krieges in Magdeburg in der damaligen DDR entdeckt, vor Gericht gestellt und zu lebenslanger Haft verurteilt. In der Haft ist er dann gestorben. Und der Verantwortliche, der SS-Obersturmführer Strippel, ist wegen dieser Tat nie bestraft worden. Die Justiz hat auf Drängen der Angehörigen schließlich ein Verfahren gegen ihn eingeleitet, aber es zog sich jahrzehntelang hin, und als er dann schließlich doch angeklagt wurde, war er angeblich verhandlungsunfähig. Jetzt lebt er in Frankfurt am Main, ist 80 Jahre alt und so gesund, daß er oft sein Enkelkind in den Kindergarten bringt.

[Das Gespräch mit Günther Schwarberg fand am 19. Juli 1991 statt]

Lobgesang des Raubmords

Die Reichtümer, die sie hatten, haben wir ihnen abgenommen, und ich habe einen strikten Befehl gegeben, den Obersturmführer Pohl durchgeführt hat. Wir haben diese Reichtümer restlos dem Reich, dem Staat abgeführt. Wir haben uns nichts davon genommen. Einzelne, die sich verfehlt haben, werden gemäß einem von mir gegebenen Befehl, den ich am Anfang gab, gerichtet: Wer sich auch nur eine Mark davon nimmt, ist des Todes. Eine Anzahl SS-Männer haben sich dagegen verfehlt, es sind nicht sehr viele, und sie werden des Todes sein. Gnadenlos. Wir haben das moralische Recht, wir hatten die Pflicht unserem Volk gegenüber, das zu tun: dieses Volk, das uns umbringen wollte, umzubringen. Wir haben aber nicht das Recht, uns auch nur mit einem Pelz, mit einer Mark, mit einer Zigarette, mit einer Uhr, mit sonst etwas zu bereichern. Das haben wir nicht. Denn wir wollen nicht am Schluß, weil wir den Bazillus ausrotten, an dem Bazillus krank werden und sterben.

Eine andere große Frage war noch notwendig, daß sie gelöst wurde. Es war dies die furchtbarste Aufgabe und der furchtbarste Auftrag, den eine Organisation bekommen konnte: der Auftrag, die Judenfrage zu lösen. Ich darf auch hier in diesem Kreis wieder in aller Offenheit das mit ein paar Sätzen sagen: Es ist gut, daß wir die Härte hatten, die Juden in unserem Bereich auszurotten.

Heinrich Himmler, Reichsführer SS

Alfred Spieß

Alfred Spieß, geboren 1919, war leitender Oberstaatsanwalt des Landes Nordrhein-Westfalen in Düsseldorf. Er vertrat in mehreren NS-Verfahren die Anklage, so auch in den beiden sogenannten Treblinka-Prozessen.

Herr Spieß, als Oberstaatsanwalt haben Sie in zwei Treblinka-Prozessen vor dem Schwurgericht in Düsseldorf die Anklage vertreten. Was war Treblinka?

Treblinka war das größte von mehreren im Zuge der sogenannten Endlösung der Judenfrage in Polen eingerichteten Vernichtungslagern. Es lag etwa 100 Kilometer nordöstlich von Warschau.

Das größte Vernichtungslager

Was ist dort mit den Juden geschehen?

Wie der Name schon besagt, war es zur Vernichtung, das heißt zur Ermordung der Juden eingerichtet worden. Sie wurden dort in Gaskammern umgebracht.

Was ist der Unterschied zwischen Konzentrations- und Vernichtungslagern?

Konzentrationslager waren primär zur Inhaftierung von politischen und anderen Häftlingen eingerichtet worden und dienten nicht zwangsläufig der Ermordung der Häftlinge, obwohl einzelne Lager zum Teil über Vernichtungsbereiche verfügten. Viele Häftlinge sind ja auch aus den Konzentrationslagern wieder zurückgekehrt.

Was ist der Unterschied zwischen Auschwitz und Treblinka?

Auschwitz war zunächst ein reines Konzentrationslager, wurde aber später um den Vernichtungsbereich Auschwitz-Birkenau erweitert und war dann ein Konzentrations- und Vernichtungslager. Bei Treblinka handelt es sich um ein reines Vernichtungslager, nur zu dem Zweck eingerichtet, die Juden dort zu ermorden. Und es war auch nur anderthalb Jahre in Betrieb.

Der Unterschied

Was geschah mit den Juden nach ihrer Ankunft in Treblinka?

Die kamen meistens in Güterzügen an – jeder Zug umfaßte etwa 50 Waggons, in jedem Waggon waren mindestens 100 Juden zusammengepfercht. Der Zug wurde gedrittelt und auf einer Rampe in das Lager hineingefahren. Dann wurden die Juden aus den Zügen herausgetrieben, mußten sich auskleiden und wurden durch einen Schlauch in die Gaskammern getrieben. Dort starben sie einen schrecklichen Erstickungstod, der etwa 20 bis 25 Minuten dauerte.

Der Erstickungstod dauerte etwa 20 bis 25 Minuten

Wie war das Lager organisiert? Wie hat diese Todesfabrik funktioniert?

Die Vernichtungslager in Polen waren alle grundsätzlich nach demselben Muster strukturiert. In jedem Lager unterschied man drei Bereiche. Einmal das sogenannte Wohnlager, das den Wohnbereich für die SS-Leute und die ihnen zugeordneten ukrainischen Wachmannschaften umfaßte. Innerhalb dieses Wohnlagers waren – besonders ghettoisiert – noch die sogenannten Arbeitsjuden untergebracht, Juden, die man aus den Transporten aussortiert hatte, um sie noch solange als Arbeitskräfte zu verwenden, bis man sie dann auch umbrachte. Separat vom Wohnlager befand sich das sogenannte Auffanglager. Auffanglager deshalb, weil dort die Transporte aufgefangen wurden. Von hier aus, dem Auskleidebereiche für die Frauen, für die Männer, führte dann der sogenannte Schlauch – oder, wie die Juden es nannten, die Himmelfahrtsstraße – in den eigentlichen Tötungsbereich. Das war das sogenannte Totenlager, in dem der Schlauch in das Gaskammergebäude einmündete. Hier wurden die Juden dann in sechs Kammern eingepfercht und jeweils zu mehreren Hundert in den Erstickungstod getrieben. Nach der Ermordung wurden die Leichen anfangs in große Leichengruben mit einem Fassungsvermögen von bis zu 100 000 Opfern gebracht. Später erfolgte, um die Spuren zu beseitigen, die Verbrennung der Juden auf dem Rost.

Die Himmelfahrtsstraße

Der zügige Ablauf der Vergasung

Damit der zügige Ablauf der Vergasung nicht behindert wurde, sortierte man zu Beginn die Kranken, Gebrechlichen und alten Leute aus und führte sie an dem sogenannten Scheinbahnhof vorbei – den Juden wurde ja eine Umsiedlung vorgetäuscht – zum sogenannten Lazarett. Dieses Lazarett war nichts anderes als eine mit einem roten Kreuz getarnte Genickschußanlage, wo sie dann durch einen Schuß ins Genick ermordet wurden und in eine brennende Grube fielen, in der gleichzeitig Dokumente usw. vernichtet wurden.

Was für Gas wurde verwendet?

Motorabgase des Panzertyps T-34

In Treblinka und den anderen Vernichtungslagern in Polen – abgesehen von Auschwitz-Birkenau und Lublin-Majdanek – sind die Opfer durch Motorabgase getötet worden. In Treblinka handelte es sich um den Motor des russischen Panzertyps T-34, den man erbeutet, ausgebaut und dort installiert hatte. In den Konzentrations- und Vernichtungslagern Auschwitz-Birkenau und Lublin-Majdanek wurde Zyklon B verwendet, das in Patronen in die Gaskammern geworfen wurde. Odilo Globocnik, der Leiter der gesamten Aktion Reinhardt, die die drei Vernichtungslager Treblinka, Sobibór und Belzec umfaßte, legte Wert darauf, daß sein System, nämlich die Tötung durch Motorabgase, das beste sei. Er hat sich immer dagegen verwahrt, daß bei ihm Zyklon B eingesetzt wurde.

Der Tod durch Motorabgase war sehr grausam. Es gibt darüber sogar einen Bericht, den berühmten Gerstein-Bericht, in dem ein SS-Offizier geschildert hat, welches Bild sich bot, wenn man die Gaskammern öffnete – mit den übereinander und ineinander verkrampften Leichen und den sich türmenden Opfern, wo die Stärksten auf der Suche nach Luft noch nach oben geklettert waren und die Schwächeren unten blieben, wo Frauen, Kinder und Familien ineinander verkrampft dann diesen schrecklichen Tod gefunden haben.

Sehr grausam

Wie wurden die Leichen aus den Gaskammern entfernt?

In Treblinka und in anderen Vernichtungslagern wurden die Gaskammern geöffnet, nachdem die Ermordung erfolgt war. Die Türen waren, ähnlich unseren modernen Garagentüren, hochzuklappen. Dann wurden die ineinander verkrampften Leichen mit Stangen herausgezogen. Jeweils zwei oder drei Leichen wurden auf eine Trage gelegt und von den sogenannten „Totenjuden", das waren Arbeitsjuden, die man zu dem Tötungsvorgang hinzuzog, zu den großen Leichengruben gebracht und dort hineingekippt. Während die Leichen zu den Gruben geschafft wurden, waren sogenannte „Dentisten" tätig, das waren Juden, die, mit Zangen bewehrt, den Opfern die Goldzähne herausbrechen mußten. Dieses Gold wurde später gesammelt und gereinigt. In den Gruben standen dann wiederum andere Juden, die die Leichen nebeneinander und aufeinander schichten mußten, damit möglichst viele dort Platz fanden.

Die „Dentisten", das Zahngold

Später ging man dann dazu über, die Opfer auf einem großen Rost zu verbrennen. Bei diesem Rost handelte es sich um nichts anderes als um mehrere Betonschwellen, auf die man Eisenbahnschienen gelegt hatte. Darauf wurden die Leichen dann verbrannt. Die Asche wurde zerstampft und zum Teil für den Wegebau im Lager benutzt. Dies geschah ab der Jahreswende 1942/43. In Stalingrad hatte sich das Kriegsglück endlich gegen Hitler gewandt, wenn ich es einmal so ausdrücken darf, und man rechnete damit, daß die Russen eines Tages dieses Gebiet besetzen würden – und man wollte keine Spuren hinterlassen.

Auf einem großen Rost

Keine Spuren hinterlassen

Es war ein sehr lukratives Geschäft, diese Millionen Menschen zu ermorden. Man hat sie doch vor und nach ihrem Tod aller Besitztümer beraubt.

129

Der Raubmord

Zum Vergleich (Nationalsozialistische Propagandaschrift)

Ja. In Treblinka wurden natürlich alle Wertsachen eingesammelt, und man hat peinlichst darauf geachtet, daß alles genauestens erfaßt wurde. Ich pflege immer zu sagen: „In Treblinka hat man alles gezählt, den letzten Peso, den letzten Dollar, nur nicht die Menschen." Es gibt über diese Vernichtungsaktionen einen Abschlußbericht von Odilo Globocnik, der diese drei Vernichtungslager dort organisatorisch betreut hat. In diesem Bericht wird ganz genau aufgeschlüsselt, was an Werten angefallen ist, von jedem Dollar, Pfund usw. bis hin zu Brillantringen, Ohrringen, Armbanduhren, Anhängeuhren, Geldbörsen, Zigarettenetuis, Taschenlampen; sogar Fieberthermometer sind erfaßt worden. Bei der Abrechnung – einschließlich der etwa 2 000 Waggons mit Bekleidung usw. – ist man bei den Werten, die man den Juden in Treblinka und den beiden anderen Vernichtungslagern abgenommen hat, auf eine Gesamtsumme von 178 745 960, 59 Reichsmark gekommen – so genau war die Buchführung.

Wir wissen, daß das gesamte Gold in die Reichsbank gegangen ist. Aber wohin sind die Uhren, die Füllfederhalter, all die anderen Wertgegenstände gekommen?

Uhren beispielsweise sind zum Teil an SS-Einheiten gegeben worden. Besonders wertvolle Uhren hat sich Himmler für persönliche Geschenkzwecke vorbehalten. Im übrigen sind die Wertsachen, auch das gereinigte Zahngold, die Münzen, Brillanten usw. ebenfalls in Koffern in die Reichsbank nach Berlin geschafft worden. Es gibt einen Bericht des früheren Chefs des SS-Wirtschafts- und Verwaltungshauptamtes, Pohl, den er nach dem Krieg vor dem Internationalen Militärgerichtshof in Nürnberg abgegeben hat. Danach ist er einmal mit dem damaligen Wirtschaftsminister Funk in der Reichsbank gewesen, wo er unter anderem im Keller solche Koffer mit entwendeten Uhren und Schmuckstücken, Brillanten und was Sie sich noch alles denken können, gesehen hat. Sie haben diese Dinge betrachtet und sind anschließend mit dem Minister zum Essen gegangen.

Franz Stangl, der Kommandant von Treblinka, ist mit einer Peitsche mit Goldinitialen herumspaziert. Woher stammte dieses Gold?

Stangl war zunächst Kommandant des Vernichtungslagers Sobibór und kam dann nach Treblinka, wo er das Lager durchorganisiert, den Ablauf der Tötung ganz neu, sehr rational gestaltet hat. Später ist er dann auch als bester Lagerführer der Aktion Reinhardt aus-

Auszug aus dem Abschlußbericht der Aktion Reinhardt

```
                    Geheime Reichssache
                    4 Ausfertigungen
                    1 Ausfertigung


          Wirtschaftlicher Teil der Aktion Reinhardt.

Zusammengefaßt in SS-Wirtschafts- und Verwaltungshauptamt -
Sonderaufgaben „G", die ich führe und nicht entlastet bin.

Die gesamte Aktion Reinhardt zerfällt in vier Gebiete:

      A) die Aussiedlung selbst
      B) die Verwertung der Arbeitskraft
      C) die Sachverwertung
      D) die Einbringung verborgener Werte und Immobilien.


A) Die Aussiedlung.

      Sie ist erledigt und abgeschlossen.
```

Auszug aus einem Bericht Odilo Globocniks über das Ziel der „Aktion Reinhardt"

Eine weiße Reiteruniform

gezeichnet und befördert worden. Als er noch Kommandant von Sobibór war – er war wohl etwas geltungsbedürfig –, hat er sich eine weiße Reituniform machen lassen und ist mit einem Pferd durch Sobibór geritten. In dieser weißen Uniform ist er später auch in Treblinka aufgetreten. Und er hatte eine Reitpeitsche, auf der in Gold die Initialen seines Namens standen. Als ich ihn während des Prozesses gegen ihn danach gefragt habe, antwortete er: „Ja, ich habe mir diese Initialen, das goldene ‚FS', aus dem Zahngold ermordeter Juden machen lassen."

Sie haben Franz Stangl angeklagt und den Prozeß gegen ihn geführt. Stangl wurde der viertgrößte Verbrecher nach Himmler, Heydrich und Eichmann genannt. Warum?

Wenn wir die hierarchischen Stufen bei der Durchführung der „Endlösung" betrachten, dann wissen wir, daß Hitler die Anordnung gegeben hat, daß die maßgeblichen Organisatoren Himmler und, unter ihm, Heydrich waren – solange Heydrich noch lebte, er ist ja einem Attentat zum Opfer gefallen. Ihnen direkt nachgeordnet waren dann die Kommandanten der Vernichtungslager. Es waren zwar noch Inspektoren usw. eingeschaltet, aber die Kommandanten der Lager waren in dieser Ordnung die vierten von oben.

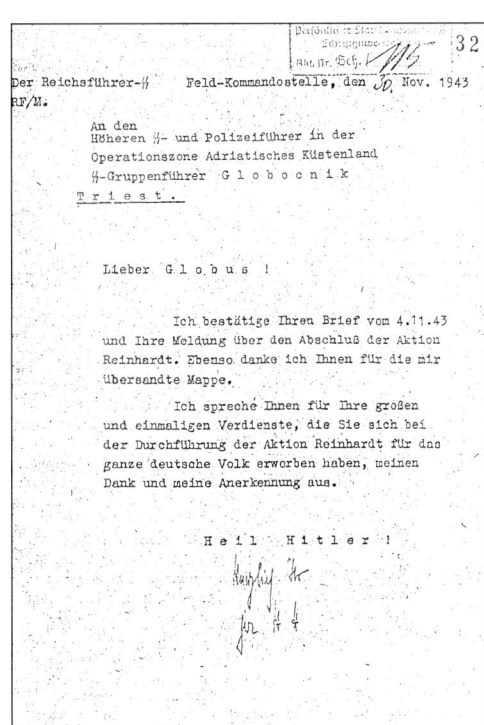

Antwortschreiben Heinrich Himmlers

Wie haben sich Franz Stangl und Kurt Franz, der zweite Kommandant von Treblinka, während des Prozesses verhalten?

Stangl war bis zum Aufstand am 2. August 1943 Kommandant des Vernichtungslagers. Dann wurde er abgelöst, und als letzter Kommandant kam dann Kurt Franz, sein vorheriger Stellvertreter. Franz hat im Grunde genommen immer bestritten, in irgendeiner Weise mit der Ermordung der Juden zu tun gehabt zu haben. Er hat sich die ganze Zeit dahin eingelassen, daß er nur die Wachmannschaften beaufsichtigt, exerziert usw. habe, er habe sogar Juden gerettet. Das alles ist im ersten Treblinka-Prozeß eindeutig widerlegt worden. Franz hat sich zahlreicher Grausamkeiten schuldig gemacht, und er ist auch als Exzeßtäter, das heißt als jemand, der über die Mitwirkung beim allgemeinen Mordvorgang hinaus auch noch sein Mütchen an den Opfern gekühlt hat, wenn ich das so sagen darf, bestraft worden. Bei ihm habe ich nie den Eindruck irgendeiner Reue oder innerer Einkehr oder innerer Einsicht gehabt.

Und bei Franz Stangl?

Stangl ist ja von Brasilien ausgeliefert worden. Er hatte sich eine Einlassung zurechtgelegt, die man als Außenstehender gar nicht begreifen kann. Er hat versucht, sich irgendwie herauszureden, hat gesagt, er sei gar nicht Kommandant des Lagers, sondern nur mit der Erfassung der Wertsachen betraut gewesen. Eine völlig abstruse Erklärung, die aber für ihn vielleicht eine innere Schutzbehauptung war. Ich weiß nicht, was tiefenpsychologisch bei ihm vorgegangen ist. Nur traten dann im Prozeß die ganzen inzwischen abgeurteilten Wachmannschaften gegen ihn auf. Und auf die Frage: „Wer war Ihr Kommandant?" kam immer „Stangl." Damit brach das Gebäude natürlich völlig in sich zusammen. Aber man hatte den Eindruck, daß Stangl mit der Fortdauer des Prozesses innerlich doch etwas berührter wurde.

Reue?

Ob es Reue war, das möchte ich nicht sagen. Aber wir wissen, daß er sich einen Tag vor seinem Tod – er ist ja nach der Verurteilung zu lebenslanger Freiheitsstrafe in der Haft gestorben – sinngemäß dahingehend geäußert hat, daß er wohl doch Schuld auf sich geladen habe.

Apropos Schuld. Worin liegt, juristisch gesehen, der Unterschied zwischen Kriegsverbrechen und Verbrechen gegen die Menschlichkeit?

Kriegsverbrechen und Verbrechen gegen die Menschlichkeit unterscheiden sich in einem Punkt grundsätzlich voneinander: Wie der Name schon sagt, steht ein Kriegsverbrechen in Zusammenhang mit einer kriegerischen Handlung. Das heißt, daß jemand im Rahmen einer solchen Handlung über das militärisch Notwendige hinausgeht. Das hat es immer und überall gegeben. Ein jüngeres Beispiel ist My-Lai, wo amerikanische Soldaten „über das Notwendige hinaus" auch Frauen und Kinder erschossen haben. Aber das geschah alles noch in Ausführung einer kriegerischen Handlung. So etwas wird es wahrscheinlich immer wieder geben, daß sich jemand nicht auf das militärisch Notwendige oder vielleicht noch Vertretbare, wenn man das überhaupt so sagen darf, beschränkt.

Das Verbrechen gegen die Menschlichkeit, oder in diesem Fall das nationalsozialistische Gewaltverbrechen, unterscheidet sich dadurch, daß hier einfach unschuldige Menschen in einem staatlich organisierten Massenmord in Lager verbracht und umgebracht worden sind. Hitler hat nur die Gelegenheit des Krieges benutzt, weil es für ihn günstig war, dasjenige durchzuführen, was er schon seit Jahrzehnten vorgehabt hat – nämlich die Ermordung der Juden. Mit Krieg hatte das alles nichts zu tun. Das waren friedliche kleine Handwerker und Leute, die in Orten und Städten, zum Teil ghettoisiert, lebten, und die eines Morgens zusammengetrieben, in Waggons gepfercht, nach Treblinka oder in andere Lager geschafft wurden und dort einen schrecklichen Tod sterben mußten. Das hatte mit Krieg nichts zu tun.

Unschuldige Menschen – staatlich organisierter Massenmord

Wie lange haben die Recherchen für die zwei Treblinka-Prozesse gedauert und auf welche Zeugenaussagen und weitere Beweismittel haben Sie sich gestützt?

Die Vorbereitung des ersten Treblinka-Prozesses hat etwa fünf Jahre gedauert, von 1959 bis 1964. Es mußte ja sehr gründlich recherchiert werden. Das Hauptproblem war natürlich zunächst, die jüdischen Zeugen, die Treblinka überlebt hatten, in aller Welt zu finden. Es gibt ja nur deshalb Überlebende unter dieser einen Million Menschen, weil die Juden am 2. August 1943 einen Aufstand machten, das Lager in Brand steckten und aus dem Lager ausbrechen konnten. Den größten Teil hat man zwar wieder eingefangen, erschossen oder auf andere Weise umgebracht, aber einige sind durchgekommen.

Einige sind durchgekommen

Wissen Sie, wie viele?

Zu Beginn des ersten Treblinka-Prozesses 1964 lebten noch 53 Juden, die wir alle als Zeugen hinzugezogen haben. Sie waren natürlich von ungeheurem Wert für uns, vor allen Dingen im Hinblick auf die Klärung des Verhaltens der Wachmannschaften. Der Tötungsvorgang selbst war ja unzweifelhaft. Aber es ging um das spezielle Verhalten der einzelnen Wachmannschaften. Darüber hinaus haben wir natürlich Sachverständige hinzugezogen: zur Feststellung der Zahl der Opfer und zu anderen grundsätzlichen Fragen wie denen des Gehorsams, der Befehlsverweigerung usw. Und mit besonderem Interesse haben wir dann im Jahre 1970, nach seiner Auslieferung durch Brasilien, der Aussage des Lagerkommandanten Franz Stangl entgegengesehen.

Der Tötungsvorgang ist unzweifelhaft

Treblinka dem Erdboden gleichgemacht

Ich werde nie vergessen, wie er kam und wir ihm die Skizze des Lagers vorlegten, die wir im Zuge der Hauptverhandlung im ersten Treblinka-Prozeß in den Jahren 1964/65 erarbeitet hatten (S. 136/37). Dazu muß man wissen, daß das Vernichtungslager nach dem Aufstand im August 1943 dem Erdboden gleichgemacht worden war. Es gab keine Skizze, es gab keine Unterlagen, keine Fundamente mehr. Wir haben diesen Plan nur aufgrund der Zeugenaussagen und der Angaben der Angeklagten im ersten Treblinka-Prozeß erstellen können.

Stangl mußte ja nun wissen, ob dieser Plan so richtig war, denn er hatte das Lager in dieser Perfektion ja gestaltet. Ich sehe ihn heute noch vor mir sitzen und die Skizze eingehend betrachten. Fast eine Viertelstunde lang, wenn nicht länger. Dann schaute er einmal zu mir hoch, und ich erinnere mich an seinen Blick, an das Erstaunen und auch eine gewisse Bewunderung, als er zu mir sagte: „Herr Staatsanwalt, die Skizze ist absolut korrekt." Er war dann auch durchaus bereit, was den Ablauf der Massentötungen anging, alles detailliert darzulegen. Im Gespräch mit mir hat er auch eingeräumt, daß in gewissen Sommermonaten, wenn Hochbetrieb herrschte, wenn viele Transporte kamen und von frühmorgens bis in die Nacht bei Scheinwerferlicht gearbeitet wurde, bis zu 18 000 Juden täglich in Treblinka ermordet worden sind. Das hat Franz Stangl, der Kommandant, mir selbst gesagt.

Bis zu 18 000 Juden täglich ermordet

Die Reichsbahn war stark in die Massenmorde involviert. Hat es je einen Prozeß gegen sie gegeben?

Mitwirkung der Reichsbahn beim Judenmord

Über 3 Millionen Juden sind mit der Reichsbahn in die verschiedenen Vernichtungslager transportiert worden. Darüber ist sehr eingehend recherchiert worden, und es kam dann zur Anklage gegen den zuständigen Staatssekretär Dr. Ganzenmüller aus dem Reichsverkehrsministerium. Der Prozeß ist vor dem Schwurgericht in Düsseldorf angelaufen, aber am siebten Verhandlungstag ist der Angeklagte wegen eines Herzinfarktes ausgefallen und wurde auch nicht mehr verhandlungsfähig.

Zur Vorbereitung dieses Prozesses – einer überaus gründlichen Vorbereitung – haben wir allerdings eine 338 Seiten dicke Anklageschrift gefertigt, die heute zur Grundlage für viele historische Forschungen geworden ist, weil in ihr so detailliert die Mitwirkung der Reichsbahn beim Holocaust aufgeschlüsselt ist.

Haben die Beteiligten gewußt, daß die Juden in die Vernichtung transportiert wurden?

Offiziell wurden die Transporte als Umsiedlungs- oder Aussiedlungstransporte deklariert. Es mußten ja sehr viele Leute in die Abwicklung der Transporte einbezogen werden, nicht nur die Lokomotivführer und die Begleiter, die dort mitfuhren. Auch die Fahrpläne mußten entsprechend erstellt und in den gesamten Eisenbahnbetrieb eingebaut werden, der im Krieg ja mit den ganzen gleichzeitigen Militärtransporten nicht unerheblich war. Insoweit waren natürlich viele Instanzen der Reichsbahn mit dem Vorgang befaßt. Und aus meiner Erfahrung kann man sagen: Je näher die Reichsbahnbediensteten an das Lager herankamen bzw. je mehr sie im Ostbereich bei der Generaldirektion der deutschen Ostbahn usw. tätig waren, um so mehr wußten sie. Viele Eisenbahner haben auch ausgesagt, daß man schon in den Dienststellen gewußt habe, was mit den Transporten geschah.

Die Eisenbahner haben es gewußt

Sind in Treblinka auch bekannte Personen vergast worden?

Oh ja. Es gibt verschiedene Berichte über die Ankunft bekannter Juden in Treblinka. So ist zum Beispiel die Schwester von Sigmund Freud mit einem Judentransport aus Wien ins Lager gekommen. Sie hat ihren Ausweis vorgezeigt und sich dann an den stellvertretenden Lagerkommandanten Franz gewandt. Um sie zu täuschen, hat er ihr gesagt, das sei gewiß ein Irrtum, daß sie hierher gekommen sei. Sie solle ihre Wertsachen abgeben, und nach einem Bad könne sie dann wieder nach Wien zurückfahren. Es hingen ja Fahrpläne dort, sie könne sich also überzeugen, daß dann ein Zug zurückginge. Das war natürlich alles nur vorgespiegelt. In der Auskleidebaracke ist sie dann ihrer Wertsachen beraubt worden, man nahm ihr sogar die Ohrringe weg. Anschließend schickte man sie in die Gaskammer.

Die Schwester Freuds in die Gaskammer geschickt

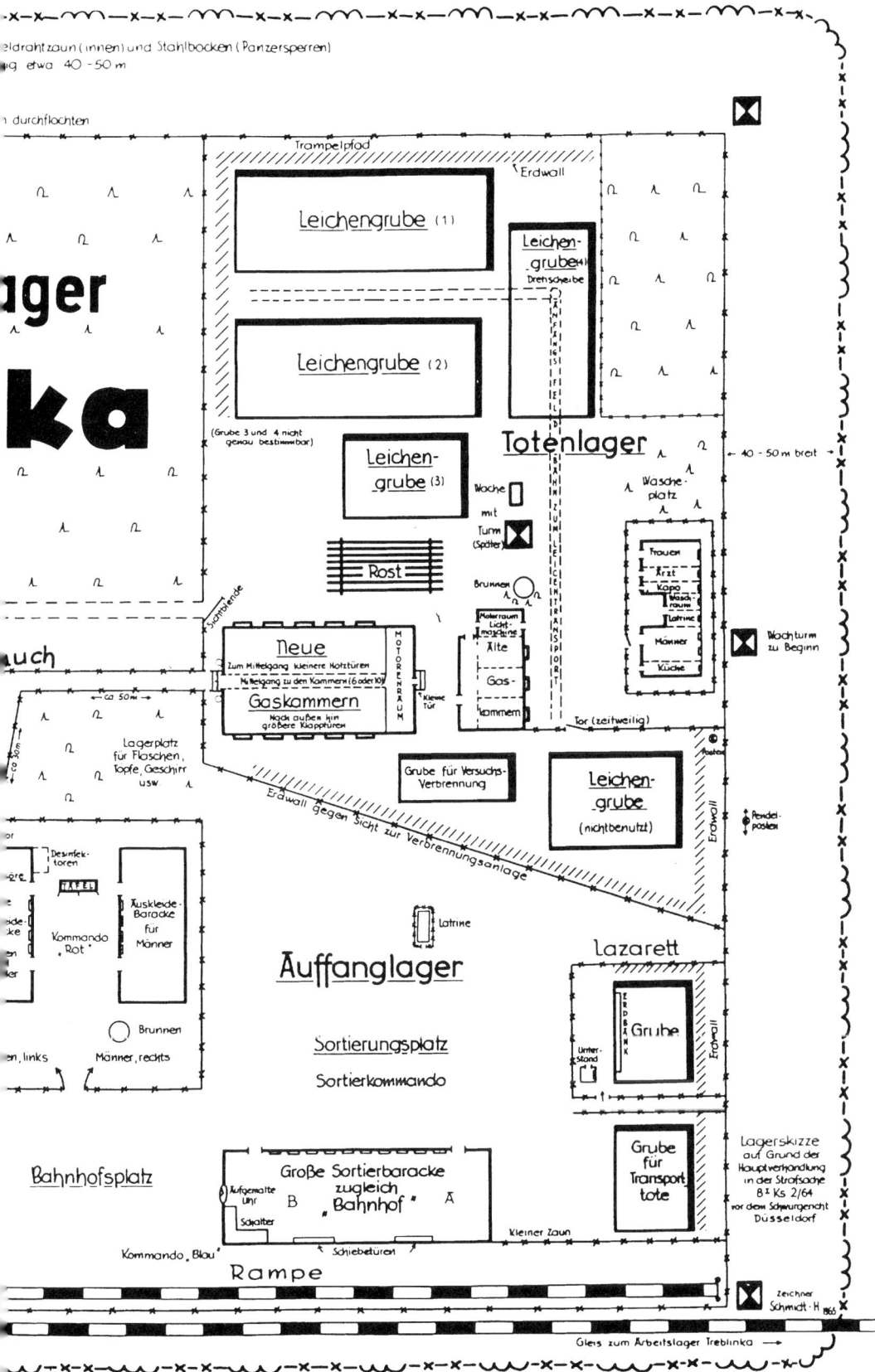

Kurt Franz

Kurt Franz, geboren 1914, war Kommandant des Vernichtungslagers Treblinka. Vom Landgericht Düsseldorf wurde er „wegen gemeinschaftlichen Mordes an mindestens 300 000 Personen, wegen Mordes in 35 Fällen an mindestens 139 Personen und wegen versuchten Mordes" zu lebenslanger Haft verurteilt. Die „mindestens 300 000 Personen" wurden unter seinem Kommando vergast, die „mindestens 139 Personen" kamen durch seine eigene Hand ums Leben. Kurt Franz ist inzwischen aus dem Gefängnis entlassen; er hat vor der deutschen Justiz nie zugegeben, Kommandant des Lagers Treblinka gewesen zu sein.

Herr Franz, es war doch klar, daß Treblinka ein Todeslager war.

Durch Gas ums Leben gebracht

Ja, da sind Menschen ums Leben gekommen oder ums Leben gebracht worden.

Durch Gas?

Durch Gas.

Wie hat man das Gas produziert?

Das habe ich nicht gesehen, aber ich weiß, daß da zur damaligen Zeit ein französischer Lkw gewesen ist. Wenn ich mich nicht irre, war es ein Saurer- oder Sauer-Motor. Und da wurde das Abgas in die Zellen eingeführt. Die Zellen waren auf der Seite.

Wie lange haben die Menschen dort gelitten?

„Vier, zehn Minuten"

Wissen Sie, das kann ich auch nicht so sagen. Man sprach von vier, zehn Minuten. Aber das kann ich wirklich nicht sagen. Da droben war ich nicht zuständig. Da war ein Oberscharführer Mattes zuständig – er war eigentlich kein Oberscharführer, er war irgendein Oberwachtmeister, Gendarm; in Treblinka sind ja eigentlich alle Polizisten gewesen. Wohingegen in Belzec damals ein SS-Mann Niemann die Arbeit gemacht hat, die in Treblinka dieser Mattes gemacht hat.

Sie haben in zwei Lagern Vergasungen gesehen? Also nicht gesehen, Sie waren dabei.

Ich weiß, daß es gewesen ist, ich weiß das. Man hat mich ja nicht nach Treblinka geschickt, um es mir kundzutun. Das wurde ja alles heimlich gemacht, darum war auch alles unter Tarnung. Ich hab es aber gewußt, ich habe es gesehen und war empört, schon in Belzec.

Alles unter Tarnung

Und in Belzec bin ich ja damals noch zu einem Standartenführer hingegangen, der aus Marburg gekommen war, um irgend etwas zu untersuchen; oder sie wollten ein neues Gas einführen oder meinetwegen Kappsen ... oder was weiß ich, um die Vernichtung durchzuführen – und ich habe gebeten, er möge dafür sorgen, daß wir abgelöst werden, ich und Jirmann.

Sie wollten nicht mitmachen?

Ich wollte nicht mitmachen, und das war auch der Tod für Jirmann, und das war auch der Tod für diesen Alexejew Pior, den Ukrainer, den man dann erschossen hat.

Ich habe hier den Plan des Vernichtungslagers Treblinka vorliegen. Können Sie mir anhand dieser Zeichnung den ganzen Vorgang der Vergasung erklären?

Die Leute, die wurden mit Waggons hier in das Lager gefahren. Ich glaube, es waren immer so zwanzig Waggons, die da reingingen. Na, so ungefähr. Und dann wurden die Türen aufgerissen. Da waren immer Juden, die schon damals, als ich dort hingekommen bin, eingeteilt waren. Ob vom Stangl oder von Eberl, das weiß ich nicht. Ich habe den Eberl nicht erlebt. Dann wurden die Juden entladen. Die wurden dann hier runter geführt und kamen dann hier auf den Platz. Jetzt weiß ich nicht mehr, ob da zwei Baracken standen oder nur eine. Ich glaube, es waren zwei. Die Leute wurden hier hereingeführt und mußten sich dann in diesen Baracken ausziehen. Soweit kann ich das sagen, weil ...

Die „Arbeitsjuden" empfangen

Nackt ausziehen?

Nackt ausziehen. Und dann war hier ein Raum, eine Ecke, wo die Frauen die Haare abgeschnitten bekamen. Das war hier in der Ecke. Und das machte der Suchomel, dem ich ja sehr, sehr böse bin, weil er mich belastet hat. Und dann wurden die Juden – also die Juden im allgemeinen; ich sage ganz ehrlich, Kinder habe ich nicht gekannt und nicht erlebt – hier hinausgeführt in den sogenannten Schlauch, der vollkommen mit Tannenreisern getarnt gewesen war – wie überhaupt alles um das Lager herum. Da war extra ein Tarnungskommando, das von einem Unterscharführer – wenn ich mich nicht irre, hat der Südow geheißen – geführt wurde. Der hat das alles tarnen müssen, so daß man nicht reinsehen konnte. Die Juden wurden dann da rein geführt und kamen hier oben in die sogenannte Gaskammer. Und dort wur-

Der Kommandant wird im Prozeß „belastet"

den sie vergast. Das ist so gewesen. Das ist eine Tatsache. Und da gehe ich auch nicht von ab.

Haben Sie die Leichenberge gesehen?

Nein. Ich habe wohl hier gesehen, daß man das sehen konnte. Aber man hätte durch ein Guckloch oder durch den Draht hindurchschauen müssen. Ich hätte da hingehen können. Aber es hat mich angewidert. Ich konnte das nicht vertragen. Ich konnte die Menschen nicht brennen sehen. Die wurden hier auf den Rost gelegt und verbrannt. Die wurden verbrannt. Die wurden hier verbrannt.

Ich konnte die Menschen nicht brennen sehen

Was ist mit der Asche geschehen?

Ja, das kann ich Ihnen nicht sagen. Ich weiß nur, da war anfangs noch kein Rost gewesen. Als ich noch nicht da war, hat das Rost nicht bestanden. Das ist von einem anderen Unterführer eingerichtet worden. Vorher hatte man Gruben gemacht. Da sind ja die Leichengruben. Da hatte man die Gruben gemacht und hat dort die Leichen begraben. Mit Kränen. Das heißt, die Leichen wurden von der Gaskammer aus da hineingetragen, so sehe ich das. Und dann, als das Rost dann dagewesen ist, [wurden sie] mit den Baggerkränen herausgezogen und wurden auf das Rost gelegt . . . die Juden haben das . . . Das habe ich aber auch nicht beachtet. Die wurden dann aber da drauf gelegt und wurden dann – auch diese bereits unter der Erde gelegenen Leichen wurden dann verbrannt. Und dann hat man Siebe aufgestellt. So schräge, wie wenn man Sand siebt. Und dann wurde die Asche da durchge-

So schräge, wie wenn man Sand siebt

Franz Stangl und sein damaliger Stellvertreter, Kurt Franz

siebt, und was noch grob war, das wurde entweder zerschlagen oder zerstampft, so daß es alles irgendwie ...

Verschwand?

Verschwand.

Haben Sie den Furunkel-SS gekannt?

Wen?

Den Furunkel-SS, einen gewissen Booz. Der war in der SS, wollte jedoch bei den Vergasungen nicht mitmachen und hat sich deshalb seine Furunkel aufgekratzt. Daraufhin hat man ihn dann auch versetzt. Haben Sie ihn gekannt?

Nein, in Treblinka?

Ja.

Nein, Furunkel kenne ich nicht.

Sie sagten, daß man den Frauen die Haare abgeschnitten hat. Es waren doch die „Goldjuden", die das Gold abgenommen haben, die „Dentisten", die die Zähne ausgerissen haben. Wissen Sie das?

Davon habe ich gehört. Ich habe das nicht gesehen. Dafür war ich ja auch nicht zuständig. Das war eine interne Angelegenheit. Da oben war der Mattes der verantwortliche Mann. Hier, wo die Juden untergebracht gewesen sind, da war der Küttner zuständig. Und ich war für die Wachmannschaften zuständig, und das war hier. Das war eingeteilt. Der Küttner ließ sich doch von mir nichts sagen. Der Küttner war ja zu der damaligen Zeit schon Polizeimeister. Das war der höchste Dienstgrad.

Die Verantwortlichen Mattes und Küttner

Haben Sie gesehen, wie man die Sachen abgeliefert hat? Zum Beispiel die Kleidung, das Gold?

Hier in der Baracke wurden die ganzen Sachen sortiert. Da war die Sortierbaracke. Am Bahnsteig. Und die Klamotten lagen einfach auf einem Haufen. Die wurden dann irgendwie von den Arbeitsjuden sortiert. Da wurden die Brillen ... da wurden die Sachen sortiert. Man hat das gesehen. Das konnte man ohne weiteres sehen, das war hier auf dem Platz.

In der Baracke die Sachen sortiert

Zu welcher Waffengattung gehörte die deutsche Mannschaft?

Also in Treblinka war das Polizei – mit einigen Ausnahmen Leute, die bei der allgemeinen SS tätig gewesen sind.

In Treblinka war es Polizei

Und Waffen-SS?

Ich war von der Waffen-SS. Ich, dann war da noch einer, der hieß Willi Mätzig. Wir nannten ihn Bubi. Der war Rechnungsführer gewesen. Der war zuständig. Der war auch bei der Waffen-SS.

Sonst waren es Ukrainer?

Es waren alles Ukrainer gewesen. Und dann waren da so Deutschsprechende, die kann man nicht als Ukrainer bezeichnen...

Volksdeutsche?

„Die Beute-Germanen"

Das will ich auch nicht sagen, die haben in Rußland hinter dem Ural gelebt. Das waren Leute gewesen, die sprachen perfekt Dialekt wie die Württemberger. Die waren da irgendwie schon so lange seßhaft wie ihre Eltern und Großeltern. Die sprachen aber ein einwandfreies Deutsch. Sie waren... ja, vielleicht waren sie Volksdeutsche. Wir haben sie früher Beute-Germanen genannt.

Diese Massenmorde sind vor einem halben Jahrhundert geschehen. Was denken Sie heute darüber?

Wenn ich zur damaligen Zeit gewußt hätte, was mir bevorstehen würde, als ich von der Wehrmacht aus kommend zur SS übergetreten bin, dann wäre ich niemals zur SS gegangen. Aus dem einfachen Grunde, weil ich das nicht ertrage, was ich dann erlebt habe, dieses Belzec und dieses Treblinka.

Warum hat man die Menschen dort getötet? Waren sie Verbrecher?

Mutter und Tochter bitten um das Leben des anderen

Nein, das möchte ich nicht sagen. Denn dann hätte ich ja in Belzec nicht mit der Frau und mit der Tochter dieser Frau gesprochen, die um ihr Leben baten, gegenseitig. Die Tochter bat um das Leben der Mutter und die Mutter bat um das Leben der Tochter.

Aber warum hat man diese Leute getötet? Es waren doch Zivilisten, sie hatten nichts getan?

Mit den Juden nie Schwierigkeiten gehabt

Ja, warum? Ich habe niemals in meinem Leben irgendwo mit irgendwelchen Juden Schwierigkeiten gehabt, obwohl – und das muß ich jetzt mal betont herausstellen – der damalige Nebenkläger im Treblinka-Prozeß, Dr. Dr. Josef Neuberger, gesagt hat, ich wäre in Düsseldorf als junger Mensch auf der Hüttenstraße bei ihm in der Wohnung gewesen und hätte ihm gedroht. Ich habe den Mann ja gar nicht gekannt.

Ich habe mit den Juden niemals etwas gehabt. Ich habe mit den Juden zum Beispiel Handball gespielt bei Ratingen 04, ich habe mit den Juden im Stadion in Düsseldorf Makabi als Gegner Handball gespielt. Es hat niemals irgendwelche Differenzen gegeben. Ich habe keinen Unterschied gekannt zwischen Katholiken oder meinetwegen Evangelischen oder meinetwegen Juden. Ich habe in Ratingen einen Kameraden gehabt, der hieß Ballach. Der hat heute ein Restaurant drin in Ratingen, diese Hubertusstuben. Das war ein Freund.

Ich bin zum Beispiel mit meiner Frau – ich war damals noch sehr jung, 18 oder 19 Jahre oder noch jünger – in Ratingen in „Der grüne Eck", so hat dieses Lokal geheißen, zum Tanz gegangen. Das haben wir getan. Der hieß Hirsch, Kurt Hirsch. Mit dem war ich befreundet. Ich habe doch keine Veranlassung gehabt, die Menschen zu töten.

Bei dem Juden Hirsch im „Grünen Eck" getanzt

In Treblinka und auch in Belzec hat man Frauen, Männer und Kinder ermordet. Tausende und Zehntausende. Was haben Sie damals gedacht?

Meine Einstellung war dagegen. Am Anfang war das ja auch nur so gewesen, zum Beispiel in Belzec, daß man gar nicht wußte, was da überhaupt geschehen würde. Da wurden Gruben ausgehoben. Als ich im März 1942 dort hinkam, war da noch gar nichts los. Da habe ich keine Ahnung gehabt, wozu. Da war die Demarkationslinie, die alte Demarkationslinie zwischen Österreich und Rußland, dort zwischen Belzec und Rawaruska. Das weiß ich. Ich habe doch bis dahin auch noch nicht gewußt, was da überhaupt geschehen sollte.

Ich habe keine Ahnung gehabt

Was würde passieren, wenn Sie heute denselben Befehl bekämen?

Nie, nie und nimmer. Nie und nimmer.

Kurt Franz während eines Hafturlaubs mit seiner Frau

Dr. Wilhelm Höttl

Dr. Wilhelm Höttl, geboren 1915, war SS-Sturmbannführer und nach Walter Schellenberg zweiter Mann im Spionagedienst des Reichssicherheitshauptamtes. Nachdem er eine führende Rolle bei der Besetzung Ungarns durch die Deutschen im März 1944 gespielt hatte, machte er seinen Privatfrieden mit den Alliierten, war Zeuge der Anklage bei den Nürnberger Kriegsverbrecherprozessen und kam selbst ungeschoren davon. In seiner Autobiographie widmete er seinem Freund und Vertrauten Adolf Eichmann ein eigenes Kapitel, in dem er viel Verständnis für ihn formulierte.

Herr Dr. Höttl, Ende August 1944 hat Adolf Eichmann Sie in Ihrer Wohnung in Budapest besucht. Damals haben Sie mit ihm über die Zahl der ermordeten Juden gesprochen.

Schwerer Kriegsverbrecher

Ja, das ist richtig. Es muß um den 23./24. August herum gewesen sein. Der rumänische Diktator, General Antonescu, war gestürzt worden und Rumänien aus dem Krieg auf deutscher Seite ausgetreten. Eichmann war nach Rumänien abkommandiert worden, um eine Gruppe von Volksdeutschen von dort zu holen. Er war damals mit den Nerven völlig herunter, und als Historiker habe ich die Situation genutzt, um ihn richtig – wie man österreichisch sagt – auszunehmen. Er befand sich damals offensichtlich in einer schwierigen menschlichen Situation, denn er hat sich richtiggehend von mir verabschiedet. Sinngemäß sagte er: „Ich weiß nicht, ob ich noch zurückkommen werde. Für alle Fälle; falls wir uns in unserem Leben nicht mehr sehen." Und dann meinte er: „Aber ich habe sowieso keine Chance. Ich gelte als schwerer Kriegsverbrecher, wegen der Morde an den Juden." An dieser Stelle habe ich eingehakt, habe die Gelegenheit genutzt und gefragt: „Wie viele Juden sind denn ermordet worden?" Seine Antwort habe ich inzwischen schon etliche Male wiedergegeben, auch in wissenschaftlichen Zeitschriften: Etwa vier Millionen seien in Vernichtungslagern umgebracht worden und etwa zwei Millionen durch Einsatzkommandos und andere Todesursachen. Diese Aussage erschien mir natürlich ungemein bedeutsam.

Eichmann: Sechs Millionen Juden ermordet

Hat Adolf Eichmann mit Ihnen über die Vergasungen gesprochen?

Nein, nicht expressis verbis. Aber das war für mich ja – das klingt natürlich jetzt etwas eigenartig, wenn ich das in meiner Position sage –, aber für mich war das neu: Von der Massenvernichtung als solcher habe ich erst in Ungarn erfahren. Und zwar durch einen Freund, den Staatssekretär Baky, der damals in der ungarischen Regierung saß, nicht zuletzt auf Druck von deutscher Seite hin. Er nahm an, daß ich die Zusammenhänge wesentlich besser kennen würde, aber ich habe erst durch ihn erfahren, wie viele hunderttausend Juden in die Vernichtungslager getrieben wurden.

Vergasungen: „Erst in Ungarn erfahren."

Aber Sie wußten, daß Vergasungen vorgenommen wurden?

Das habe ich, wie gesagt, erst in dieser Zeit in Ungarn richtig erfahren – diese Ungeheuerlichkeit, daß man eine ganze Rasse ausrotten wollte, konnte man als normaler Mensch ja gar nicht begreifen.

Eine ganze Rasse ausrotten

Hat er Ihnen auch gesagt, daß er stolz ist auf sein Werk?

Da muß ich jetzt etwas weiter ausholen und noch einmal auf Eichmann als Menschen zurückkommen. Eichmann ist ein Typ voller Minderwertigkeitskomplexe gewesen. Wissen Sie, die höheren Funktionäre des SD waren durchweg Akademiker, zumindest aber Abiturienten. Eichmann war das nicht und hatte deswegen ungemeine Komplexe. Darüber hinaus hat sein tatsächlich stark jüdisches Aussehen seine Kameraden dazu verführt, ihn als „Juden" zu bezeichnen, was ihn schon als jungen Mann furchtbar getroffen hat. Hinzu kam noch, daß er eine Tschechin geheiratet hatte – keine Sudetendeutsche, sondern eine richtige Tschechin, was ihm von den Kameraden furchtbar übelgenommen wurde. Man hat ihn deswegen verspottet, und er war ein Typ, der das nur schwer verkraftet hat.

Eichmanns stark jüdisches Aussehen

Hat er Ihnen gesagt, daß er mit Freude in sein Grab springen würde?

Diese Äußerung hat er nicht mir, sondern Dieter Wisliceny gegenüber gemacht, einem ehemaligen Mitarbeiter von ihm, der sogar einmal sein Vorgesetzter in Berlin war. Dieter Wisliceny hat es mir dann in Nürnberg erzählt. Das war eine typische Kompensation von Eichmann, zu sagen, er stehe dazu, während er in Wirklichkeit ein . . . weicher Mensch war, der das durch besondere Härte kompensieren wollte.

Mit Freude ins Grab springen

Hat Eichmann mit Ihnen auch über Himmlers Meinung zu der Zahl der ermordeten Juden gesprochen?

Wie Sie sich vorstellen können, war ich natürlich geschockt über diese gigantische Zahl. Und da meinte er: „Ja, was willst du, dem Reichsführer war das noch zu wenig", als er ihm die Meldung erstattet hat. Himmler hatte also mehr erwartet, denn sein Ziel – und Heydrichs vorher auch – war zweifellos, das gesamte europäische Judentum auszu-

Himmlers und Eichmanns unterschiedliche Zahlen

145

Der Großteil schon erledigt

rotten. Und es gab ja 11 Millionen Juden, die aber noch gar nicht alle unter deutscher Herrschaft waren. Und Himmler hatte gedacht, der Großteil wäre schon erledigt.

Adolf Eichmann behauptete, daß 6 Millionen Juden ermordet wurden, und Himmler sagte, daß es mehr als 6 Millionen waren. Wer war in dieser Frage kompetenter – Eichmann oder Himmler?

Zweifellos Himmler, denn Eichmann war ja nur ein Rädchen in dem Getriebe, wenn man das so sagen kann. Himmler hat ja mehrere Quellen gehabt, er bekam die Direktmeldungen von den Vernichtungslagern, also zum Beispiel von dem berüchtigten Höß, und von anderen. Aber die Übersicht hat Eichmann wahrscheinlich doch nicht gehabt, denn Eichmann konnte ja nur berichten, was er an Juden sozusagen „geliefert" hat, um diesen trivialen Ausdruck zu benutzen.

Der „Lieferant des Todes"

Wie ja überhaupt Eichmann nicht der Massenmörder war, sondern „Lieferant des Todes", wie ich ihn einmal bezeichnet habe. Er hat die Menschen in die Vernichtungslager getrieben; am zahlreichsten in Ungarn, wo es sehr viele Juden gegeben hat. Eichmann war trotz seiner geringen Bildung, was ihm ja furchtbar nachhing, ein Organisationsgenie. Ein praktisches Beispiel, das mir der ungarische Verteidigungsminister einmal – vorwurfsvoll – erzählt hat: „Eure Wehrmacht verlangt von mir noch und noch Waggonbeistellungen, aber der Herr Eichmann reist in ganz Ungarn herum und reißt sich die Waggons unter den Nagel." Man muß sich mal vorstellen, was für ein fanatischer Wille diesen Menschen trieb, der, um zu gefallen – in diesem Fall eben Himmler – . . .

Wer gab den Befehl zum Judenmord?

Sie haben einmal gesagt, daß der Befehl zum Judenmord von Hitler selbst kam. Woher wissen Sie das?

Das habe ich erst später erfahren, und ich stehe noch immer dazu, daß es stimmt. Schellenberg (mein Chef und Amtschef VI des Auslandsgeheimdienstes), mit dem ich befreundet war, hat es mir in einer schwachen Stunde in Nürnberg einmal gestanden. Ich hatte ihn festgenagelt und gefragt: „Von wem, von wo kam der Befehl?" Und er sagte: „An sich gibt es nur zwei Menschen, die diesen Befehl bekommen haben, das sind Himmler und Heydrich. Aber der Befehl kam vom Führer." Damit steht die Tatsache für mich als Historiker fest, weil Schellenberg ein absolut authentischer und seriöser Zeitzeuge ist.

Demonstration in Österreich

Dr. Hansjakob Stehle

Dr. Hansjakob Stehle, 1927 in Berlin geboren, lebt heute in Wien und Rom, wo er als Korrespondent für die ARD und für „Die Zeit" arbeitet. Der Journalist und Historiker ist Spezialist für die Rolle der katholischen Kirche während der Zeit des Nationalsozialismus.

Herr Dr. Stehle, was wußte der Vatikan während des Krieges über den von den Deutschen ausgeführten Massenmord an Juden?

Der Vatikan war relativ früh, schon 1942, als die Massenmorde begannen, informiert worden; vor allem durch zwei Berichte, die dort eingegangen waren. Das eine war der Bericht eines italienischen Grafen Malvezzi, der vom italienischen Staatskonzern IRI aus geschäftlichen Gründen in die besetzten Gebiete Polens und Rußlands geschickt worden und entsetzt zurückgekommen war. Am 18. September 1942 hat er dem Vatikan Bericht erstattet, sowohl mündlich als auch schriftlich. Das ist in der vatikanischen Aktenpublikation zum Zweiten Weltkrieg in Band 8 schon 1974 dokumentiert worden. Diesem Bericht des Grafen Malvezzi zufolge gab es dort schreckliche Massaker, vor allem an Juden. Diese Massaker, die jeden Tag vor sich gingen, hätten, so sagte er, Formen angenommen, die schrecklich und unglaublich seien. Malvezzi hat keine Orte genannt – das Wort Auschwitz zum Beispiel fällt hier nicht –, aber er hat diesen Bericht im Vatikan abgegeben, wo er zumindest auf dem Tisch des Kardinalstaatssekretärs und wahrscheinlich auch auf dem von Papst Pius XII. gelandet ist.

Bald darauf, im Oktober 1942, gab es dann einen weiteren Bericht. Der stammte ebenfalls von einem für den Vatikan doch ziemlich glaubwürdigen Mann, nämlich vom Feldgeistlichen jenes italienischen Armeekorps, das mit der Hitlerarmee gemeinsam in Rußland eingefallen war. Nachdem dieser Pierro Scarvizzi mit einem Lazarettzug zurückgekommen war, hat er am 7. Oktober 1942 einen Bericht an den Vatikan geschrieben. Natürlich hat er ihn nicht mit der Post geschickt, sondern er wollte ihn direkt abgeben. Er schrieb, die Massentötung von Juden sei geradezu total, man nehme nicht einmal Rücksicht auf Kinder, ja nicht einmal auf Säuglinge, und man sagt – Zitat –, „daß über 2 Millionen Juden schon getötet worden sind". Das war also am 7. Oktober 1942.

Der Vatikan war relativ früh informiert

Die Massentötung ist geradezu total

Dieser Bericht ist in der vatikanischen Aktenpublikation in einem Zusammenhang notiert, der insofern interessant ist, als damals gerade der amerikanische Vertreter im Vatikan, Myron Taylor, dem Vatikan einen Bericht der jüdischen Palästina-Agentur aus Genf überreicht hatte, in dem ebenfalls von solchen Massentötungen und Massenmorden an Juden die Rede war. Der Kardinalstaatssekretär Maglione notierte dazu: „Haben wir eigentlich einen Bericht darüber?" Sein Sekretär Montini – übrigens der spätere Papst Paul VI. – sagte ihm: „Ja, wir haben diesen Bericht des Grafen Malvezzi und auch den des Militärgeistlichen Scarvizzi." In dem Bericht, den Myron Taylor damals übergeben hatte, war schon sehr konkret die Rede von der **Liquidation des Warschauer Ghettos**, von **Massenexekutionen**. Dort taucht auch der Name Bergen-Belsen auf, also der eines Lagers. Es wird gesagt, daß Juden aus Deutschland, Belgien, Holland, Frankreich und der Slowakei abtransportiert würden. Auch Theresienstadt wird als einer der Zielorte genannt.

Hat der italienische Militärpfarrer Scarvizzi später noch einmal über das Thema gesprochen?

Ja, nach dem Krieg, 1960, hat er dann in einer italienischen Diözesanzeitung auch berichtet, was man bis dahin nicht wußte: daß er sogar selbst bei Papst Pius XII. gewesen sei und ihm über die schrecklichen Morde berichtet habe, die er in Polen, in Rußland mit angesehen hat. Scarvicci sagte, **der Papst** habe, als er das hörte, **geweint** wie ein Kind, so wörtlich.

Wie hat die Ukrainische Kirche auf diese Massaker reagiert?

Es gibt auch da einen interessanten Bericht des damaligen unierten Metropoliten, also des griechisch-katholischen, ukrainisch-katholischen Metropoliten in Lemberg in der Ukraine, das war Andrej Septyckyj. Er war ein Mann, der sehr ukrainisch-national dachte. Er wird in Lemberg heute ja auch wieder sehr geehrt als einer der Großen dieser Kirche, obwohl er **gewisse Sympathien für die Deutschen** hatte, die damals die Westukraine besetzt hatten. Und manche, Patrioten und Nationalisten, dachten damals, Hitler würde ihnen vielleicht den Nationalstaat bescheren. Auch manche frommen Leute meinten das. Septyckyj war ein Mann, der in diesem Punkt etwas, sagen wir, schwankend war. Aber selbst er war entsetzt über das, was er hörte und erlebte, und er schrieb damals auch einen Brief an den Vatikan, in dem er von schrecklichen Massenmorden an Juden, an Ukrainern, an Polen berichtete. Darin sagte er auch – und das ist vielleicht das interessanteste –, es zeige sich, daß **die deutsche Herrschaft** noch **schlimmer sei als die bolschewistische**.

Wann hat Graf Septyckyj dieses Schreiben an den Papst verfaßt?

Das war am 29. August 1942. Er schreibt, daß nach den ersten Monaten einer gewissen Erleichterung von den Deutschen ein „von Tag zu Tag unerträglicheres Terror-Regime" eingerichtet worden sei. „Heute ist sich das ganze Land darüber einig, daß das deutsche Regime in einem vielleicht noch höheren Grade als das bolschewistische böse, ja fast teuflisch ist. Seit einem Jahr vergeht kein Tag, an dem nicht die abscheulichsten Verbrechen verübt werden... Die Zahl der getöteten Juden in unserem kleinen Land hat gewiß 200 000 überschritten.... In Kiew wurden in wenigen Tagen 130 000 Männer, Frauen und Kinder exekutiert..."

„Böse, ja fast teuflisch"

Wie hat Papst darauf reagiert?

Pius XII. hat auf diesen dramatischen Brief nicht geantwortet; vielleicht glaubte er die Antwort vorweggenommen zu haben durch ein kurzes, in elegantem Latein stilisiertes Schreiben vom 24. August 1942, in dem Septyckyj und sein Klerus ermahnt wurden, im Glauben nicht nachzulassen und „angesichts der zunehmenden Übel" niemals die Hoffnung zu verlieren, sondern alles mit „heiterer Geduld" (serena patientia) zu ertragen.

„Mit heiterer Geduld"

Hat der Metropolit seine Meinung über die deutsche Besatzung noch einmal wiederholt?

Im September 1943 hat der mit den Deutschen zusammenarbeitende Vsevolod Frédéric Septyckyj gefragt, ob er nicht doch die Rettung durch Deutschland erwarte, und zitierte diese Antwort: „Deutschland ist schlimmer als der Bolschewismus. Der Nationalsozialismus hat mehr Anziehung auf die Massen, mehr Macht über die Jugend als der Bolschewismus. Dieser ist ein großes Phänomen, dessen Dauer nur vorübergehend sein kann oder er wird sich wandeln." Der Hauptvorwurf Septyckyjs gegen die Deutschen ist „ihr unmenschliches Verhalten" gegen die Juden. Allein in Lemberg seien 100 000 getötet worden und „Millionen in der Ukraine"; ein junger Mann habe ihm in der Beichte gestanden, „allein in einer Nacht in Lemberg persönlich 75 Menschen ermordet zu haben".

Persönlich 75 Menschen umgebracht

Wann hat der Vatikan Meldungen über die Vergasungen in Auschwitz bekommen?

Über die Vergasung als solche, also die Methode der Massenmorde selbst, findet sich in den Dokumenten nichts. Das Wort Auschwitz ist erst im Mai 1944 im Vatikan bekanntgeworden, und zwar durch einen Bericht, den zwei junge Juden, die aus Auschwitz entkommen waren, in Preßburg (Bratislawa) in der Slowakei dem dortigen vatikanischen Geschäftsträger gegeben hatten. Dieser vatikanische Diplomat namens Burzio hat diesen Bericht, weil ja alles von den Deutschen besetzt und

Das „Auschwitz-Protokoll" auf dem Tisch des Papstes

kontrolliert war, zu dem Päpstlichen Nuntius in Bern in der Schweiz weitergeleitet, und dieser hat es dann nach Rom weitergegeben. Erst nach Monaten, nach drei oder vier Monaten, ist dieser Bericht, dieses sogenannte Auschwitz-Protokoll, dann auf dem Tisch des Papstes gelandet – makabrerweise am Heiligen Abend des Jahres 1944. Burzio selbst sagte, man könne diesen Bericht nicht kontrollieren, man könne nicht vollkommen sicher sein, ob das alles genau so sei. Aber der Papst selbst hat am gleichen Abend nur eine kurze Notiz gemacht, seinem Staatssekretär, und gesagt, der Heilige Stuhl werde tun, was er könne. Eine sehr lakonische, wenig sagende Antwort.

Gibt es ein Zeichen dafür, daß sie etwas gemacht haben?

Der Papst schweigt

Der Vatikan, der Papst hat sich in Einzelfällen natürlich immer wieder durch seine Vertreter eingeschaltet. Es sind ja auch jüdische Organisationen aus der ganzen Welt, vor allem aus den Vereinigten Staaten von Amerika, an ihn herangetreten mit der Bitte, etwas zu tun. Was man Papst Pius XII. vor allem vorwirft, ist sein Schweigen; daß er nicht öffentlich aufgeschrien hat gegen das, was geschah. Und was er tatsächlich wußte – das ist die große Frage. Dafür gibt der Papst, so kann man den Dokumenten entnehmen, immer wieder die Erklärung, daß er der Meinung sei, wenn er laut schreie, dann werde alles noch viel schlimmer werden und dann würden die Folgen . . . also das ist die umstrittene Frage. Tatsache ist, daß er zum Beispiel seinen Vertreter in Zagreb, in dem kroatischen, damals im Zweiten Weltkrieg faschistischen Ustascha-Staat, angewiesen hat, bei der kroatischen Regierung energisch gegen die Verschickung, die Verfolgung, die Diskriminierung der Juden zu protestieren. Marcone, der päpstliche Vertreter in Zagreb, hat das auch getan. In den vatikanischen Dokumenten findet man die Spuren dieser Intervention. Da heißt es zum Beispiel in einer Notiz, die Monsignore Montini, der spätere Papst Paul VI., im Oktober 1942 gemacht hat: „Wir haben Nachrichten über ‚trattamento severo', über strenge Behandlung der Juden. Wir können diese Notizen natürlich nicht genau kontrollieren, aber wir haben dem Vertreter in Zagreb Anweisung gegeben, daß er dagegen protestieren soll."

Die Intervention des päpstlichen Vertreters

Schon zwei Millionen Juden ermordet

Dieser Vertreter in Zagreb hat dann einen Bericht gemacht, der ziemlich einmalig in der ganzen Dokumentation ist. Er hatte nämlich ein Gespräch mit dem kroatischen Polizeichef Kvaternik. Und dieser Kvaternik hat ihm, dem päpstlichen Vertreter, schon damals, 1942, gesagt, alle Juden, die aus Kroatien abtransportiert würden, würden in Deutschland ermordet. Er sagt nicht genau, wie und wo, aber „ermordet", und es seien zu diesem Zeitpunkt schon 2 Millionen Juden ermordet worden. Das hat der päpstliche Vertreter in Zagreb wörtlich damals nach Rom berichtet.

Elisabeth Erb

Elisabeth Erb leitet in Freiburg das von ihrem Vater gegründete Maximilian-Kolbe-Werk, das es sich zur Aufgabe gemacht hat, polnische KZ-Überlebende zu unterstützen.

Frau Erb, während des Krieges hat der Bischof von Berlin, Konrad von Preysing, Ihrem Vater eine historisch wichtige Erklärung gemacht. Woher kannten sich die beiden?

Mein Vater war überzeugter Pazifist. 1926 hatte er Hitlers „Mein Kampf" gelesen und wußte deshalb, was auf Europa und Deutschland zukommt, wenn die Nationalsozialisten an die Regierung kommen. Infolgedessen hat er mit Ernst Rasolt eine pazifistische Zeitschrift herausgegeben, „Vom frohen Leben", die bereits am 3. Mai 1933 verboten worden ist. 1934 wurde mein Vater verhaftet und war ein halbes Jahr in Gestapo-Gefängnissen, wurde aber mangels Beweisen wieder entlassen. Daraufhin hat er als Redakteur am „Petrus-Blatt", am katholischen Kirchenblatt, mitgearbeitet, und hatte dadurch stets engen Kontakt zum Bischof Preysing und zum ganzen Ordinariat.

Um was für eine Erklärung handelte es sich?

Mein Vater wurde 1939 eingezogen, und jedesmal, wenn er Urlaub bekam, machte er selbstverständlich einen Besuch bei Bischof Preysing und dem Ordinariat. Und dort sagte ihm der Bischof eines Tages: „Herr Erb, wissen Sie, daß es einen Ort namens Auschwitz gibt, der liegt in Polen und dort sollen die Juden vernichtet werden – und in anderen Konzentrationslagern auch."

Konrad von Preysing, Bischof von Berlin, informiert über Auschwitz

Hat er über Vergasungen gesprochen?

Das kann ich Ihnen im Augenblick nicht sagen, das weiß ich nicht.

Haben Sie während des Krieges Kontakt mit Juden gehabt?

Ja, in unser Elternhaus kam regelmäßig eine Jüdin. Frau Friedmann

Frau Friedmann verschwindet

hieß sie, und ich sehe sie heute noch vor mir, wie sie mit einer Jacke kam und auf der linken Seite immer ihre Handtasche hielt. Sobald sie bei uns im Hause war, legte sie die Tasche natürlich ab und dann sah man den Judenstern.

Sie gehörte zu unserem Haus wie viele andere Menschen, und eines Tages kam sie nicht mehr.

Wann war das?

Das muß 1942/43 gewesen sein. Und dann fragte ich eines Tages meine Mutter: „Warum kommt die Dame nicht mehr zu uns?" Und sie hat mir ganz klar gesagt: „Die Frau Friedmann lebt nicht mehr, die Frau Friedmann ist vergast worden." Ich habe gefragt: „Wo?" Da konnte mir meine Mutter keine genaue Auskunft geben. Sie sagte, es könne in verschiedenen Lagern gewesen sein. Ich glaube, damals ist auch der Name Auschwitz gefallen. Aber an mehr erinnere ich mich nicht mehr.

„Sie ist vergast worden"

Alfred Kolleritsch

Alfred Kolleritsch wurde 1931 in der Steiermark geboren und lebt als Schriftsteller und Herausgeber der Literaturzeitschrift „manuscripte" in Graz. Le Monde nannte ihn nach Erscheinen seines autobiographischen Romans „Allemann" einen der besten Schriftsteller der deutschen Gegenwartsliteratur.

Herr Kolleritsch, als vierzehnjähriger Junge waren Sie gegen Ende des Krieges Augenzeuge, wie eine Gruppe von Menschen, die aus einem Konzentrationslager weggebracht wurden, vorbeizog. Was haben Sie da gesehen?

Ja, diese Szene hat sich im Süden der Steiermark abgespielt. In dem Dorf, in dem ich damals mit meinen Eltern gelebt habe, hatte sich plötzlich die Nachricht verbreitet, daß Juden kämen, daß sie auf der Straße Richtung Norden daherzögen. Wir sind natürlich alle hingelaufen. Der Begriff des Juden war in dieser Gegend etwas, das Aufmerksamkeit erregt hat – keine freundliche –, und wir sind dorthin, an einen Kreuzungspunkt der Straße. Aus der Ferne haben wir schon gesehen, daß hier erschöpfte, zerlumpte Menschen – Männer und Frauen, einige Kinder – halb auf der Straße, halb im Straßengraben dahergekommen sind, begleitet von Männern. Der eine – das weiß ich – trug eine Parteiuniform, die anderen Soldatengewand, oder es waren Volkssturmmänner.

Sie sind nähergekommen und an einem Wirtschaftsgebäude vorbeigegangen, das heißt, sie wollten vorbeigehen, aber da haben die Männer sie nach rechts getrieben und über den sogenannten Schweinehof von der Straße weggeführt, hinter dem Gebäude entlang. Dort, an der Ecke zu diesem Schweinehof, sind plötzlich Leute aufgetaucht, zwei Frauen: die haben diesen armen Menschen ein Stück Brot gereicht. Die eine Frau wurde mit einem Gewehrkolben weggestoßen. Die Vorbeiziehenden durften nicht angesprochen werden. Es hat Schweigen geherrscht, es waren auch meistens Dorfbewohnerinnen, Bauernkinder, die diesen Zug mehr oder minder stumm verfolgt haben. Ich weiß noch, daß jemand die Frage gestellt hat: „Warum dürfen die nicht auf der Straße gehen? Warum müssen die über den Schweinehof gehen?" Dort vor dem Gebäude war kein Straßengraben, und da hat es geheißen: Juden sollen nicht auf deutschen Straßen

Todesmarsch der KZ-Häftlinge

Volkssturm: Das Aufgebot aller zuvor nicht eingezogenen waffenfähigen 16–60jährigen Männer, am 25. 9. 1944 zur Unterstützung der Streitkräfte aufgestellt

Mit einem Gewehrkolben weggestoßen

gehen. Und deshalb hat man sie über dieses unwegsame Gelände geführt und wieder hinausgetrieben auf die Straße, wo sie dann weitergezogen sind, im Straßengraben – erschöpft, fast klein geworden, schmerzhaft, ausdruckslos, stumpf, verzweifelt. Einige haben die Augen anderer gesucht und bei dieser Frau sicherlich gefunden, die ihnen helfen wollte, die aber vertrieben wurde. Und das war ein ganz grauenvoller, prägender Anblick.

Ein grauenvoller, prägender Anblick

Zum ersten Mal sind einem diese Menschen – oder mir zumindest –, von deren Leid wir gehört haben (ich weiß nicht, ob es damals für die Menschen so etwas wie Leid war, ob man dieses Leid überhaupt empfunden hat), sichtbar geworden – sie erschienen wie aus dem Nichts. Sie haben sich realisiert, der Schmerz ist an mir vorübergegangen, menschliches Leid, Schreckliches – irgend etwas vom Tod war bei diesem ganzen Marsch dabei, ein Todesmarsch.

Sie erschienen wie aus dem Nichts

Was war das Schicksal dieser Leute, die vorbeizogen?

Wir haben sie dann verschwinden sehen, und einige Tage später haben wir erfahren, daß alle diese jüdischen Menschen – Kinder, Frauen, Männer – am Prebichl (das ist in der nördlichen Steiermark) erschossen worden seien, weil man nicht mehr wußte, wohin mit ihnen. Die Front rückte damals ja näher, man wollte die einfach weghaben, Zeugen wollte man weghaben. Man sagte auch, daß sie schon krank gewesen seien, die Ruhr gehabt hätten, nicht mehr lebensfähig gewesen seien.

Und dann war da ein ganz merkwürdiges Ereignis, das auf eine bestimmte Weise schon das Ende des Krieges angezeigt hat: Die Soldaten sollen sich geweigert haben, diese Menschen zu erschießen. Da haben sich, zum Teil freiwillig, zum Teil gezwungen, Hitlerjungen – 16-, 17jährige – gemeldet, oder sie wurden gebeten, aufgefordert oder gezwungen, diese Menschen zu erschießen. Die KZ-Häftlinge sind dort auch verscharrt worden, das hat man gehört, in der Zeitung konnte man das natürlich nicht lesen. Es waren die Leute, die damals von einem Ort zum anderen gewandert sind, die uns von diesem schrecklichen Schicksal dann Kunde gegeben haben.

Soldaten verweigern den Mordbefehl

Ein Freund von Ihnen hat an diesem Massenmord teilgenommen – wer war das?

Es war kein Freund von mir, sondern ein Mann, den ich gekannt habe. Er kam aus dem Nachbarort und war als Hitlerjunge in der nationalsozialistischen Bewegung sehr engagiert.

Wie alt war er?

Der wird damals 17 oder 18 Jahre alt gewesen sein. Er war gerade überstellt worden, vielleicht zum Volkssturm. Als der Krieg wenige

Monate später zu Ende war, wurde er dann auch verhaftet und ist nach Wolfsberg in Kärnten gekommen, wo die Nazis in einem Lager inhaftiert wurden. Dort war er über ein Jahr in Gefangenschaft. Als die englische Königin ihr Amt angetreten hat, gab es jedoch eine Generalamnestie, und er war unter denen, die damals begnadigt worden sind. Er ist dann in das Dorf gekommen, wo ich gelebt habe, wo heute noch meine Mutter lebt, und wo sicherlich noch einige Leute sind, die damals wie ich Zeugen waren, auch ältere Menschen, Frauen, die aber nicht darüber sprechen. Die sich an nichts erinnern wollen. Und er war dort dann ein achtbarer Mann, Gemeinderat, und er ist nie negativ darauf angesprochen worden. Im Gegenteil, ich habe später manchmal das Gefühl gehabt, wenn ich die Menschen so mit ihm beobachtet habe, daß er irgendwie Anerkennung genossen hat, weil er etwas vollführt, einen Befehl ausgeführt hat. Das war ja das Markenzeichen eines guten Menschen in der Nazizeit, daß er Befehle, die man ihm gegeben hat, ausgeführt hat; meistens lustvoll, wenn es Befehle waren, die zum Tod geführt haben.

Ein achtbarer Mann, Gemeinderat

Er ist also ein ehrenhafter Bürger geworden.

Er war dann ein ehrenhafter, integrierter Bürger, und niemand hat ihn später wegen dieser Sache befragt – wie ja überhaupt in der Zeit, in dem Land, wo ich lebe, der Nationalsozialismus, der Faschismus – wie ich glaube – einfach liegengeblieben ist, als wenn er schon ewig dort gelegen hätte; wo man noch aus dem Nachklang dieser faschistischen Wahrheit lebt. Dort hat natürlich auch kein Mensch mehr danach gefragt. Der war halt einer, der an all diesen Dingen beteiligt war, und die meisten haben ja den Krieg positiv gesehen. Es war für sie kein Krieg des Verbrechens, sondern einfach ein verlorener, zu Unrecht leider verlorener Krieg. Das ist eine Gesinnung, die heute noch vorherrscht.

Der Nationalsozialismus ist einfach liegengeblieben

Sie sprechen in Ihrem Buch über die Mörder, die im Dorf waren und nur darauf gewartet haben, daß man ihnen zu morden befiehlt. Wie waren diese Leute?

Das waren SS-Soldaten, vor denen wir damals Angst hatten, die haben sich einquartiert, haben uns aus den Wohnungen getrieben. Sie sind selber nicht mehr an die Front gegangen, haben dort den Volkssturm hingeschickt und wollten sich ihr Leben erhalten. Die haben im Hinterland Terror betrieben, haben nach Deserteuren gesucht, nach Leuten, die vielleicht schon die eine oder andere antifaschistische Bemerkung gemacht haben, die sich vielleicht freudig geäußert haben, daß der Krieg bald vorbei sein wird. Und da sind die Leute unter Druck geraten, weil jeder sich gefürchtet hat, er könnte hingerichtet werden. Alle waren irgendwie in Angst versetzt, und zwei junge Polen, die als Zwangsarbeiter dort waren, haben nicht mehr arbeiten wollen. Die

Jeder hat sich gefürchtet

sind hingerichtet worden, mußten ihr Grab schaufeln und wurden dann hineingeschossen. Es war wirklich eine schreckliche Zeit, wo der Terror umgeschlagen ist gegen die eigene Bevölkerung. Ich habe selber sehr viele Hinrichtungsstätten gesehen: Im Nachbarort war ein Galgen aufgerichtet worden, wo Deserteure zur Schau aufgehängt wurden. Es war eine furchtbare Zeit.

Wann haben Sie das erste Mal von den Morden an den Juden gehört?

1941 über den Judenmord erfahren

Unmittelbar nach dem Beginn des Krieges in Jugoslawien kam ein Onkel von mir zu Besuch, der bei der Feldgendarmerie war, ein christlich-gläubiger Mensch. Er hat erzählt, welche Grausamkeiten dort geschehen. Er war verzweifelt und hat von seinem Leben in der Weise berichtet, daß er nicht mehr herauskomme aus dieser ganzen Misere. Wir durften als Kinder nicht zuhören, aber wir haben unser Ohr an die Tür gelegt und so erfahren, daß der Krieg zwar weitergeht, die Soldaten marschierten vor, aber im Hinterland würde gemordet. In dem Augenblick, wo die Ideologen aufgetreten sind, die Feldgendarmerie, die Partei selber, da habe der wahre Schrecken begonnen. Und da ist dann natürlich auch durchgesickert, daß es Konzentrationslager gab. Etwas Genaues habe ich erst sehr, sehr spät erfahren – vielleicht überhaupt nie etwas ganz Genaues, aber wir haben gewußt, daß da schreckliche Dinge vor sich gehen müssen; wobei das Schreckliche im Rückblick ist, daß ich von niemandem gehört habe, daß etwas Schreckliches geschähe. Die Juden sind weggewesen, es hat keiner nach ihnen gefragt. Man hat das Gefühl gehabt, die sind verschwunden, die haben sich verkrochen. Und es hat geheißen, sie sind ohnehin ins Ausland gegangen, weil sie so viel Geld haben. Die waren weg, die sind aus dem Gedächtnis gefallen, aus der Wirklichkeit gefallen, die waren einfach nicht da . . .

Keiner hat nach den Juden gefragt

Die „Judenseife" – Sie haben doch über die „Judenseife" geredet . . .

Ja, das ist etwas vom Schrecklichsten in meiner Erinnerung. In dem Schülerheim, in dem ich war – es war ein nationalsozialistisches Heim, ich mußte dort sein, weil es kein anderes gegeben hat – haben wir eines Tages eine Seife zugeteilt bekommen, die RIF-Seife geheißen hat, R-I-F. Ich weiß nicht, woher – aber man hat das sofort in „Ruhe in Frieden" übersetzt. Und wenig später hat es schon geheißen, daß diese Seife aus Judenfett hergestellt sei. Und so kam es, daß oft, wenn einer keine Seife hatte – und das war dann ganz erschütternd –, daß der gerufen hat: „Geh, wirf mir dein Judenfett her!" Es war aber keine Betroffenheit da. Das waren Wörter, die so durch den Waschraum gegangen sind, und es hat Heiterkeit ausgelöst. Diese Seife allein ist ein Zeichen dafür, daß alle gewußt haben, daß hier Mitbewohner verschwunden sind, daß man sie verwertet, umgebracht hat. Aber keine Stimme hat sich dagegen erhoben.

„Wirf mir Dein Judenfett her!"

Ich erinnere mich noch, daß Freunde, die in einer anderen Stadt gelebt haben, Lieder gesungen haben, öffentlich, sogar vor der Kirche. Und zwar erinnere ich mich an eine Zeile, wo es freudig geheißen hat: „Wenn das Judenblut vom Messer spritzt." Und mit einbezogen in diese Zeile war dann eine nächste, wo es den katholischen Geistlichen an den Kragen gegangen ist, wenn sie die Ideologie nicht befolgen, die zum Lebenselixier des österreichischen, des ostmärkischen Menschen geworden war.

„Wenn das Judenblut vom Messer spritzt."

Wenn jeder darüber gesprochen und gelacht hat, daß man aus Juden, aus ihrem Fett Seife macht, bedeutet das doch, daß man über das Schicksal dieser deportierten Leute Bescheid wußte . . .

Ich bin zutiefst überzeugt, daß es jeder gewußt hat und daß das Nichtwissen nur ein ganz herzloses Verhalten gewesen ist, weil man es gar nicht wissen wollte, weil es uninteressant war. Aber im Grunde genommen war es so, daß jeder davon in irgendeiner Form Kenntnis gehabt hat. Das Schlimme daran ist, daß niemand betroffen war, daß kein Leid da war, daß man nicht einmal Fragen gestellt hat: Was geschieht denn mit diesen Leuten? Einige haben es gewußt, aber das ist gar nicht so sehr auf Interesse gestoßen.

Ein ganz herzloses Verhalten

Und auf dem Land war es ja so, daß der Begriff „Jude" schon vor der Nazizeit negativ besetzt war. Ich kann mich an Religionsstunden als Volksschüler erinnern, wo „der Jude" ja derjenige war, der den *Herrn* ermordet hat. Das war so tief verankert im Volk, daß man es als eine natürliche Sache hingenommen hat, daß man von diesen Leuten befreit worden ist. Und wenn heute oder unmittelbar nach dem Krieg gesagt wurde: „Wir haben davon ja nichts gewußt", dann ist das nur eine Lüge und eine ganz arge Verdrängung.

„Den *Herrn* ermordet"

Wie war es möglich, daß es zu diesem Massenmord an den Juden kam?

Ja, das ist eine Frage, die sich leicht und schwer beantworten läßt. Bis heute wird danach geforscht – ich glaube, der Antisemitismus ist eine europäische Krankheit, zutiefst verbunden vielleicht mit dem Christentum, durch das dieser Gegensatz zwischen Christen und Juden entstanden ist. Antisemitismus war immer ein Ventil, um Aggressionen loszuwerden, und in Österreich hat es darin eine große Tradition gegeben; Neidkomplexe, Haß waren da in den Leuten lebendig. Das Schreckliche für mich ist, daß dieser Antisemitismus ja – ich würde fast sagen – wie eine Gesundung des Volkes während des Krieges gehandelt wurde. Und das noch Schrecklichere ist, daß das überhaupt kein Thema nach dem Krieg war. Das heißt, dieser Antisemitismus ist zwar in den Hintergrund getreten, ist nicht mehr so manifest gewesen. Aber die vielleicht noch schrecklichere Form des Schweigens, Vergessens, der Gleichgültigkeit, der Reuelosigkeit, das hat Wurzeln geschlagen, die heute wieder antisemitische Blüten in Österreich treiben – so der

Eine europäische Krankheit, verbunden mit dem Christentum

Dieses Kulturvolk hat letztlich nichts gelernt

Hinweis, daß das Weltjudentum die österreichische Identität zerstören wolle. Der Antisemitismus ist nicht verschwunden durch die grauenvollen Dinge, die das deutsche Kulturvolk mit Hölderlin und Goethe an der Spitze ... dieses Kulturvolk hat letztendlich nichts gelernt – vielleicht die Intellektuellen, aber das Volk nicht. Es fehlt bislang die Klärung. Und vielleicht ist es wirklich so, daß das alles zutiefst verwurzelt ist. Manchmal möchte ich fast sagen: Das ist, als wäre es ein Teil der menschlichen Natur, daß sich das Böse im Menschen im Antisemitismus ablagert und daß sich diese Gefahr immer wieder erheben kann und daß man eben deshalb ständig dagegen arbeiten muß, aufklären muß, auf die Schrecken hinweisen muß, um zukünftige zu verhindern.

Eugen Essig

Eugen Essig, geboren 1934, arbeitet als Kameramann. Er erlebte die Zeit des Nationalsozialismus als Hitlerjunge.

Herr Essig, wie wird man zum Mörder erzogen?

Nach dem Krieg war ich als Kameramann einmal im Konzentrationslager Dachau, um dort zu drehen. Und weil wir früher dran waren, fuhren wir durch das geöffnete Tor in den Innenhof. Hinter uns schloß es sich wieder, und in dem Moment bekam ich Angst – plötzlich, wie in einer Vision, hörte ich die Trillerpfeifen, die Schreie, die Stimmen der gequälten Menschen. Und dann sagte ich mir, mein Gott, die konnten nicht mehr raus, das war Endstation für die. Wir konnten raus, wann wir wollten. Aber das war nicht das Schlimmste. Das Schlimmste war, daß ich mir vorgestellt habe, daß ich nicht einer der Gequälten bin, sondern daß ich einer der Aufseher werden könnte.

Die Stimmen der gequälten Menschen

Wie wurde man Aufseher?

Das war ganz einfach. Das fing bei den ganz kleinen Hitlerjungen an.

Sie waren doch Hitlerjunge.

Ja, das war jeder. Und wenn man nur zwei Zentimeter weiter hüpfte als der andere, dann galt man schon als besser. Man bekam eine Schnur. Mit nichts war man schon mehr. Dann wurde einem gesagt, du bist besser, aus dir wird mehr, man braucht Elitetruppen, wir brauchen dich. Schließlich schickt man dich auf eine Spezialschule. Anschließend wirst du irgendein Jugendzugführer, und am Schluß sagt man dir noch, du darfst sogar die schwarze Uniform tragen, die Uniform der SS. Das war wie eine dargebrachte Reliquie, damit konnte man sagen, jetzt ist man das Größte, man ist SS-Mann. Schwarze Stiefel, weiße Hemden, schwarze Krawatte, Totenkopf vorne drauf. Wir hatten ja als Kinder sogar Ringe mit dem Totenkopf.

Sogar Ringe mit dem Totenkopf

159

Man wurde schon aufs Töten hin geschult. Es geht so schnell, und ich bin überzeugt, daß sie das aus jedem Menschen hätten machen können. Denn unser Freund-Feind-Verhältnis, das war ja immer so: Die Außenstehenden waren die Feinde, ob das Franzosen, ob das Engländer, ob das Spanier, ob das Polen waren – das waren alles Feinde.

Haben Sie Deportationen gesehen?

Ja, als Kind, aber nicht realisiert. Was das war, wußten wir nicht.

Mit den Juden war das meiste schon passiert

Über Juden wurde bei uns praktisch nicht viel geredet, denn da war das meiste schon passiert. Ich bin 1934 geboren und war ein kleines Kind, als die ersten Vertreibungen passierten. Ich kann mich noch entsinnen, daß in der Bismarckstraße so eine Art riesengroßer Geländewagen war, in den Menschen hineingetrieben wurden. Von Polizisten mit Tschako mit dem Reichsadler vorne drauf. Und mit diesen Ledergamaschen. Seitdem hatte ich immer Angst vor diesen Polizisten.

Was für eine Erziehung haben Sie zu Hause bekommen? Was hat Ihr Vater erzählt?

Mein Vater war damals im Krieg, er konnte mich zu der Zeit nicht erziehen. Unsere frühe Erziehung war christlich. Ich war katholisch.

Und was hat er Ihnen über den Krieg erzählt?

An sich keine schönen Sachen.

Was?

Frauen und Kinder werden erschossen

Er war bei den kämpfenden Truppen. Er war dreimal in russischer Gefangenschaft, ist immer wieder abgehauen. Einmal in Polen, als die Deutschen versprengt waren, wurde die Kompanie wieder zusammengesammelt. Und immer wurde geschossen. Mein Vater sagte: „Ich möchte wissen, was da ist." Und die anderen sagten: „Nee, du gehst da nicht hin. Da stehen Feldgendarmerie und SS, sei vorsichtig!" Er ging trotzdem hin. Und da sagte ihm ein Feldgendarm: „Hau ab oder du liegst da drunten bei denen." Und dort haben sie Frauen und Kinder erschossen. In Polen.

Was für Kinder, was für Frauen?

Wahrscheinlich Juden

Das wußte er nicht. Wahrscheinlich Juden. Denn sie mußten sich nackt ausziehen. Mein Vater rannte zurück, und seine Kameraden hatten schon ein Maschinengewehr in Stellung gebracht, um ihn zu schützen, falls die eigenen Deutschen, das heißt die SS, kommen und ihn einfangen würden.

Ludwig Harig

Ludwig Harig, geboren 1927, geriet als Kind, wie Millionen andere, in den Sog der nationalsozialistischen Erziehungspolitik. Nach dem Kriege wurde er Journalist und Lehrer. Insbesondere durch seine drei autobiographischen Romane zählt Ludwig Harig heute zu den bedeutendsten deutschen Schriftstellern der Gegenwart; er ist Träger des Hölderlin-Preises.

Ich bin 1927 geboren, in einer kleinbürgerlichen Handwerkerfamilie im Saarland. Schon meine Großväter und auch mein Vater waren deutschnationale Männer. Sie haben die Niederlage im Ersten Weltkrieg nicht verkraftet und waren daher bereits für den Nationalsozialismus empfänglich. 1933 kam ich in die Volksschule. Mein Lehrer war ebenfalls ein nationalkonservativer Mann, der im Ersten Weltkrieg gekämpft hat, wie mein Vater. Und auch der Pfarrer, der mich mit 14 Jahren konfirmiert hat, war kein Widerstandskämpfer der evangelischen Kirche, kein Mann der Bekennenden Kirche, sondern ein Deutscher Christ, einer der Gruppe, die damals auch schon auf der Seite von Hitler stand. So wurde ich mit 14 Jahren in ein nationalsozialistisches Internat geschickt, in eine nationalsozialistische Lehrerbildungsanstalt, und dort traf ich, als Jugendlicher bereits vorbereitet, auf die Ideen der Nationalsozialisten, die als „Herrenmenschen" von vorne herein darauf bedacht waren, uns junge Burschen in ihrem Sinne zu erziehen. Und diese ganze Indoktrination war auf die Vernichtung der Juden ausgerichtet.

Der Pfarrer auf der Seite Hitlers

Als vielleicht 15- oder 16jähriger mußte ich ein Referat über F. K. Günthers Rassenkunde des jüdischen Volkes halten. Ich las dieses Buch. Ich war verwirrt, in welcher Weise die Juden beschrieben wurden und daß ich auf einmal alles das, was ich als Kind schon gehört hatte, wiederfand: Mein Onkel hatte an den Giebel der Kirche geschrieben: „Juda verrecke". Meine Tante Erna hatte gesagt: „Heinrich Heine" – also ein Jude – „eines der größten Schweine". Die Lehrer in der Schule sagten: „Juda geht's jetzt bald an den Kragen. Wir werden ihnen das Fell über die Ohren ziehen" . . . In dieser Weise indoktriniert, habe ich das Buch von Professor F. K. Günther gelesen und studiert, und es hat mich mehr und mehr zu der Überzeugung gebracht, als sei alles das, was er in dem Buch sagt, tatsächlich auch die Wahrheit und eine Notwendigkeit. Dieser Rassenwahn wurde mir geradezu so eingepflanzt, daß ich der Auffassung war, wir brauchten diese „Volks-

Antijüdische Hetze

hygiene", wie es damals ausgedrückt wurde. Und ich hielt dann schließlich vor der ganzen Klasse dieses Referat.

Die „Endlösung"

Aber dabei ist es nicht geblieben. Ich war mehr und mehr überzeugt von dieser nationalsozialistischen Auffassung, eine „Endlösung" – dieser Begriff stand auch in F. K. Günthers Rassenkunde – herbeizuführen... Als 15-, 16jährige Schüler fragten wir uns: „Was ist die Endlösung?" Soldaten in einem Reservelazarett bei uns in Itt-

stein, in diesem Ort, in dem die Lehrerbildungsanstalt war, erzählten uns: „Ja, wir haben schon von Verbrennungs- und Verarbeitungsfabriken der Juden, also für die Juden im Osten gehört." Und sie erzählten uns, die Juden würden in diesen Vernichtungsfabriken verarbeitet, ihr ganzer Körper würde verarbeitet. Wir haben diesen Erzählungen der Soldaten natürlich gelauscht. Sie sagten uns, aus dem Haar wird Bindfaden und aus der Haut wird wer weiß was gemacht; und vor allen Dingen, aus dem übrigen Körper wird Schwimmseife hergestellt, also eine Seife, die es damals gab, die leicht war, auf dem Wasser schwamm und einen starken Abrieb hatte. Ich erinnere mich, daß wir nach einem Fußballspiel geduscht haben, und einer hat gesagt: „Jetzt haben wir in einem Aufwasch eine ganze Judenfamilie abgerieben." Und wir lachten und kamen überhaupt nicht auf die Idee, daß wir selbst sterblich wären und daß man eines Tages uns das Fell über die Ohren ziehen würde. So

„Eine ganze Judenfamilie abgerieben"

haben wir die Judenvernichtung begrüßt; so haben wir als Schüler die Judenvernichtung geradezu herbeigesehnt.

Und ich muß mich fragen: Wären wir auch imstande gewesen, es selbst zu tun? Wären wir wirklich imstande gewesen, an der Judenvernichtung selbst teilzunehmen? Und da habe ich auf einmal wirklich meine Zweifel, denn ich erinnere mich einer Geschichte in Frankfurt nach einem Trümmerdienst (wir haben nach den Bombennächten in Frankfurt Aufräumungsarbeiten gemacht). Wir sahen einen alten Juden da stehen – ich erinnere mich, er hatte einen Hut auf, einen schwarzen, eine Steppjacke, und auf der Steppjacke den gelben Stern – und einer von uns sagte zu einem Freund: „Du kannst ruhig hingehen und kannst ihm eine ins Gesicht schlagen, niemand wird dir etwas tun." Aber der Freund rührte sich nicht, und auch keiner von uns hat sich gerührt. Vielleicht ist ein Rest von Gewissen in uns gewesen, das uns vielleicht von der Mutter eingepflanzt worden ist, ich weiß es nicht – aber das ist natürlich keine Gewähr dafür, daß, wenn es uns wirklich befohlen worden wäre, wenn ein Befehl an uns ergangen wäre, es zu tun, wir nicht in der Lage gewesen wären, trotzdem dieses Gewissen in uns abzutöten und die Juden zu ermorden.

Die Judenvernichtung geradezu herbeigesehnt

„Du kannst ihm eine ins Gesicht schlagen"

Dr. h. c. Heinz Ungureit

Dr. Heinz Ungureit, geboren 1931, war Hauptredaktionsleiter „Fernsehspiel" und stellvertretender Programmdirektor beim Zweiten Deutschen Fernsehen. Als Kind erlebte er im Ruhrgebiet die Indoktrinierung der Kinder durch die Nationalsozialisten mit.

Herr Ungureit, Sie waren Hitlerjunge. Haben die Nationalsozialisten die deutsche Jugend zum Morden erzogen?

Ich will ein kleines Beispiel geben, das zeigt, wie man abgerichtet werden kann: Ich war im Jungvolk – Jungvolk waren die Kinder zwischen 10 und 14 Jahren, ab 14 kam man dann in die sogenannte Hitlerjugend. 1942 wurden wir mit einer Gymnasialklasse in die Hohe Tatra verbracht, verschickt – es hieß Kinderlandverschickung. Wir waren Ruhrgebietskinder. Dort fing man schon an zu bombardieren, und nun sollten wir eine Weile, ein halbes Jahr, sozusagen den Schutz dieses besetzten Gebietes genießen. Wir kamen in ein ehemaliges Thermalbad, wo es Schwimmbäder, Sportplätze gab. Unser Klassenlehrer aus Hamm, Westfalen, fuhr mit uns. Er war mit einigen weiteren Lehrern dafür zuständig, morgens den Unterricht zu geben. Nachmittags und auch den Rest des Tages über waren wir in den Händen eines 17–18jährigen Napola-Schülers – Nationalpolitische Erziehungsanstalt – und eines Schülers der Adolf-Hitler-Schulen. Die konnten uns sozusagen in die Kur nehmen, die vormilitärische Ausbildung mit uns Kindern betreiben.

Vormilitärische Ausbildung

Wir waren zwei Jungzüge: ein Jungzug der etwas Älteren, das waren die 12- bis 13jährigen, und wir, die 10- und 11jährigen, waren der zweite Jungzug. Eines Mittags mußten wir nach dem Essen vor dem Gebäude des Thermalbades antreten. Uns wurde befohlen, an einem Hügel Knüppel zu suchen. Dann mußte der ältere Jungzug in den Garten des Thermalbades einrücken. Durch den Garten ging ein kleiner Fluß oder ein Bächlein. In diesem Garten taten sich etwa 25 bis 30 Gänse aus dem nahen Dorf gütlich und suchten da nach ihrem Futter. Natürlich fanden sie hier allerhand, und es hatte den Mann, der das Lager verwaltete, immer geärgert, daß die Gänse in seinem Garten waren. Der ältere Jungzug sollte jetzt dafür sorgen, daß die Gänse getötet würden. Wir Kleineren, auch mit Knüppeln bewaffnet, mußten außen an einem Zaun aufpassen, daß auch ja keine dieser Gänse ent-

Zum Töten erzogen

wischen konnte ... wenn sie rauswollten, mußten wir draufschlagen. Wir hatten das ganz genau gesagt bekommen, und ich erinnere mich noch, wie in der Tat diese 12jährigen Kinder, die in den Garten reingehen mußten, auf diese flatternden, zappelnden, kreischenden Gänse einschlugen, daß es zum Erbarmen war. Dennoch habe ich selber bemerkt, wie so ein richtiger Rausch durch diese Kinder ging – und sie hatten ja auch die Anordnung bekommen, sie durften und sie sollten draufschlagen, also haben sie kräftig draufgeschlagen.

Ein richtiger Rausch

Anschließend warf man die Gänse auf einen kleinen Haufen. Aber es ist ja nun einmal so, daß man Federtiere nicht einfach totschlagen kann. Schon gar nicht diese größeren Gänse – die flattern noch wer weiß wie lange. In dem Haufen sah man die ganze Zeit dieses Flattern der Tiere. Wir haben dann am nächsten Tag und auch noch die folgenden Tage Gänsebraten bekommen. Es war für mich nicht leicht, das zu essen, weil ich immer, auch noch in meinen Träumen – bis heute – diesen furchtbaren flatternden Haufen sehe. Das ist ein Beispiel dafür, wie man Leute – Kinder schon – abrichten kann.

Bei uns zu Hause in Hamm-Bockumhöfel, in einem kleinen Bergarbeiterort, haben wir natürlich auch gesehen, wie Fremdarbeiter, die da auf der Zeche arbeiten mußten, von ihren Bewachern verprügelt wurden, wenn sie durchs Dorf geführt worden sind ... heftigst verprügelt, getreten. Auch das ist mir bis heute als schreckliches Bild in Erinnerung und verfolgt mich. Und ich hab mich immer und immer wieder gefragt: Wie um Gottes Willen ist es möglich, daß Menschen dahin kommen können. Wo immer man einen entsprechenden Anlaß dazu zu finden schien, hat man sie aufgegriffen.

Ich habe natürlich auch wahrgenommen – zu Hause haben wir darüber eher geflüstert –, wie jüdische Geschäfte plötzlich die jüdischen Namen aufgaben und andere Namen erschienen, das heißt, wie Juden aus unserem Dorf, auch aus Hamm, verschwanden, wie in die Geschäfte andere einzogen ...

Daß, und wie sie ermordet wurden, haben Sie nicht gehört?

Wir haben gehört, daß mit den Juden – in Polen, in anderen Gebieten – Schreckliches passiere. Das ging so im Flüsterton herum. Und natürlich haben wir von unseren Jungzug- und Fähnleinführern im Jungvolk ständig antisemitische Geschichten erzählt bekommen. Die Älteren sangen auch schreckliche Lieder, daß das Judenblut vom Messer spritze etc. Das Antisemitische war schon ganz offensichtlich,

und man fühlte sich natürlich – zumal als Kind, aber das ging den Erwachsenen sicher nicht viel anders – in dieser deutschen Gesellschaft auch ein bißchen wie in einer Schutzgemeinschaft. Denn der ganze Zorn richtete sich ja gegen andere, gegen die jüdischen Mitbürger. Sie waren sozusagen zu Parasiten erklärt worden, zu Tieren, Ratten, die man vernichten könne – das Tierbild wurde ja in der antisemitischen Propaganda immer viel benutzt.

Man kann Menschen zu Mördern abrichten

Ich denke schon, daß man das schaffen kann, Menschen auf so etwas abzurichten. Da mag eine Disposition da sein, daß man vielleicht bei den Deutschen durchaus das Antisemitische und dieses Gehorchenwollen... daß man das mitgebracht hat, und dann kann man jemanden abrichten. Goebbels hat zum Beispiel am Abend, nachdem er diese schreckliche Rede „Wollt Ihr den totalen Krieg?" gehalten und gesehen hatte, wie die Menschen vor Begeisterung aufstanden und aufschrien, in sein Tagebuch geschrieben: „Wenn ich ihnen befohlen hätte, vom Dach eines Hochhauses zu springen – sie wären gesprungen." Er hat also genau gemerkt, daß er sie zu Marionetten abgerichtet hatte. Und sie waren bereit, alles für ihn zu tun: ins Feuer zu gehen, Menschen umzubringen...

Die staatliche Lizenz zum Töten

Wenn man die staatliche Lizenz zum Töten bekommt, nehmen sie manche auch ganz gerne an, denn sie sind ja geschützt, sie sind ja in dem großen Schutzraum der nationalsozialistischen Propaganda: dieser sogenannten Volksgemeinschaft, über die so viel geredet wurde. Und in dieser Volksgemeinschaft gab es eben die sogenannten Volksschädlinge... Wenn jemand dazu erklärt wurde – und Juden wurden nun mal grundsätzlich zu den ersten und hauptsächlichen Volksfeinden erklärt – dann sind, sicher nicht alle, Menschen bereit, im Bewußtsein dieses Schutzes auch tatsächlich zu töten und zu morden und Menschen umzubringen.

Niemals werde ich darüber hinwegkommen, an führender Stelle einem Regime gedient zu haben, dessen eigentliche Energie auf die Menschenausrottung gerichtet war.

Albert Speer, Spandauer Tagebücher

Alexander Primavesi

Alexander Primavesi, geboren 1926, war ein begeisterter Hitlerjunge und Nationalsozialist. Nach dem Krieg wurde er Polizeioffizier in der Bundesrepublik.

Herr Primavesi, wie wurde die Jugend während des Dritten Reiches zum Judenhaß und Judenmord erzogen?

Die junge Generation, die Zehn- bis Vierzehnjährigen und die Vierzehn- bis Achtzehnjährigen, wurden grundsätzlich in Zeltlagern zusammengefaßt, in denen zur Schulung Propagandareden gehalten wurden. Diese Reden konzentrierten sich darauf, den Jugendlichen klarzumachen, daß das Weltjudentum und das Großkapital Schuld daran wären, daß Deutschland sich nicht ausweiten könne und daher nicht genügend Rohstoffe habe. Diese Propaganda war sehr systematisch und vor allem gegen die Juden ausgerichtet. In den Rassengesetzen von 1935 wurde ja grundsätzlich alles, was mit dem Judentum zu tun hatte, verurteilt, und die Juden für alles Negative, das in der Welt geschah, verantwortlich gemacht.

Propaganda gegen die Juden

Ihnen wurde beigebracht: Deutschland erwache, Jude verrecke. Das besagte doch eindeutig, daß die Juden sterben müssen.

Das wurde der Jugend aber nicht so direkt beigebracht, es wurde kaschiert. Zum Beispiel der Begriff „Vernichtung von Juden" – der wurde im Raum stehen gelassen. Wie sie vernichtet werden sollten, wurde in einem solchen Vortrag nie gesagt. Das war der Phantasie des einzelnen überlassen. Erst später, durch Lieder wie „Die blauen Dragoner", wo der Schlußsatz lautet: „Krumme Juden ziehen dahin, sie ziehen daher, sie ziehen durch's Rote Meer, die Wellen schlagen zu, die Welt hat Ruh", wurde das erste Mal klar, daß die Welt, oder das Deutsche Reich, erst Ruhe hätte, wenn die Juden vernichtet wären. Wie man sich aber die Vernichtung vorstellte, das ließ man gegenüber den jungen Menschen im Raum stehen.

„Vernichtung der Jugend" wurde kaschiert

Haben Sie selbst auch an dieser antijüdischen Propaganda teilgenommen?

Vortrag gegen die Juden

Nach vier Wochen systematischer Schulung durch diese Propaganda mußten wir dann zeigen, daß wir das, was man uns beigebracht hatte, auch selbständig, auf eine persönliche Art interpretieren können. Und so habe ich mit elf Jahren, 1937, einen Vortrag darüber gehalten und dafür den ersten Preis (es waren Preise ausgesetzt worden) bekommen – einen Freiflug vom Stützpunkt der deutschen Wehrmacht Norderney aus über die Nordsee. Diesen Vortrag habe ich später noch mal bei einem Heimatabend des Jungvolkes wiederholt, habe dort die Dinge noch mal so interpretiert, wie wir sie im Zeltlager gelernt hatten.

Sie haben doch die sogenannte Kristallnacht miterlebt? Was haben Sie gesehen?

Geschäfte durch SA- oder SS-Leute verwüstet

Am Morgen nach der „Reichskristallnacht", die ja vom 9. auf den 10. November war, bekamen wir schulfrei. Klassen anderer Schulen sind mit den Lehrern durch den Ort geführt worden. Ich bin in einer Kleinstadt mit 10 000 Einwohnern groß geworden, darunter waren 160 jüdische Mitbürger. Hier wurden die Geschäfte auch noch am 10. morgens durch die SA- oder SS-Leute verwüstet; Bekleidungsstücke wurden auf die Straße geworfen und die männlichen Juden abgeführt. Sie kamen in sogenannte Arbeits- oder Konzentrationslager, bis sie ihr Vermögen dem Staat überschrieben hatten. Dann wurden sie wieder freigelassen.

Im Innern der Synagoge hat es gebrannt, das habe ich selbst gesehen. Man hatte die Vorhänge, die Betbücher, Thora-Rollen und so weiter auf den Boden geworfen und angesteckt.

Wie viele Leute wurden bei diesem Pogrom getötet?

90 Juden getötet

Die offiziellen Angaben, laut denen 91 Menschen während des Pogroms getötet wurden, berücksichtigen nicht die Zahl derjenigen, die infolge der damaligen Deportationen später in Konzentrationslagern ums Leben kamen.

Nach heutigem Wissen sind dabei 90 jüdische Mitbürger ums Leben gekommen. Die Täter sind damals pro forma von Hitler vor ein Ehrengericht der Partei gestellt worden. Aber sie wurden alle freigesprochen. Die Stadt Lünen hier im Regierungsbezirk Arnsberg hat diese Leute sofort nach dem Krieg angeklagt. Auch andere Orte haben dann bis 1948 die Leute, die sich in der Pogromnacht schwer vergangen haben, verurteilt. Aber die Strafen sind nicht in einer Größenordnung ausgefallen, wie man es hätte erwarten müssen.

Haben Sie Menschen getroffen, die während des Krieges Massenmorde begangen haben?

Nein, dazu war ich während des Krieges noch zu jung. Aber später bin ich mit einigen Leuten zusammengekommen, die durch ihre Tätigkeit im Osten mit Massenmorden zu tun gehabt hatten.

Das waren also Mörder?

Ja. Sie haben sich dann aber alle auf den sogenannten Befehlsnotstand berufen. Aus dem Jahr 1939 gab es einen Erlaß des Innenministers über den sogenannten Schießbefehl, auf den sie sich beziehen konnten. Dementsprechend sind sie nach 1945 von der Gerichtsbarkeit auch freigesprochen worden.

„Befehlsnotstand"

Hellmut Auerbach

Hellmut Auerbach, geboren 1930, war seit der Gründung wissenschaftlicher Mitarbeiter am Institut für Zeitgeschichte in München und betreute lange Jahre als Redakteur die „Vierteljahreshefte für Zeitgeschichte".

Herr Auerbach, wie haben die Nationalsozialisten die Menschen zu Mördern erzogen?

Die Anstifter

Durch eine permanente Eintrichterung der Vorstellung, die Juden seien der größte Feind des deutschen Volkes, die Juden seien der Hauptgegner. Man hat Zeitungen gegründet, die in erster Linie der Judenhetze dienten, wie den „Stürmer", den Julius Streicher, der Gauleiter von Nürnberg, herausgegeben hat.

Für die kleinen Kinder in der Schule gab es auch Bilderbücher. Im Unterricht wurde rassistische Hetze betrieben, also eine sehr einseitige biologische Darstellung geliefert, so daß die Menschen, die gläubigen Nationalsozialisten, zu der Auffassung gelangten, daß das stimmt, was ihre Führung ihnen eintrichterte und daß die Juden als Nichtmenschen zu betrachten seien.

Hellmuth Auerbach zeigte einige Beispiele für diese Hetz-Propaganda:

Die ständige Hetzpropaganda

„**Das Ende Judas.** Die Juden sind unser Unglück" erschien als Überschrift auf der Titelseite des „Stürmers", in einer anderen Ausgabe: **„Warum dieser Krieg?** Im Banne der Juden" oder: **„Jüdischer Mordplan** gegen die nichtjüdische Menschheit aufgedeckt". Die Zeitung „Das Schwarze Korps" drohte: „Juden, was nun? Der letzte Schrei". Auf dem Schaukasten des „Stürmers" stand in großen Lettern: **„Frauen und Mädchen, die Juden sind Euer Verderben."**

Die Abbildung des Judensterns wurde mit folgender Erklärung versehen: **„Wer dieses Zeichen trägt, ist Feind unseres Volkes."** Und der „Stürmer" listete bereits im September 1939 die „wichtigsten Judenstädte in Polen" auf – mit der „Ankündigung": „Das Schicksal Alljudas wird sich erfüllen."

Herr Auerbach, es kursierte das Gerücht, daß die Seife, die während des Krieges erhältlich war, aus dem Fett ermordeter Juden hergestellt worden sei. Sie haben sich viele Jahre eingehend damit beschäftigt, ob diese Behauptung der Wahrheit entspricht. Zu welchem Resultat sind Sie gekommen?

Während des Nürnberger Hauptkriegsverbrecherprozesses 1945/46 behauptete der russische Anklagevertreter unter Vorlage einiger Zeugenaussagen und eines angeblich echten Rezeptes zur Herstellung von Seife aus (menschlichen) Fettresten, im Anatomischen Institut der Medizinischen Akademie in Danzig sei aus Leichen von Konzentrationslager-Häftlingen Seife hergestellt worden. Den Aussagen ist allerdings zu entnehmen, daß es sich um die Leichen von Hingerichteten aus dem Gefängnis handelte, die damals regelmäßig zu Lehrzwecken in der Anatomie benutzt wurden. Der Alliierte Gerichtshof ist weder bei den Verhandlungen noch im Urteil auf die russischen Behauptungen zurückgekommen.

Unsere Nachforschungen des Instituts für Zeitgeschichte im Jahre 1960 ergaben, daß die russischen Behauptungen unbegründet waren. Ein von der Staatsanwaltschaft Flensburg gegen den speziell beschuldigten Professor eingeleitetes Ermittlungsverfahren wurde im Sommer 1948 eingestellt, da alle Anschuldigungen widerlegt werden konnten . . . Die während des Krieges der Einheitsseife eingeprägten Buchstaben RIF oder RJF bedeuteten nicht, wie manchmal behauptet wurde „Reines Judenfett", sondern standen für „Reichsstelle für Industrielle Fette und Waschmittel".

Die „Judenseife" nur eine Legende

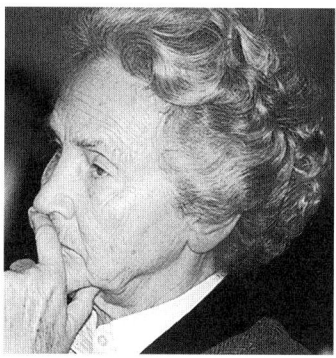

Dr. Marion Gräfin Dönhoff

Dr. Marion Gräfin Dönhoff wurde 1909 in Ostpreußen geboren. Als Journalistin, Kolumnistin und Herausgeberin der Wochenzeitung „Die Zeit" hat sie sich an führender Stelle beim Aufbau eines demokratischen Nachkriegsdeutschlands und bei der Aufarbeitung der nationalsozialistischen Vergangenheit engagiert.

Gräfin Dönhoff, Sie haben 1979 in „Die Zeit" geschrieben: „Gegen die Verfolgung der Juden, die langsam und sukzessiv gesteigert worden ist – erst wurden sie lächerlich gemacht, dann mißhandelt, dann in Lager gesteckt und schließlich zur Vergasung abtransportiert –, wurden keine Proteste laut, weder von den Kirchen noch von den Bürgern, weder im Lande noch draußen." Wie war die Einstellung der Leute des deutschen Widerstandes im Hinblick auf die Judenfrage?

Die Judenverfolgung war das Allerschlimmste

Die Nazis haben viele furchtbare Sachen gemacht, aber die Judenverfolgung war das Allerschlimmste. Sie war das, was jeden, der ein bißchen christliches oder ethisches Gefühl hatte, in die Verzweiflung trieb. Darum ist die Judenfrage auch zum Wendepunkt für ganz viele geworden. Ich erinnere mich zum Beispiel noch gut daran, als mein Vetter Lehndorff von der Ostfront zurückkam. Dort hatte er zum ersten Mal etwas von den Massakern mitbekommen und war von dem Moment an beim Widerstand, weil er gar nicht anders konnte. Und so ist es mit vielen gewesen – mit Yorck, Moltke, Hassell, Trott, Schulenburg. Es ist merkwürdig – bis auf Hassell sind es eigentlich alles preußische Namen. Für Preußen waren Anstand, Verantwortungsgefühl und Pflicht Tugenden – Tugenden, die man gar nicht als solche pflegte, sondern die eine Selbstverständlichkeit im Leben waren. Und darum ist gerade die Judenfrage zu einer Art Brennglas geworden, in dem das ganze Verbrechertum der Nationalsozialisten zusammengezogen war.

Welche Rolle spielte Graf Yorck?

Schon von Anfang an

Im öffentlichen Leben spielte Peter Yorck keine große Rolle, weil er nicht in der Partei war und infolgedessen keine hohen Posten bekommen konnte. Er hatte einen Besitz in Schlesien und arbeitete selber in Berlin. Er war sehr eng mit Moltke zusammen, sie waren der eigentliche Kern der Widerstandsgruppe, die dann als Kreisauer Kreis bezeichnet wurde. Auch für ihn war die Judenfrage etwas ganz Unfaßbares. Man muß sich vorstellen, daß dieses mit dem schrecklichen Namen „Kristallnacht" bedachte Pogrom ja schon 1938 gewesen ist. Und dies war das Moment, aus dem heraus diese Leute handelten – nicht erst, als sie erlebten, was wirklich in Polen passierte, sondern schon von Anfang an.

Woher kam das Engagement von Graf Yorck?

Er kam aus einer Familie, in der man außerordentlich humanistisch geschult, gebildet und ethisch sehr differenziert erzogen war. Zu Hause lasen sie Platon im Urtext mit verteilten Rollen; der Vater kannte Hunderte von Goethe-Gedichten auswendig, die er den Kindern abends am Bett vortrug – sie waren in einer Welt aufgewachsen, die so fern von dem Verbrechertum dieser Kerle, der Nazis war, daß das vom ersten Moment an aneinandergestoßen ist. Ich glaube, es waren sein und mein Großvater, die gemeinsam für die Einbürgerung der Juden in Deutschland gesorgt hatten, die ja bis dato im Ghetto ohne Staatsbürgerschaft hier lebten. Antisemitismus war also ebenfalls etwas, das man verabscheute. In dieser Welt aufgewachsen und dann mit dieser Hitlerei und mit den Nazis konfrontiert zu sein . . . es war klar, daß man da empört war und auch sein Leben einsetzte.

Für die Einbürgerung der Juden eingesetzt

Graf Yorck hat vor der Gestapo ausgesagt, daß es die Judenpolitik der Nazis war, die ihn in den Widerstand getrieben und zum Tyrannenmord bereit gemacht hat.

Ja. Ich habe mal ein Porträt über ihn geschrieben, in dem ich von den ersten Hin und Her mit Freisler, dem Obersten Richter am Volksgerichtshof, der „hitlerischer" als Hitler selbst war, berichte, bei dem Prozeß nach dem Attentat auf Hitler am 20. Juli 1944. Diese Verhandlung war sehr typisch für den Volksgerichtshof: An einem bestimmten Punkt wurde ein Strafgesetzbuch gebraucht. Man hat daraufhin im ganzen Hause gesucht, aber keines gefunden, weil man es ja gar nicht benötigte. Die hatten ja ihr eigenes Recht, die brauchten keine Paragraphen.

Graf Yorck mit dem Judenmord „nicht einverstanden"

Peter Yorck war einer der ersten, die im Volksgerichtshof auftreten mußten. Yorck sagte damals – das sind jetzt Zitate aus dem Gerichtsprotokoll: „Herr Präsident, ich habe bereits bei meiner Vernehmung angegeben, daß ich mit der Entwicklung, die die nationalsozialistische Weltanschauung genommen hat . . ." Freisler unterbricht ihn – Zitat. „ . . . nicht einverstanden war. Sie haben, um es konkret zu sagen, erklärt, in der Judenfrage passe Ihnen die Judenausrottung nicht. Die nationalsozialistische Auffassung vom Recht hätte Ihnen nicht gepaßt . . . Nun sagen Sie einmal, wo hat denn der Nationalsozialismus die sittliche Verpflichtung eines Deutschen ausgeschaltet?" Er habe von so etwas nie etwas gehört.

Als das Hauptmotiv für seine Beteiligung am Attentat nannte Yorck im Verlauf der Verhandlung die Morde in Polen. Diese für ihn und einige der anderen Oppositionellen typische Einstellung stammte nicht etwa aus der Zeit, als allen klar wurde, daß der Krieg verloren war,

Der Stürmer

Deutsches Wochenblatt zum Kampfe um die Wahrheit
HERAUSGEBER: JULIUS STREICHER

| Nummer 52 | Nürnberg, im Dezember 1939 | 18. Jahr 1939 |

Das Ende Judas

Warnrufe aus Amerika

Der Weltjude hat England und Frankreich gegen Deutschland in den Krieg gehetzt. Der Jude weiß aber, daß diese beiden Länder allein nicht die Kraft haben, Deutschland zu vernichten. Aus diesem Grunde sucht er nun die ganze Welt aufzupulschen. Eine besonders üble Hetze betreibt das Judentum in den Vereinigten Staaten von Nordamerika. Obwohl dieses Land stark verjudet ist, gibt es aber auch dort Männer, die die jüdischen Hetzmanöver durchschaut haben.

Der amerikanische Schriftsteller und Journalist Robert E. Edmondson veröffentlicht verschiedene Aufrufe, in denen er sich an seine amerikanischen Mitbürger wendet und sie auffordert, keinesfalls ihre neutrale Haltung aufzugeben. In einem dieser Aufsätze, die in Hunderttausenden von Exemplaren als Flugschriften in ganz Nordamerika verbreitet werden, heißt es:

„Haltet Euch von dem selbstmörderischen Kriege fern! Verhütet, daß Amerika ein zweites Mal in einen von Juden inszenierten europäischen Krieg hineingejagt wird. Dies kann nur erreicht werden, wenn die Vereinigten Staaten ihre Neutralität bewahren."

Aus dem Inhalt

Die Kriegsmacher
Und der Jud reibt sich die Hände
Jüdische Generale im französischen Heer
Judenknecht Eden
Sonderbericht des Stürmers:
In Galizien
Kurznachrichten aus dem Reich

Sturmjahr

Nach jedem Sturm folgt Sonnenschein,
Er mög' uns dies Jahr noch erfreu'n.

Was heut die Welt im Haß entzweit,
Soll untergehn in Ewigkeit.

Die Juden sind unser Unglück!

Bereits zu Beginn des Krieges wurde der Judenmord angekündigt

sondern sie hatte sich schon gefestigt, als noch tagtäglich Sondermeldungen über deutsche Siege in Polen über den Rundfunk kamen.

Graf von Moltke hat schon ziemlich früh, zu Beginn des Krieges, eine große Rolle gespielt und gegen die Verfolgung der Juden gekämpft. Gibt es Belege dafür?

Ja, er hat in der Völkerrechtsabteilung des sogenannten Sicherheitsamtes gearbeitet und hat insofern auch dienstlich mit diesen Dingen zu tun gehabt. Es gibt jede Menge Belege dafür. Zwei kurze Beispiele: Er schrieb immer an seine Frau, fast jeden Tag. Es existieren, glaube ich, 4 000 Briefe, in denen er mit unglaublicher Offenheit beschreibt, was so passiert – man muß bedenken, daß so etwas damals wirklich lebensgefährlich war. Am 10. November 1941 schreibt er: „Ich bereite mich auf einen großen Kampf in der Judensache vor und habe heute Bundesgenossen gesucht. Die ganze Woche wird wohl unter diesem Stern stehen." Und dann am nächsten Tag schreibt er: „Der Tag war mühsam. Im Kampf gegen die neueste Judenverordnung habe ich immerhin erreicht, daß die drei wichtigsten Generäle des Oberkommandos der Wehrmacht dem vierten geschrieben haben, um ihm zu sagen, daß er sofort die von ihm gegebene Zustimmung zurückziehen muß." Dabei handelte es sich um die Zustimmung zur sogenannten Endlösung. Danach wird erst der eigentliche Kampf losgehen, sagt Moltke. „Wäre es nicht großartig, wegen einer solchen Sache aus diesem Verein herausgeworfen zu werden?" – also aus der Wehrmacht.

„Ein großer Kampf in der Judensache"

Die Zustimmung zum Judenmord

Ulrich von Hassell hat bereits zu Beginn des Polenfeldzuges über die Ermordung von Juden gesprochen.

Ja. Von Hassell, der damals Botschafter war, hat ständig Tagebuch geführt, was ebenfalls lebensgefährlich war. Und am 22. Oktober 1939, also einige Wochen nach Beginn des Krieges, schreibt er – Zitat – „von den grauenhaften Bestialitäten der SS gegen die Juden in Polen". Und am 15. Mai 1943, als die Vergasungen tatsächlich begonnen hatten, schreibt er: „Unzählige Juden werden in besonders dazu gebauten Hallen vergast, jedenfalls Hunderttausende." Das ganze Ausmaß kannte er damals noch nicht, da fing es ja gerade erst an.

„Grauenhafte Bestialitäten der SS"

Der Mord an den Juden begann also nicht 1942/1943, sondern bereits zu Beginn des Krieges.

Ja, nur handelte es sich noch nicht um die systematische Vergasung.

Es waren Erschießungen ...

Ja, sie haben die Menschen erschossen. Das wirklich Unvorstellbare ist ja, daß sie später nicht in heißer Emotion Leute erschossen, sondern

Nicht in heißer Emotion ...

daß sie große Bauten errichteten, Gas erfanden und Züge richtig nach Fahrplänen fahren ließen, um die Vernichtung durchzuführen. Da ist alles nun wirklich im großen Stil, fast wissenschaftlich-technisch, geplant gewesen.

Wir stehen am Ende des 20. Jahrhunderts. Welche Bilanz kann man aus der Verfolgung der Juden für Deutschland ziehen?

Die Schande ist nicht wegzuwischen

Ich würde sagen, daß sich die meisten Deutschen bewußt sind, daß diese Schande gar nicht wegzuwischen ist. Man merkt es unter anderem daran, daß sie sehr vorsichtig, vielleicht in gewisser Weise sogar übervorsichtig sind, Kritik an Dingen, die – sagen wir mal – in Israel geschehen, zu üben. Keine Zeitung würde schreiben: Das und das ist da passiert, das ist doch unglaublich. Denn sie wissen, wenn man einmal so viel Schuld auf sich geladen hat, dann hat man das Recht verloren, über andere zu urteilen.

In Deutschland haben wir die Elite verloren

Wenn Sie nach einer Bilanz fragen, dann würde ich sagen: In Deutschland haben wir damals wirklich die Elite der Künstler, der Wissenschaftler, der Rechtsgelehrten verloren. Die sind emigriert, sind nicht wiedergekommen und haben meiner Meinung nach ganz Amerika verändert. Ich bin ja so alt, daß ich Amerika noch vor der Hitlerzeit gekannt habe. Damals war Amerika eher undifferenziert, ganz ungeistig.

Wenn ich heute ein wirklich schwieriges Problem in meinen politischen Betrachtungen habe, dann denke ich häufig: Da müßte ich jetzt mal mit Herrn X in Harvard sprechen, oder ich rufe mal Sowieso in Princeton oder Columbia an, Fritz Stern oder sonst jemanden. Als ich als ganz junger Mensch zum ersten Mal nach Amerika kam, oder auch, wenn Amerikaner nach Europa kamen, erschienen sie uns ein bißchen komisch. Sie hatten furchtbar grelle Schlipse – das trug man damals bei uns nicht – und sie sprachen furchtbar laut. Man hat sich darüber ein bißchen lustig gemacht. Jetzt ist es umgekehrt; jetzt wende ich mich, wie gesagt, wenn ich geistigen Rat suche, an Leute in Amerika. Europa ist ein bißchen Provinz geworden.

Europa ist ein bißchen Provinz geworden

Und Deutschland?

Es ist einfach nicht wieder gutzumachen

Allein, wenn ich an das Theater denke, an Max Reinhardt... Das habe ich als ganz junger Mensch alles noch erlebt, ich habe die ja auch alle gekannt in Berlin. So etwas hat es nie wieder gegeben. Es ist einfach nicht wieder gutzumachen.

Wolfgang Schöler

Wolfgang Schöler, geboren 1921, war während des Krieges Oberleutnant und Kompaniechef. Nach der Niederlage bei Stalingrad kam er in sowjetische Kriegsgefangenschaft. Später wurde er Oberstleutnant in der Bundeswehr.

Herr Schöler, haben Sie als Oberleutnant während des Krieges Mißhandlungen von Juden gesehen?

Nur einmal, am Ende des Krieges, habe ich es persönlich erlebt. Und zwar war das 1944 in den Karpaten, als wir dort bei der Ersten Ungarischen Gebirgsarmee waren. Wir mußten als Eisenbahn-Pioniere eine Brücke wieder instand setzen. Die einzige Unterstützung, die ich von der ungarischen Gebirgsarmee bekam, war eine Arbeitskompanie ungarischer Juden.

Zwangsarbeit

Waren sie uniformiert?

Nein, sie waren nicht uniformiert, sondern so, wie man sie von zu Hause weggeholt hatte – in Zivilkleidung, die natürlich durch die schwere Arbeit, oder die Arbeit, die sie verrichten mußten, sehr, sehr in Mitleidenschaft gezogen war. Es waren alle Berufe darunter, Rechtsanwälte, Ärzte, Lehrer, Handwerker. Unter anderem entsinne ich mich auch des Sekretärs der jüdischen Gemeinde in Ungvar oder Munkatsch, wo, kann ich nicht genau sagen.

Was für Arbeiten mußten diese Leute machen?

Wir hatten sie für Hilfsarbeiten für den Brückenbau bekommen, für den Materialtransport, Erdarbeiten – also eben unterstützende Arbeiten, um unsere Soldaten für die Tätigkeit im Brückenbau freizuhalten.

Wie haben die Ungarn die Juden behandelt?

Die Ungarn, die bei mir waren, haben sich ja nach uns gerichtet. Ich hatte verboten, die Juden zu schlagen oder zu treten.

Ich hatte verboten, die Juden zu schlagen

Haben Sie solche Szenen gesehen?

Bösartige Menschenschinderei

Ich habe bei den Ungarn, die selbst auch Juden eingesetzt hatten zum Stellungsbau, einmal eine Sache erlebt, die mir sehr an die Nieren ging. Soldaten meiner Kompanie haben mir gemeldet oder erzählt, daß ein ungarischer Leutnant, der mit einer Gruppe Juden eine Panzersperre bauen mußte, seine Juden immer Kobolz schießen ließ. Und zwar war eine Panzersperre aus großen Balken errichtet worden, hinter die große Felsbrocken geschmissen werden mußten. Die Brocken holte man aus dem Fluß, dem Pruth, heraus. Die Juden mußten diese Felsstücke etwa 250 – 300 Meter weit einen langsam ansteigenden Weg hochrollen. Den Rückweg mußten sie kobolzen oder Purzelbaum schlagen. Als ich das sah, bin ich auf diesen ungarischen Leutnant

Ungarische Gendarmen deportieren

zugegangen und habe gesagt: „Herr Kamerad, ich werde Sie wegen Sabotage melden. Denn wenn Sie diese Juden arbeitsunfähig machen oder so malträtieren, daß sie nicht arbeiten können, dann behindern Sie die schnelle Fertigstellung der Panzersperre." Daraufhin sah mich der Leutnant bloß an und sagte: „Das sagen Sie mir als Deutscher?" Hinterher habe ich dann beobachtet und auch von meinen Soldaten gehört, daß er es nach meiner Intervention hat sein lassen.

Sie waren in russischer Kriegsgefangenschaft. Sind Sie dort Juden begegnet?

Juden und deutsche Kriegsgefangene

Ich bin öfter Juden begegnet. Am Anfang der Gefangenschaft – im Gefangenenlager in der Tschechoslowakei –, als wir einen jüdischen Intendanten hatten, der sich sehr für uns deutsche Kriegsgefangene einsetzte, indem er für einigermaßen gutes Essen sorgte; und dann später auch in der Gefangenschaft in Rußland in Aserbaidschan, da habe ich jüdische Ärzte und Ärztinnen erlebt, die sehr gut zu uns waren, die sich bemühten, daß die durchaus guten Vorschriften auch möglichst eingehalten wurden. Wenn sie auch sehr oft nicht das erreichten, was sie erreichen wollten.

Wie haben sich die Ärzte gegenüber den Gefangenen benommen?

Sehr korrekt. Ich war auch selbst lange im Lazarett. Als ich das erste Mal erkrankte – ich lag auf Leben und Tod mit Dystrophie, Wasser (Ödem) – kam der jüdische Arzt öfter an mein Bett und sah nach mir. Und als ich dann wieder etwas hergestellt war, behielt er mich im Krankenrevier in seiner Krankenbaracke als Hilfe, nachdem er erfahren hatte, daß mein Vater selbst Arzt war. Ich muß sagen, gerade dieser Arzt ist mir sehr in Erinnerung geblieben. Er war Jude und stammte aus Charkow. Das Erschütterndste für mich war, als er mir erzählte, daß man im Krieg seine Frau und seine beiden Kinder und seine Mutter in Charkow erschossen hatte. Und zwar hatte das nach seinen Worten die SS gemacht. Es war für mich irgendwie erstaunlich, daß er sich so benahm, vor allen Dingen gegenüber SS-Leuten, die wir auch unter uns Gefangenen hatten. Jedesmal, wenn so ein kranker SS-Mann kam, sagte er: „Ich schreibe dich krank, ich befreie dich zwei Tage von der Arbeit und erlaube dir, daß du dich in der Baracke ausruhst, weil ihr SS-Leute meine Frau, meine Kinder und meine Mutter erschossen habt."

Der jüdische Arzt sah nach mir

Das war doch eine Wohltat.

Ja, sicher. Zwei Tage arbeitsfrei war für jeden Gefangenen eine Wohltat. Und ich muß noch hinzufügen: Wir waren in einem abseits gelegenen Lager, und einmal fehlte Medizin, die nur ein paar Kilometer weiter auf der anderen Seite der Kura erhältlich war. Da rannte er nachts los über den Fluß und holte für einen Kriegsgefangenen selbst die Medizin, weil kein anderer gehen durfte.

Er rannte nachts los und holte Medizin

Was für eine Entfernung war das?

Das waren so etwa sechs bis sieben Kilometer, auf der anderen Seite der Kura. Das Hauptlager mit dem Hospital lag auf der einen Seite, auf der ostwärtigen Seite, und unser Lager, ein Unterlager, war auf der anderen Seite der Kura, auf der Westseite.

Herr Schöler, erinnern Sie sich an das November-Pogrom 1938?

Ja, ich erinnere mich sehr gut daran – als ob es gestern geschehen sei. Ich war damals siebzehn Jahre alt. Wir hörten in der Nacht einen ungeheuren Lärm. Wir wohnten in der Nähe der Synagoge und stürzten an

SA-Leute mit Gebet-schals verkleidet die Fenster und sahen auf der Straße eine Horde von SA-Leuten vorbeiziehen, die sich mit Gebetschals verkleidet hatten. Sie hatten sie sich umgehängt. Einige hatten die Thora-Rollen im Arm und alle hatten ein Jammergeschrei angestimmt. Es war eine Szene, die eine unheimliche Wirkung auf mich hatte. Es war irgendwie unreal. Am nächsten Tag erlebte ich auch das Abbrennen der Synagoge, das Verbrennen. Erst kam die Polizei und die Feuerwehr, und dann stürmten SA-Leute in die Synagoge, gossen dort wahrscheinlich Benzin in das eichene Gestühl und steckten das Gebäude an.

Dr. Helmut Frank

Dr. Helmut Frank, geboren 1923, geriet als Soldat 1944 in sowjetische Gefangenschaft. Nach dem Krieg baute er ein Unternehmen auf und wurde Generaldirektor einer Papierfabrik.

Herr Dr. Frank, wann und wo sind Sie in russische Gefangenschaft geraten?

Unser „geliebter Führer" hatte mich sehr früh nach Rußland geholt, mit 18 Jahren bin ich eingerückt und eineinhalb Jahre später, Ende August 1944, in Bessarabien, in der Nähe von Kischinjow in Rumänien, in Gefangenschaft gekommen. Nun hatte ich das Pech gehabt, einige Tage vorher noch ein paar Granatsplitter in den Unterschenkel zu bekommen. Das war zuerst nicht allzu schlimm. Da wir aber sehr lange Zeit im Staub und in riesigen Marschkolonnen als Gefangene gen Osten marschieren mußten, hat sich der Staub in die Wunde gesetzt, so daß sie immer dicker wurde. Das war zugleich aber auch mein Glück, denn mein Bein schwoll so stark an, daß man mir die Schuhe nicht mehr ausziehen konnte.

Nach etwa drei, vier Wochen bekam ich dann aber doch erhebliches Fieber und wurde in ein Lazarett eingeliefert. Das Fieber stieg immer höher, und ich war langsam in einem Zustand, in dem ich nicht einmal mehr mitbekam, daß die Wunde wahnsinnig schmerzte. Eins nahm ich aber trotz verminderter Zurechnungsfähigkeit wahr: daß eine Reihe von Ärzten um mein Bett einen großen Bogen machten, weil sie sich offenbar sagten, daß mir sowieso nicht mehr zu helfen sei.

So lag ich dann da, bis eines Tages eine gutaussehende junge Ärztin – entgegen dem Verhalten der anderen – an mein Bett kam und fragte: „Wie geht es dir?" Auf Deutsch. Das allein war schon etwas ganz Besonderes. Und dann bemerkte ich, daß sie mit einem Akzent sprach, der mich ein bißchen an das Jiddische erinnerte, das ich aus Wien kannte, weil wir Bekannte hatten, die auch etwas Jiddisch sprachen. Diese Frau sah sich meinen Schenkel an und gab mir fünf Minuten später sofort zwei Spritzen. Spritzen waren in der Zeit fast noch schwerer zu bekommen als irgend etwas anderes. Auch das war also schon ein kleines Wunder. Das habe ich trotz meines Zustands mitbekommen. Und diese Ärztin blieb vierundzwanzig Stunden lang fast unun-

Die Wunde hat wahnsinnig geschmerzt

24 Stunden fast ununterbrochen am Bett

terbrochen an meinem Bett. Ich weiß nicht, wie viele Spritzen sie mir noch gegeben hat, aber es waren unendlich viele. Ich bekam auch etwas zu trinken und irgendwelche Pillen und Umschläge um das Bein.

Nach diesen vierundzwanzig Stunden spürte ich wieder Geist in meinem Hirn und habe auch etwas von meiner Umgebung mitbekommen. Und dann fing ich natürlich mit meiner Lebensretterin, meiner kleinen schönen Lebensretterin noch dazu, Gespräche an. Sie kam acht, vielleicht auch vierzehn Tage lang immer wieder zu mir. Es stellte sich heraus, daß sie eine Jüdin war, was ich ja schon aufgrund ihres Akzents gedacht hatte; daß sie in Heidelberg studiert hatte und die Stadt nach wie vor in ihrem Herzen trug und daß sie mehr war als nur eine Ärztin, sondern auch ein Mensch, der den Arztberuf eben auch noch als Berufung aufgefaßt hat. Sonst hätte sie mir, der ich ja offenbar schon aufgegeben war, nicht beigestanden.

In Heidelberg studiert

Sie hat Ihnen das Leben gerettet.

Sie hat mein Leben gerettet, daran zweifle ich nicht. Aber leider – Gefangenenschicksal – wurde ich nach vierzehn Tagen, drei Wochen rausgeschmissen, das heißt, ich kam wieder in ein Gefangenenlager, in ein Durchgangslager. Und so habe ich diese junge Ärztin, die Leutnant oder Oberleutnant oder sonst was bei der russischen Armee war, aus dem Blick verloren. Und das hat mir wirklich leid getan, weil ich ihr nach dem Krieg, nach Heimkehr und nach Normalisierung des Lebens wahnsinnig gerne gesagt hätte: „Liebes Kind, ich danke Ihnen ganz, ganz herzlich." Wenn man das in einem solchen Fall überhaupt mit bloßen Worten sagen kann: Danke. Denn sie hat mir das Leben gerettet, in einer mehr oder minder zugigen Baracke, in elenden Verhältnissen, auf eine Pritsche gebettet. Im Rückblick erscheint sie mir wie ein Engel, der daherkam und sich sagte: Den Burschen hole ich mir wieder zurück.

Sie hat mir das Leben gerettet

Ursula Pfennig

Ursula Pfennig ist die Witwe des deutschen Offiziers Heinz Pfennig, der Oberleutnant in der Wehrmacht war und bei Stalingrad in sowjetische Gefangenschaft geriet. 1956 kehrte er zurück und wurde Oberstleutnant in der Bundeswehr.

Frau Pfennig, Ihr Mann ist zur selben Zeit wie Generalfeldmarschall Paulus in Stalingrad in russische Gefangenschaft geraten. Er war verletzt, nicht wahr?

Ja. Er hatte Erfrierungen an beiden Händen und an beiden Füßen.

Erfrierungen an Händen und Füßen

Wurde er behandelt?

Ja, er ist in einem russischen Lazarett operiert worden.

Wie ist die Operation verlaufen?

Mein Mann wog damals 80 Pfund, und der Arzt hatte ihm gesagt, er könne ihm keine Narkose geben, die würde er nicht überleben. Örtliche Betäubungsmittel standen nicht zur Verfügung, und dann hat der Arzt so operiert, am lebendigen Leibe, wie wir hier so sagen. Mein Mann wurde auf einen Tisch gelegt, vier Schwestern standen rundum und hielten ihn mit einem Leinentuch stramm fest, damit er sich nicht bewegen konnte. Eine halbe Stunde lang hat er die Operation verfolgen können, dann ist er ohnmächtig geworden. Der Arzt hat mit einem Schällöffel und mit einem Haken die Gelenke herausgerissen und dann die Hautlappen wieder drübergelegt. Damit war die Operation zu Ende. Dann wurde ein Verband gemacht.

Ohne Betäubungsmittel operiert

Die Operation ist gelungen?

Die Operation ist gut gelungen. Man hätte sonst vielleicht amputieren müssen. Aber es ist so gut gemacht worden, daß mein Mann sehr zufrieden damit sein konnte.

Wer hat die Operation durchgeführt?

Es war ein russischer Arzt in der Armee, der sehr gut Deutsch sprach. Er hat meinem Mann die Operation auch im nachhinein erklärt, und als mein Mann ihn dann fragte, woher er so gut Deutsch spräche, sagte er, er sei Jude. Er habe seine Familie in Deutschland verloren. Aber er hat getreu dem hippokratischen Eid gehandelt. Er hätte ihn ja auch verrecken lassen können. Brand wäre die Folge gewesen, und dann wäre er nicht nach Hause gekommen.

Seine Familie in Deutschland verloren

Mein Mann hat ihn bewundert und gesagt, er sei ein hervorragender Mensch. Menschlich sei er gewesen. Mein Mann war ja immerhin Kriegsgefangener und ein Häufchen Elend. Was kann man da weiter sagen.

Ist er mit ihm in Verbindung geblieben?

Nein. Mein Mann ist keine vierzehn Tage später in ein anderes Lager verlegt worden. Und er kannte ja auch den Namen nicht.

„Die Geschichte wird schon zu ihrer Zeit aufstehen und reden. Und wenn sie geredet hat, so kommt alles vorhergegangene Geschwätz nicht mehr in Betracht."

Friedrich Gottlieb Klopstock
(1724–1803)

Hilflose Menschlichkeit und der Judenmord – zur Einmaligkeit des Werkes

In dieses schwarze Loch allen Gesellschaftlichen zu schauen deprimiert sehr. Der Film ist eine außerordentliche Darstellung, die vielen Menschen die Gelegenheit geben wird, deutlicher als bisher das Ungeheuerliche an Stellen zu begreifen oder doch zu ahnen. Und zugleich die Lähmung zu sehen, wie sie eine ganze Gesellschaft erfaßte und erfassen kann.

Obwohl wir die Abläufe des Massenmords aus Rassenwahn im Prinzip kennen, gelangt man mit diesem Film an vielen Stellen weiter in eine Anschauung hinein als sonst in Dokumentationen. Weil der Autor Schriftsteller ist, hat er eine ganz besondere Auswahl unter den deutschen und österreichischen Zeitzeugen getroffen. Es erinnern sich vor allem Menschen, die nein gesagt und sich dem Mitmachen verweigert haben. Es ist eine gute Entscheidung, sie diese Geschichte darstellen zu lassen, die ja auch ihre eigene ist.

Und die Interviews und die Ausschnitte, die ausgewählt wurden, ergeben kleine Erzählungen, die auch literarisch zu nennen sind. Sie nehmen den Zuschauer und Zuhörer besonders tief in die Situationen mit hinein, die erzählt werden. Wie zum Beispiel der deutsche Fabrikdirektor Ludwig Wolf, der in der Todesstadt Warschauer Ghetto arbeitete. Oder der Offizier, der militärisch analysiert, was er, mit welchen Folgen, hätte machen können, um die grauenvolle Massenerschießung von unschuldigen Zivilisten, vor der er steht, zu stoppen. Und die Einsicht seines Chefs in den Verlust der militärischen Ehre. Beispiel für eine ganze Gesellschaft, die ihre Ehre verloren hat. Unbekannte Geschichten wie die von dem Gas-Tunnel oder den Nackttransporten in Frankreich und andere zeigen die damals überall präsente Ausrottungswut, der niemand sich entgegenstellt. Es sei denn ausnahmsweise und mit dem Vorwand, daß einer der Mörder die Wehrkraft zersetzt, wie bei den schrecklichen „Purzelbäumen" im Steinbruch.

Es ist die besondere Qualität des Films, daß Michel Alexandre in der ganzen Zeit seiner Arbeit das Forschen nach der Menschlichkeit niemals aufgegeben hat. Die erschütternde Hilflosigkeit dieser Zeugen gegenüber dem, was sie erlebten, macht die Einmaligkeit dieses Werkes aus. Zu den Leuten, die bereitwillige Helfer des Massenmords waren oder die sogar als Exzeß-Täter das Mordgeschäft mit ihrem persönlichen Sadismus angereichert haben, kamen massenhaft Menschen, die weggesehen haben. Alexandre hat nach den wenigen gesucht und hat sie aufgefunden, die zumindest sich entschieden geweigert haben, mitzumachen. Ob nun der einfache Soldat beim Erschießen oder der Arzt im KZ, der es auch in dieser Hölle Auschwitz ablehnt, an der Selektion für die unmittelbare Ermordung teilzunehmen. Was für eine Schande für all die Kollegen mit kultureller Universitätserziehung, die entweder mitgemacht haben oder sich dazu haben drängen lassen.

Unter Druck haben die „normalen" Deutschen sich also schuldig gemacht.

Mit der Auswahl von Zeugen, die Menschen geblieben sind, so sehr sie auch damals gelähmt waren angesichts des Ungeheuerlichen und der siegreichen kriminellen Energie, hat dieses Werk viel dafür getan, daß überhaupt mit dieser Geschichte umgegangen werden kann. Vor allem die Deutschen und Österreicher müssen das ja können. Von dieser so hilflosen menschlichen Position aus wird der Abgrund der (niemals zu bewältigenden) millionenfachen Mordverläufe um so deutlicher.

Egon Netenjakob,
Film- und Fernsehkritiker,
Autor u. a. des TV-Filmlexikons

Die Zeugen und ihre Themen

Peter von Meissner   9–14

- Der SA-Mann stellt ein Bein
- Er blutete am Kopf
- Schlafmittel im Wein
- Kein Fluchtweg mehr
- Ein böser Scherz
- Sie haben ihn weggeschafft
- Konzentrationslager Mauthausen
- Drei verdeckte Lastwagen
- Mit bloßen Händen
- „Da gehen wir nicht drüber"
- „6 000 liegen da unten"
- „Ich will euch mal was zeigen"

Heinrich Setzler   15–16

- Blutiger Karneval in Baden-Baden
- Rechtsanwalt übel zusammengeschlagen
- Gezwungen, Schweinefleisch zu essen

Dr. Klaus Rössler   17–18

- Die Synagoge brannte
- Ein Frevel
- Eisernes Kreuz 1. und 2. Klasse
- Ich konnte gar nicht begreifen
- Kinder verschwunden

Mieke Monjau   19–30

- Für die Gestapo phantastisch
- Heimlich die Polizei angerufen
- „Der Monjau ist verhaftet"
- Berufsverbot
- Keine Rede vom Jüdisch-sein
- „Nicht-arisch versippt"
- Ein Künstler kehrt Straßen
- Juden reinigen die Deportationszüge
- Waggons voll Blut und Kot
- Die Mutter zum Lastwagen bringen
- Zwei alte Frauen nehmen Zyankali

- Vollkommen blutig geschlagen
- Wir haben wieder nicht aufgemacht
- Sie tobten und schlugen
- „Du arische Sau!"
- „Ich gehöre nicht dazu."
- Zugeschoben und verrammelt
- Eine Deutsche fährt nach Auschwitz
- Der SS-Mann und die Diamanten
- Ausgemergelte Figuren
- Deutsche Firmen in Auschwitz
- Deutsche Angestellte in Auschwitz
- Tanzende Hoffräulein und Ritter
- Verfolgungen ausgeweitet
- Die Nachbarin informiert die Gestapo
- Mit der Gestapo zum Versteck
- „Für so einen Juden?"
- Die allerhöchsten Gestapo-Stellen
- Die Verbrennungsöfen gesehen

Wolfgang Dorschel   31–32

- Konzentrationslager Buchenwald
- Zum Schweigen verpflichtet
- 40 Juden vor einem Sandwagen
- Die SS schlägt mit Stöcken zu

Hubert Pfoch   33–36

- Schlagen, Stoßen, Schießen, Schreien
- Treblinka von innen anschauen
- Mutter und Kind mit einem Schuß
- Wie Mehlsäcke auf das Auto
- Die Kolben gebrochen
- Penetranter Leichengeruch

Walter Bargatzky   37–40

- Massenmord in Babi-Jar
- Ganz neue Methoden
- Heydrichs Exklusiv-Vortrag über die Vergasungen
- Sonderaktion in Frankreich
- „Nackttransporte"
- Die Nackttransporte sind im Gange

Ludwig Wolf   41–49

- „Im Osten liegen die Millionen auf der Straße."
- „Eigentum" der SS
- Von Essen gar keine Rede
- Wenigstens eine Suppe
- Lebensverlängerung
- „Hau ab, Du Saumensch."
- Todesangst in den Augen
- Deutschland, ein gesegnetes Land
- Kind geschlagen, den Vater erschossen
- Kleines Vergehen mit dem Tode bestraft
- „Kommt alle an den Bahnhof."
- Jüdische Polizisten mit Peitschen
- An die Wand geschlagen, daß das Gehirn herausspritzte
- Auf der Suche nach Zyankali
- Den Teutonen raushängen lassen
- Man mußte vorsichtig sein
- Diese fürchterliche Unmenschlichkeit
- Der Junge mit den Schmeißfliegen im Gesicht
- Was kann ich dafür, daß ich nicht als Jude geboren bin?

Hans Siekmann   50–56

- Mit Stacheldraht und Bretterzäunen
- Alle 2–3 Wochen im Ghetto
- Die Juden haben gut gearbeitet
- Abgemagert, heruntergekommen
- Brutalitäten gesehen
- Um Essen und Trinken gebettelt
- Ein Paar Schuhe gegen Kartoffeln
- Menschenschinderei
- Eine systematische Aktion
- Juden auf dem Weg zum Vernichtungslager

Dr. Walter Soswinski   57–60

- Prominententransport aus Wien
- Schläge
- Distrikt Lublin „judenrein" geschossen
- Die Leichen angezündet
- Schließlich haben die Juden ja Christus umgebracht
- „Wo sind meine Frau und meine Kinder?"
- Das „Fallschirmspringen" in Mauthausen
- Der Opernsänger wird heruntergestoßen

Dr. Dr. Klaus Hornig   62–66

- Die eleganten Geschäfte in der Theatinerstraße
- Recht geschehen
- § 47 des Militärstrafgesetzbuches
- Jüdische Gefangene durch Genickschuß getötet
- Das Spießrutenlaufen
- „SS-Lümmel"
- Von Kameraden ausgeliefert
- Die SS plündert vor dem Mord
- Kinder als Zuschauer beim Massenmord
- Der Anfang der Vergasungen
- § 47
- Sieben Todesarten in Buchenwald

Rudolf Lorenz   67–73

- Ein Soldat verweigert den Mordbefehl
- „Dann müssen sie erst recht erschossen werden."
- Der Feldwebel ersticht ein jüdisches Mädchen
- Die Tochter hat Angst vor den Deutschen
- „Das waren Juden."
- Der Rat der Mutter
- Beim General beschweren
- Und wenn ich zehnmal Deutscher bin
- Soll ich als Kanonenfutter raus?
- Drei Kameraden zum Tode verurteilt
- Hitlers Schwester hilft
- Eine Frau hat Mitleid
- „Die müssen krepieren, die Juden."

Dr. Dr. Rolf Heinze   74–77

- Amerika bombardieren
- Beruhigungsmittel für SS-Männer
- Die SS-Männer haben Angst
- Familien zusammengetrieben und liquidiert
- Prototypen der sogenannten germanischen Rasse zittern
- Die SS vergewaltigt

- SS-Leute müssen in Nervenheilanstalten
- Eine große Tat für die „arische Rasse"
- Behandlung sowjetischer Kriegsgefangener

Dr. Hans Günter Seraphim   78–80

- „Feindpropaganda"
- Berater der Verteidigung bei den Nürnberger Prozessen
- Mord an 90 000 Juden
- 5 000 Morde . . . eine Kleinigkeit
- Die SS hat selbst genau Buch geführt
- Sie waren Totschläger
- Es hätte nichts geändert
- Die Atmosphäre im Dritten Reich
- Die Angst

Willi Dreßen   81–90

- In fürchterlicher Form abgeschlachtet
- Wir wissen, daß Hitler diesen Entschluß selbst gefaßt hat
- Der Heydrich-Erlaß
- Es wurde klar gesagt
- Sogar Babys verdächtig
- Die Beteiligung der Wehrmacht
- Lkw als Gaswagen
- „Spezialwagen"
- „97 000 verarbeitet"
- „Das Ladegut"
- Täubners Sonderaktion
- Der Mann, der sich beim Morden fotografieren läßt
- Die Einsatzgruppen waren sehr fleißig
- „Die Kriegslist"
- Der Raubmord
- Viele haben sich bereichert
- Unschuldige Menschen litten wie Christus
- Der „Fußtritt-SS"
- „Ein feiges Schwein bist Du."
- Verweigerung des Mordbefehls
- Kleine Kinder erschießen
- Die Wehrmacht hatte bereits eine Grube ausgehoben
- Die SS erhängt Kinder

Axel Freiherr von dem Bussche   92–98

- Über den Charakter des Dritten Reiches aufgeklärt
- Das war nicht blutig
- In den besetzen Ostgebieten wuchs die Zahl der Partisanen
- Ein stämmiger Mann in brauner Uniform
- Gräben vier Meter tief und etwa zwei bis drei Meter breit
- Nackt ausgezogen
- Eine Minderheit vernichtet
- Die wirklich christliche Reaktion
- Selbst 30 000 erschossen
- Eingreifen oder nicht?
- „Die Ehre genommen"
- Hitler beseitigen
- Täglich 6 000 Menschen „verarbeitet"
- „Eine humanere Lösung"
- Wie war das möglich?

Hans Herwarth von Bittenfeld   99–100

- Generaloberst von Blaskowitz setzt sich für die polnischen Juden ein
- Von Gienanth stellt sich vor die Juden
- Exekution von Unschuldigen
- Eine verbrecherische Handlung
- Ein Schandfleck

Dr. Walter Manoschek   101–104

- Die Wehrmacht beginnt die „Endlösung"
- In einem wahren Blutrausch
- Die Wehrmacht vergast
- Die „Entlausungswagen"
- In Berlin hergestellt
- Ein SS-Fahrer dreht den Hebel um
- Die Tarnbezeichnungen
- „Sonderauftrag ausgeführt"
- Eine Unzahl von Zeugen

Dr. Peter Pechel   105–107

– Im Oberkommando des Heeres
– Nach einer Stunde wußte man Bescheid
– Vater im KZ
– Vergasung im Eisenbahntunnel
– Die Schreie gehört
– „Sie müssen mir das glauben."
– Besuch im KZ
– „Es stimmt."

Dr. Hans Wilhelm Münch   108–114

– Die Pseudoduschen
– In Auschwitz anders als in Majdanek und Treblinka
– Auch arbeitsfähige Mütter
– Die Gunst der SS errungen
– Seifenstücke in die Gaskammer mitgegeben
– Ich war nicht stark genug
– Die Exhaustoren laufen
– Die schlimmste Arbeit
– Nach zehn Minuten war alles vorbei
– Ein Arzt weigert sich, die Selektion vorzunehmen
– Ich rechnete damit, daß man mich an die Wand stellte
– „Die Vernichtung der Juden ist richtig"
– Besondere Privilegien
– Eine dritte Weigerung durfte nicht passieren
– Die Selektion – eine ganz normale Angelegenheit
– Ein Angeklagter fehlt

Dr. Dr. Ella Lingens   116–119

– „Durch den Kamin gehen"
– Ein Rot-Kreuz-Wagen bringt Gas
– „Ein eitriger Blinddarm"
– Mengele: „Natürlich verkaufen wir Juden."
– Offene Leichenverbrennung
– Krematorien überlastet
– Kinder werden lebendig verbrannt
– Schöne Mädchen werden gerettet
– 500 000–600 000 Menschen in sechs Wochen

Helmut Langbein   120–122

– Auf das Krematorium gesehen
– Den Deckel der Gaspatrone geöffnet
– Wenn der Wind von Westen gekommen ist
– Kein Geheimnis
– Eine sehr distinguierte Dame
– Salami war das Wichtige
– Vernichtung der ungarischen Juden
– Die Kinder lebend ins Feuer geworfen
– Befehl vom Höß

Günter Schwarberg   123–125

– Tuberkulose-Erreger unter die Haut gerieben
– Die Engländer waren nur sechs Kilometer von Hamburg entfernt
– Die SS erhängt Kinder

Alfred Spieß   127–135

– Das größte Vernichtungslager
– Der Unterschied
– Der Erstickungstod dauerte etwa 20 bis 25 Minuten
– Die Himmelfahrtsstraße
– Der zügige Ablauf der Vergasung
– Motorabgase des Panzertyps T34
– Sehr grausam
– Die „Dentisten", das Zahngold
– Auf einem großen Rost
– Keine Spuren hinterlassen
– Der Raubmord
– Eine weiße Reiteruniform
– „Sogar Juden gerettet"
– Innerlich doch etwas berührt
– Kriegsverbrechen und Verbrechen gegen die Menschlichkeit
– Unschuldige Menschen – staatlich organisierter Massenmord
– Einige sind durchgekommen
– Der Tötungsvorgang ist unzweifelhaft
– Treblinka dem Erdboden gleichgemacht
– Bis zu 18 000 Juden täglich ermordet
– Mitwirkung der Reichsbahn beim Judenmord

- Die Eisenbahner haben es gewußt
- Die Schwester Freuds in die Gaskammer geschickt

Kurt Franz   138–143

- Durch Gas ums Leben gebracht
- „Vier, zehn Minuten"
- Alles unter Tarnung
- Die „Arbeitsjuden" empfangen
- Der Kommandant wird im Prozeß „belastet"
- Ich konnte die Menschen nicht brennen sehen
- So schräge, wie wenn man Sand sieht
- Die Verantwortlichen Mattes und Küttner
- In der Baracke die Sachen sortiert
- In Treblinka war es Polizei
- „Die Beute-Germanen"
- Mutter und Tochter bitten um das Leben des anderen
- Mit den Juden nie Schwierigkeiten gehabt
- Bei dem Juden Hirsch im „Grünen Eck" getanzt
- Ich habe keine Ahnung gehabt

Dr. Wilhelm Höttl   144–146

- Schwerer Kriegsverbrecher
- Eichmann: Sechs Millionen Juden ermordet
- Vergasungen: „Erst in Ungarn erfahren."
- Eine ganze Rasse ausrotten
- Eichmanns stark jüdisches Aussehen
- Mit Freude ins Grab springen
- Himmlers und Eichmanns unterschiedliche Zahlen
- Der Großteil schon erledigt
- Der „Lieferant des Todes"
- Wer gab den Befehl zum Judenmord?

Dr. Hansjakob Stehle   147–150

- Der Vatikan war relativ früh informiert
- Die Massentötung ist geradezu total
- Liquidation des Warschauer Ghettos; Massenexekutionen
- Der Papst weint
- Gewisse Sympathien für die Deutschen
- Die deutsche Herrschaft ist schlimmer als die der Bolschewisten
- Böse, ja fast teuflisch
- Persönlich 75 Menschen umgebracht
- Das „Auschwitz-Protokoll" auf dem Tisch des Papstes
- Der Papst schweigt
- Die Intervention des päpstlichen Vertreters
- Schon zwei Millionen Juden ermordet

Elisabeth Erb   151–152

- Konrad von Preysing, Bischof von Berlin, informiert über Auschwitz
- Frau Friedmann verschwindet
- „Sie ist vergast worden"

Alfred Kolleritsch   153–158

- Todesmarsch der KZ-Häftlinge
- Mit einem Gewehrkolben weggestoßen
- Ein grauenvoller, prägender Anblick
- Sie erschienen wie aus dem Nichts
- Soldaten verweigern den Mordbefehl
- Ein achtbarer Mann, Gemeinderat
- Der Nationalsozialismus ist einfach liegengeblieben
- Jeder hat sich gefürchtet
- 1941 über den Judenmord erfahren
- Keiner hat nach den Juden gefragt
- „Wirf mir Dein Judenfett her!"
- „Wenn das Judenblut vom Messer spritzt."
- Ein ganz herzloses Verhalten
- „Den Herrn ermordet"
- Eine europäische Krankheit, verbunden mit dem Christentum
- Dieses Kulturvolk hat letztlich nichts gelernt

Eugen Essig   159–160

- Die Stimmen der gequälten Menschen
- Sogar Ringe mit dem Totenkopf
- Mit den Juden war das meiste schon passiert

- Frauen und Kinder werden erschossen
- Wahrscheinlich Juden

Ludwig Harig   161–163

- Der Pfarrer auf der Seite Hitlers
- Antijüdische Hetze
- Die „Endlösung"
- „Eine ganze Judenfamilie abgerieben"
- Die Judenvernichtung geradezu herbeigesehnt
- „Du kannst ihm eine ins Gesicht schlagen"

Dr. Heinz Ungureit   164–166

- Vormilitärische Ausbildung
- Zum Töten erzogen
- Ein richtiger Rausch
- Man kann Menschen zu Mördern abrichten
- Die staatliche Lizenz zum Töten

Alexander Primavesi   167–169

- Propaganda gegen die Juden
- „Vernichtung der Jugend" wurde kaschiert
- Vortrag gegen die Juden
- Geschäfte durch SA- oder SS-Leute verwüstet
- 90 Juden getötet
- „Befehlsnotstand"

Hellmut Auerbach   170–171

- Die Anstifter
- Die ständige Hetzpropaganda
- Die „Judenseife" nur eine Legende

Dr. Marion Gräfin Dönhoff   172–176

- Die Judenverfolgung war das Allerschlimmste
- Schon von Anfang an
- Für die Einbürgerung der Juden eingesetzt
- Graf Yorck mit dem Judenmord „nicht einverstanden"

- „Ein großer Kampf in der Judensache"
- Die Zustimmung zum Judenmord
- „Grauenhafte Bestialitäten der SS"
- Nicht in heißer Emotion . . .
- Die Schande ist nicht wegzuwischen
- In Deutschland haben wir die Elite verloren
- Europa ist ein bißchen Provinz geworden
- Es ist einfach nicht wieder gutzumachen

Wolfgang Schöler   177–180

- Zwangsarbeit
- Ich hatte verboten, die Juden zu schlagen
- Bösartige Menschenschinderei
- Juden und deutsche Kriegsgefangene
- Der jüdische Arzt sah nach mir
- Er rannte nachts los und holte Medizin
- SA-Leute mit Gebetschals verkleidet

Dr. Helmut Frank   181–182

- Die Wunde hat wahnsinnig geschmerzt
- 24 Stunden fast ununterbrochen am Bett
- In Heidelberg studiert
- Sie hat mir das Leben gerettet

Ursula Pfennig   183–184

- Erfrierungen an Händen und Füßen
- Ohne Betäubungsmittel operiert
- Seine Familie in Deutschland verloren

Zeittafel

I. 1919–1938: Formierung des Nationalsozialismus und Vorbereitung des Völkermordes

5. Januar 1919
In München wird die NSDAP als „Deutsche Arbeiterpartei" gegründet, Vorsitzender ist ab 1921 Adolf Hitler.

9. November 1923
Unter der Führung Hitlers versuchen rechtsextreme Verbände, in Bayern die Macht zu übernehmen. Den Anführern des Hitler-Putsches wird 1924 der Prozeß gemacht, Hitler beginnt in Gefangenschaft „Mein Kampf" zu schreiben.

6. November 1932
Bei den Reichstagswahlen erhält die NSDAP knapp ein Drittel aller Stimmen und damit 196 Sitze (KPD 100, SPD 121 Sitze). Nur durch die Koalition mit der Zentrumspartei konnte sie an die Macht gelangen.

30. Januar 1933
Adolf Hitler wird zum Reichskanzler ernannt.

5. Februar 1933
Die Sturmabteilung (SA) der NSDAP wird zur „Hilfspolizei" bei der Bekämpfung politischen Widerstandes.

28. Februar 1933
Nach dem Reichstagsbrand erläßt Reichspräsident Hindenburg eine Notverordnung, auf deren Grundlage politische Gegner in „Schutzhaft" genommen werden können.

März 1933
Unter Himmler wird das erste Konzentrationslager in Dachau bei München errichtet.

23. März 1933
Der Reichstag verabschiedet das „Ermächtigungsgesetz", mit dem nicht nur die Legislative, sondern auch die Exekutive zur Gesetzgebung befugt ist.

1. April 1933
Die SA organisiert einen eintägigen Boykott aller jüdischen Geschäfte.

10. Mai 1933
In ganz Deutschland finden öffentliche Bücherverbrennungen statt.

9. April 1934
Für jüdische Schüler werden gesonderte Schulklassen eingerichtet.

30. Juni 1934
Über achtzig SA-Führer sowie politische Gegner Hitlers werden durch die SS ermordet, das Vorgehen wird später als Reaktion auf den angeblichen Putsch des SA-Stabschefs Ernst Röhm gerechtfertigt.

2. August 1934
Nach Hindenburgs Tod und der Vereinigung von Reichspräsidenten- und Reichskanzleramt liegt die politische Führung allein bei Hitler – die Wehrmacht wird nun auf den „Führer und Reichskanzler" persönlich vereidigt.

16. März 1935
Mit der Wiedereinführung der allgemeinen Wehrpflicht in Deutschland bricht Hitler den Versailler Vertrag; nach dem im Mai erlassenen Wehrgesetz ist eine „arische" Abstammung Vorraussetzung zum Wehrdienst.

15. September 1935
Auf dem 7. Parteitag der NSDAP in Nürnberg werden die „Nürnberger Gesetze" erlassen: Das „Reichsbürgergesetz" entzieht Juden die deutsche Staatsangehörigkeit, das „Gesetz zum Schutz des deutschen Blutes und der deutschen Ehre" verbietet Ehen zwischen Juden und nichtjüdischen Deutschen.

14. November 1935
Die 1. Verordnung zum Reichsbürgergesetz erkennt Juden das Wahlrecht ab und fordert die Entlassung aller jüdischen Beamten.

August 1936
Das Konzentrationslager Sachsenhausen bei Oranienburg wird errichtet.

1. Dezember 1936
Mit dem Gesetz über die Hitlerjugend wird die HJ zur zentralen Erziehungsinstitution.

31. März 1937
Juden wird durch Reichsinnenminister Wilhelm Frick das Bürgerrecht aberkannt.

Juli 1937
Das Konzentrationslager Buchenwald in der Nähe von Weimar wird errichtet.

4. Februar 1938
Hitler übernimmt den Oberbefehl über die Wehrmacht.

12. Februar 1938
Hitler zwingt den österreichischen Bundeskanzler zur Unterzeichnung einer Verpflichtung, nach der die österreichische Außenpolitik der deutschen unterzuordnen ist, und verkündet im März den „Eintritt" seiner „Heimat in das Deutsche Reich".

26. April 1938
Jüdisches Vermögen über 5 000 Reichsmark wird anmeldepflichtig; es kann im Interesse der deutschen Wirtschaft sichergestellt werden.

Mai 1938
Das Konzentrationslager Flossenbürg im Oberpfälzer Wald, nahe der tschechischen Grenze, wird errichtet.

15. Juni 1938
Als „asozial" eingestufte Personen werden nach einer Verhaftungswelle in Konzentrationslager verschleppt, unter ihnen etwa 1 500 „vorbestrafte" Juden.

23. Juli 1938
Juden werden aufgefordert, eine Kennkarte zu beantragen, die sie ab Januar 1939 bei sich tragen müssen.

25. Juli 1938
Mit der 4. Verordnung zum Reichsbürgergesetz dürfen jüdische Ärzte nur noch als „Krankenbehandler" für Juden praktizieren.

August 1938
Österreichische und deutsche Häftlinge aus Dachau werden zur Errichtung des Konzentrationslagers Mauthausen bei Linz eingesetzt.

17. August 1938
Juden dürfen nur die in einer Liste des Innenministeriums erfaßten jüdischen Vornamen annehmen; wer keinen jüdischen Vornamen hat, muß den zusätzlichen Namen „Israel" oder „Sara" tragen.

29. September 1938
Im Münchner Abkommen erkennen England und Frankreich Hitlers Ansprüche auf sudetendeutsche Gebiete der Tschechoslowakei an, die ab Oktober von deutschen Truppen besetzt werden sollen.

5. Oktober 1938
Die Reisepässe von Juden werden eingezogen, die Ausgabe neuer erschwert und deren Kennzeichnung mit einem „J" angeordnet.

28. Oktober 1938
In einer ersten großen Ausweisungswelle werden über 15 000 Juden nach Polen abgeschoben.

9. November 1938
In der „Reichskristallnacht" zerstören SA und SS Synagogen, Wohnungen und jüdische Geschäfte; den Geschädigten wird eine Geldbuße auferlegt, jüdischer Besitz enteignet, fast 30 000 Juden werden in Konzentrationslager verschleppt.

12. November 1938
Juden wird der Besuch kultureller Veranstaltungen verboten, sie sind nun allein auf den Kulturbund der deutschen Juden angewiesen.

3. Dezember 1938
Jüdischer Besitz wird „arisiert" (Zwangsveräußerung von Gewerbebetrieben und Grundeigentum).

II. 1939–1941: Kriegsbeginn, Euthanasie, Umsiedlung und Ghettoisierung

30. Januar 1939
In einer Reichstagsrede „prophezeit" Hitler für den Fall eines Krieges „die Vernichtung der jüdischen Rasse in Europa".

15. März 1939
Die Besetzung der Tschechoslowakei durch die Wehrmacht beginnt, und Hitler verkündet in Prag die Errichtung des „Reichsprotektorats Mähren und Böhmen".

30. April 1939
Mit dem Gesetz zur Zusammenlegung jüdischer Familien in „Judenhäusern" wird mit dem Ziel einer ersten Konzentration das Mietrecht eingeschränkt.

18. August 1939
Hitler setzt einen „Reichsausschuß zur wissenschaftlichen Erfassung von erb- und anlagebedingten schweren Leiden" ein, dem mißgebildete Neugeborene zu melden sind; geisteskranke Kleinkinder sollen getötet werden.

1. September 1939
Die Wehrmacht überfällt ohne Kriegserklärung Polen, den einmarschierenden Truppen folgen Einsatzgruppen der SS.

1. September 1939
Auf Kriegsbeginn datiert ein Schreiben Hitlers, das den „Gnadentod" für alle unheilbar Kranken vorsieht; in dazu eingerichteten „Euthanasieanstalten" werden die Verfahren des späteren Völkermordes entwickelt.

1. September 1939
Juden dürfen sich im Sommer nach 21 Uhr, im Winter nach 20 Uhr nicht mehr auf der Straße aufhalten.

3. September 1939
Großbritannien und Frankreich erklären Deutschland den Krieg.

21. September 1939
Reinhard Heydrich ordnet bei einem Treffen mit Adolf Eichmann und den Befehlshabern der Einsatzgruppen an, in Polen Judenräte zu bilden sowie die jüdische Bevölkerung zu registrieren und zu konzentrieren.

27. September 1939
Das Reichssicherheitshauptamt unter Führung Heydrichs wird eingerichtet.

7. Oktober 1939
Ein geheimer Führererlaß zur „Festigung deutschen Volkstums" befugt Himmler zur „Ausschaltung des schädigenden Einflusses volksfremder Bevölkerungsteile".

12. Oktober 1939
Aus dem „Protektorat" und Österreich werden die ersten Juden in das polnische „Generalgouvernement" deportiert.

28. Oktober 1939
In Polen wird erstmals das Tragen des Judensterns verordnet.

Februar 1940
In Lodz wird mit der Errichtung des später größten Ghettos auf polnischem Gebiet begonnen.

9. April 1940
Deutscher Überfall auf Dänemark und Norwegen.

April 1940
Himmler ordnet die Einrichtung des Konzentrationslagers Auschwitz an.

30. April 1940
Das Ghetto in Lodz wird abgeriegelt.

10. Mai 1940
Deutsche Armeen greifen Belgien, Luxemburg und die Niederlande an und erreichen zwei Tage später Frankreich.

10. Juni 1940
Der italienische Regierungschef Mussolini, Verbündeter Hitlers, erklärt Frankreich und Großbritannien den Krieg.

14. Juni 1940
Deutsche Truppen besetzen Paris, das kampflos übergeben wird.

13. August 1940
Beginn der verlustreichen deutschen Luftangriffe auf Großbritannien.

27. September 1940
Italien, Japan und Deutschland schließen den Dreimächtepakt und verpflichten sich damit zu gegenseitiger Hilfe.

Oktober 1940
In der „Aktion Bürckel" werden Juden aus Elsaß-Lothringen, dem Saarland, Baden und der Pfalz nach Frankreich deportiert.

15. November 1940
Das Warschauer Ghetto, das seit einem Monat errichtet ist, wird abgeriegelt.

Dezember 1940
Hitler bereitet das „Unternehmen Barbarossa", den Angriff auf die Sowjetunion, vor.

März 1941
Planung, Errichtung und Abriegelung des Krakauer Ghettos.

31. März 1941
Das Afrika-Korps unter Leitung Erwin Rommels greift Libyen an.

6. April 1941
Die Wehrmacht marschiert in Jugoslawien und Griechenland ein.

6. Juni 1941
An die Oberbefehlshaber der Wehrmacht ergeht die völkerrechtswidrige Anordnung Hitlers, während des bevorstehenden Ostfeldzuges gefangene politische Kommissare „aller Art" sofort zu „erledigen" (Kommissarbefehl). Hitler hatte schon im März des Jahres bekanntgegeben, daß sowjetische Kommissare zu töten seien; unter seiner Einflußnahme wurde der Befehl vom Oberkommando der Wehrmacht ausgearbeitet.

22. Juni 1941
Ohne Kriegserklärung beginnt der deutsche Angriff auf die Sowjetunion, wo Einsatzgruppen unzählige Massaker an den dort lebenden Juden verüben.

31. Juli 1941
Heydrich wird von Hermann Göring mit der „Gesamtlösung der Judenfrage im deutschen Einflußgebiet" beauftragt.

August 1941
Das Bialystoker Ghetto wird errichtet.

September 1941
Himmler ordnet mit dem Bau von Birkenau (Auschwitz II) die Erweiterung des Konzentrationslagers Auschwitz I zum Vernichtungslager an; für die I.G. Farben wird kurz darauf das Lager Monowitz (Auschwitz III) errichtet. Am 3. September werden erste Versuchsvergasungen an sowjetischen Kriegsgefangenen ausgeführt.

19. September 1941
Im Reichsgebiet tritt eine Polizeiverordnung in Kraft, mit der Juden gezwungen sind, den Judenstern zu tragen.

29. September 1941
In der Schlucht Babi-Jar bei Kiew werden von einem Sonderkommando der Einsatzgruppe C 33 771 Juden erschossen.

2. Oktober 1941
Hitler befiehlt den Großangriff auf Moskau, den eine Gegenoffensive der Roten Armee zum Scheitern bringt.

23. Oktober 1941
Juden wird die Auswanderung aus dem Deutschen Reich verboten.

November 1941
Auf dem Ostfeldzug werden die ersten „Entlausungswagen" zur Vergasung von Menschen eingesetzt: Lastkraftwagen sind so konstruiert, daß ihre Motorabgase in den Laderaum gelangen.

7. Dezember 1941
Der „Nacht-und-Nebel-Erlaß" verfügt, daß Nichtdeutsche im Widerstand von Sondergerichten mit dem Tod zu bestrafen seien.

8. Dezember 1941
Im polnischen Chelmno ist das erste Vernichtungslager einsatzbereit; die systematische Massentötung von Juden beginnt.

11. Dezember 1941
Deutschland erklärt den USA den Krieg.

III. 1942–1945: Systematische Massenvernichtung bis zum Kriegsende

15. Januar 1942
Die „Umsiedlung" von Juden aus dem Ghetto von Lodz in das Vernichtungslager Chelmno beginnt.

20. Januar 1942
Heydrich beruft die Wannsee-Konferenz ein und kündigt an, die Juden seien nach Osten zu führen, wobei ein „Großteil durch natürliche Verminderung ausfallen wird" und die Verbleibenden „entsprechend behandelt werden" müssen.

März 1942
Der Bau des Vernichtungslagers Sobibór beginnt, im Mai nimmt es seinen Betrieb auf.

6. März 1942
In Berlin findet unter Vorsitz von Eichmann die 2. Konferenz über die Endlösung statt, auf der die Sterilisierung von Mischlingen erörtert wird.

10. März 1942
Im Lager Belzec im Süden des Distrikts Lublin beginnt die Massentötung von Juden – und damit die Aktion „Reinhardt", mit der die Insassen jüdischer Ghettos in die Vernichtungslager deportiert werden.

28. März 1942
Die Deportation französischer Juden nach Auschwitz beginnt.

24. April 1942
Im Reichsgebiet ist es Juden verboten, öffentliche Verkehrsmittel zu benutzen. Weitere Einschränkungen im Lauf des Krieges: Telefonverbot und Verbot des Bezuges von Zeitungen, Zwangsablieferung von optischen und elektrischen Geräten, keine Versorgung mit Fisch, Fleisch, Milch, Obst u.ä.m.

4. Juni 1942
Nach einem Attentat erliegt Reinhard Heydrich seinen Verletzungen.

10. Juni 1942
Als Vergeltung für das Attentat auf Heydrich werden die Männer des böhmischen Dorfes Lidice erschossen und Frauen und Kinder in Kon-

zentrationslager verschleppt; das Dorf wird anschließend dem Erdboden gleichgemacht.

Juli 1942
Die letzten jüdischen Schulen in Deutschland werden geschlossen.

17. Juli 1942
Die Deportation niederländischer Juden nach Auschwitz und Sobibór beginnt.

19. Juli 1942
Himmler erläßt den Befehl, daß die mit „Umsiedlung" beschriebene Tötung aller Juden in den besetzten polnischen Gebieten bis Jahresende abzuschließen sei.

23. Juli 1942
Im Vernichtungslager Treblinka wird mit der Vergasung von Juden aus dem Warschauer Ghetto begonnen.

1. September 1942
Armeen der Wehrmacht dringen in Vororte Stalingrads ein.

September 1942
Das Konzentrationslager Lublin-Majdanek wird durch Installation einer Vergasungsanlage zum Vernichtungslager erweitert.

19. November 1942
Mit einer Gegenoffensive der Roten Armee werden die deutschen Truppen in Stalingrad eingekesselt; der Kriegsverlauf wendet sich.

16. Dezember 1942
Wilhelm Keitel, Chef des Oberkommandos der Wehrmacht, befiehlt, den Kampf gegen Partisanen im Osten und auf dem Balkan „mit den allerbrutalsten Mitteln" zu führen.

31. Januar 1943
Die deutschen Armeen in Stalingrad kapitulieren.

18. Februar 1943
Anläßlich der Niederlage in Stalingrad ruft Propagandaminister Goebbels den „totalen Krieg" aus, der nach Forderung Hitlers alle Ressourcen mobilisieren soll.

19. April 1943
Die einsetzende Deportation der im Warschauer Ghetto verbliebenen Juden führt zu einem Aufstand, der im Mai mit der völligen Zerstörung des Ghettos endet.

1. Juli 1943
Mit der 13. Verordnung zum Reichsbürgergesetz werden Juden unter Polizeirecht gestellt; ihnen sind damit nun alle Rechtsmittel genommen.

25. Juli 1943
Mussolini tritt zurück und wird verhaftet.

2. August 1943
Im Vernichtungslager Treblinka bricht eine Häftlingsrevolte aus.

3. September 1943
Bei einer Großrazzia in Belgien werden im Rahmen des Unternehmens Iltis die letzten belgischen Juden deportiert.

14. Oktober 1943
Im Vernichtungslager Sobibór wird ein Häftlingsaufstand niedergeschlagen, das Lager aufgelöst.

3. November 1943
Die „Aktion Erntefest" beginnt: Nach dem Aufstand in Sobibór befürchtet Himmler weitere Unruhen und befiehlt, die jüdischen Insassen mehrerer Lager (u. a. Majdanek) zu erschießen – über 40 000 Juden werden getötet.

19. März 1944
Deutsche Armeen besetzen Ungarn.

2. Mai 1944
Der erste Juden-Transport aus Ungarn erreicht Auschwitz; bis Juli treffen über 400 000 ungarische Juden ein, die meisten werden sofort vergast.

6. Juni 1944
D-Day, die Landung der Alliierten in der Normandie – eine zweite Front wird eröffnet.

22. Juni 1944
Die sowjetische Offensive gegen die deutsche Heeresgruppe Mitte beginnt.

20. Juli 1944
Graf von Stauffenberg läßt im Führerhauptquartier eine Bombe explodieren; Hitler überlebt das Attentat leicht verletzt, Stauffenberg wird standrechtlich erschossen.

Juli 1944
Sowjetische Truppen befreien das Vernichtungslager Majdanek und die Stadt Lublin.

1. August 1944
Die polnische „Heimatarmee" entschließt sich zum Aufstand, der im Oktober zerschlagen wird.

29. August 1944
Ein nationaler, bewaffneter Aufstand in der Slowakei bricht aus; ihm folgen Deportationen und Ermordungen.

10. September 1944
Amerikanische Truppen erreichen über Luxemburg die Reichsgrenzen.

25. September 1944
Gemäß Führererlaß wird aus noch nicht eingezogenen Männern zwischen 16 und 60 Jahren der „Volkssturm" gebildet.

Oktober 1944
Sowjetische Truppen erreichen in Ostpreußen die Reichsgrenzen.

November 1944
Himmler läßt die Vergasungen in Auschwitz einstellen und anschließend die Vergasungsanlagen zerstören.

18. Januar 1945
Der Todesmarsch von Auschwitz beginnt – nachdem die SS das Lager geräumt hat, werden über 60 000 Menschen nach Wodzislaw getrieben und auf Konzentrationslager in Deutschland verteilt; etwa 15 000 Menschen werden auf diesem Todesmarsch ermordet.

27. Januar 1945
Sowjetische Truppen befreien Auschwitz, wo sie nur noch etwa 7 000 Häftlinge vorfinden.

Februar 1945
Bei den letzten großen Luftangriffen der Alliierten auf Berlin und Dresden sterben über 50 000 Menschen.

4. Februar 1945
Die Konferenz von Jalta beginnt, auf der Deutschland in Besatzungszonen eingeteilt wird.

April 1945
Die Lager Buchenwald und Dachau werden von amerikanischen Truppen befreit.

30. April 1945
Adolf Hitler und Eva Braun begehen Selbstmord.

7. Mai 1945
Deutschland kapituliert vor den amerikanischen Truppen in Reims, einen Tag später im sowjetischen Hauptquartier in Berlin.

8. August 1945
Die Alliierten schließen ein Abkommen, nach dem die Hauptkriegsverbrecher zu bestrafen sind.

18. Oktober 1945
Das internationale Militärtribunal erhebt Anklage gegen führende Nationalsozialisten, zwei Tage später beginnen die Nürnberger Prozesse.

Register

Kursiv gesetzte Namen verweisen auf die Interviews mit den jeweiligen Personen.

AEG 26
„Aktion Herbst '42" 93, 96
„Aktion Reinhardt" 129 ff.
Auerbach, Hellmut 170 f.
Auschwitz 19, 22, 25 ff., 58 f., 95, 108–113, 116–122, 127 ff., 147, 149, 151 f.
 – Ärzte 111 ff., 117
 – Ungarn-Transporte 58, 111, 117, 119, 122
Auschwitz-Lüge 79, 81
Auschwitz-Protokoll 150

Babi-Jar 37
Baden-Baden 15 ff.
Baky, Laszlo 145
Ballach 143
Bargatzky, Walter 37–40
Befehl zur Ermordung der Juden 82 f., 97, 113, 146
„Befehlsnotstand" 89, 169
Befehlsverweigerung 62–72, 88 f., 154
Belgrad 102 ff.
Belzec 129, 138 f., 142 f.
Bergen-Belsen 148
Berlin 21–25, 27
 – jüdische Gemeinde 21 f., 25
Berufsverbot 18, 20 f.
Bittenfeld, Hans Herwarth von 99 f.
Bjelaja-Zerkow 89
Blaskowitz, Johannes von 81, 99
Blobel, Paul 89
Böhme, Franz 101
Brauchitsch, Walter von 64
Buchenwald 19, 29 f., 31 f., 58, 62, 66
Bullenhuser Damm 90, 123
Burzio, Giuseppe 149 f.
Bussche, Axel Freiherr von dem 92–98
Charkow 53, 179
Chelmno 102
Compiègne 39

Dachau 16, 57 f., 62
Delmotte, Ernst 113 f.
Denunziation 19, 27 f., 64, 75
Deportationen 22 f., 25, 33–40, 57, 160, 178
 – Nackttransporte 40
Dönhoff, Marion Gräfin 172–176
Dorschel, Wolfgang 31 f.
Drancy 37 ff.
Dreßen, Willi 81–90
Dreyer, Major 62 f.
Dubno 93, 95 f.
Düsseldorf 19 f., 27 f., 142 f.

Eberl, Irmfried 139
Eichmann, Adolf 131, 144 ff.
Einsatzgruppen 37, 79, 81 ff., 86, 89
Erb, Elisabeth 151 f.
Erziehung 159, 161 f., 164–168, 170
Essig, Eugen 159 f.
Exekutionen 63–67, 75, 81, 83, 85 f., 93 ff., 100, 160

Falkenhorst, Nikolaus von 74
„Fallschirmspringen" (Mauthausen) 60
Frahm, Johann 90
Frank, Hans 75, 99
Frank, Helmut 181 f.
Franz, Kurt 132, 135, 138–143
Freisler, Roland 173
Funk, Walther 130

Gablonz 10
Ganzenmüller, Albert 134
Gas-Tunnel 105 f.
Gaswagen 39, 66, 83 ff., 97, 102 ff.
Gerstein-Bericht 129
Gienanth, Kurt von 99
Gilas, Jonas 88
Globocnik, Odilo 129 f.
Goebbels, Joseph 49
Grynszpan, Herschel F. 32

Günther, H.F.K. 75, 161 f.

Häfner, August 89 f.
Harig, Ludwig 161 ff.
Hassell, Ulrich von 172, 175
Hauser, Rechtsanwalt 15
Heinze, Rolf 74–77
Heißmeier, Kurt 90, 123 ff.
Heydrich, Reinhard 38 f., 82, 131, 145
Heydrich-Erlaß 82
Himmler, Heinrich 38, 61, 64, 66, 109, 115, 126, 131, 145 f.
Hirsch, Kurt 143
Hitler, Adolf 38, 40, 64, 82, 97, 131
Hitler, Paula 67, 72
Hitlerjugend s. Erziehung
Hornig, Klaus 62–66
Höß, Rudolf 122, 146
Höttl, Wilhelm 144 ff.

IG Farben 47

Jauch, Ewald 90
Joerstadmoen 74
„Judenseife" 156, 162, 171

Keitel, Wilhelm 64, 101
„Kinder vom Bullenhuser Damm" 90, 123 f.
Kindermord 89 f., 118, 122–124
Klein, Hans 124 f.
Klose, Unteroffizier 71
Koch, Gauleiter 93
Kohn, Georges André 124
Kolleritsch, Alfred 153–158
Kommissarbefehl 64
Kreisauer Kreis
 s. Widerstandsbewegung
Kriegsgefangene, deutsche 178 f., 181–184
Kriegsgefangene, russische 13, 74, 77, 103
Küttner 141
Kvaternik, Dido 150

Langbein, Hermann 120 ff.
Lehndorff, Heinrich von 172
Lemberg 148 f.
Levin, Julo 19–26
Ley, Robert 73
Lillehammer 74
Lingens, Ella 116–119
Linz 9
Lorenz, Rudolf 67–73
Lublin 58, 62 f.
Lünen 168

Majdanek 45, 47, 109, 128 f.
Malvezzi, Graf 147
Manoschek, Walter 101–104
Marcone, Giuseppe 150
Mattes 141
Mauriac, François 39
Mauthausen 11, 13, 60
– „Fallschirmspringen" 60
Medizinische Experimente 90, 123
Meissner, Peter von 9–14
Mengele, Josef 117
Militärstrafgesetzbuch (§47) 62 f., 65f.
Moltke, Helmut James von 97, 172, 175
Monjau, Franz 19 ff., 27ff.
Monjau, Mieke 19–30
Münch, Hans Wilhelm 108–114
München 62

Nackttransporte (Frankreich) 40
Neu-Sandez 87
Neuberger, Josef 142
November-Pogrom 10 f., 15, 17, 62, 168, 172, 179 f.
Nürnberger Prozesse 78 f., 144, 171

Oberg, Karl 39f.
Ohlendorf, Otto 49, 79
Oberkommando der Wehrmacht (OKW) 64, 101, 105, 175
Österreich-Annexion 9, 57

§ 47 (Militärstrafgesetzbuch) 62 f., 65 f.
Paul VI. 148, 150
Pechel, Peter 105 ff.
Pechel, Rudolf 105 ff.

Pfennig, Ursula 183 f.
Pfoch, Hubert 33–36
Pior, Alexejew 139
Pius XII. 147–150
Pohl, Oswald 126, 130
Preysing, Konrad von 151
Primavesi, Alexander 167 ff.

Ratingen 28, 143
Rath, Ernst vom 32
Rauff, Walter 84 f.
Reichsbahn 134 f.
Reichsbank 130
„Reichskristallnacht"
  s. November-Pogrom
Reichskulturkammer 20
Roos, Dr. 17
Rössler, Klaus 17 f.
Rowno 93

Sachsenhausen 31, 58, 103, 105 ff.
Scarvizzi, Piero 147 f.
Schäfer, Emanuel 104
Schellenberg, Walter 144, 146
Schöler, Wolfgang 177–180
Schulenburg, Fritz-Dietlof 92, 96
„Das Schwarze Korps" 12
Schwarberg, Günther 123 ff.
Selektionen 59, 108 f., 111 ff., 118
– Verweigerung 111 ff.
Septyckyj, Andrej 148 f.
Seraphim, Hans Günter 78 ff.
Serbien 101–104
Setzler, Heinrich 15 f.
Siedlce (Sielce) 33 f.
Siekmann, Hans 50–56
Sobibòr 63, 129 ff.
Soswinski, Walter 57–60
Speer, Albert 98
Spieß, Alfred 127–135
„Spießrutenlaufen" 63
Stangl, Franz 130–134, 139 f.
Stargard 74, 77
Stauffenberg, Claus Schenk von 99 f.
Stehle, Hansjakob 147–150
Strippel, Arnold 124 f.
„Der Stürmer" 170, 174
Suchomel 139

Täubner, Max 85
Taylor, Myron 148
Thiemen, Egon 10
Torgau 71f.
Treblinka 35 f., 45, 47, 63, 109, 127–134, 138–142
– Lagerplan 136f.
Treblinka-Prozesse 127, 132 ff.
Trott zu Solz, Adam von 172
Trzebinski, Alfred 90, 124
Turner, Harald 103

Ungarn-Transporte (Auschwitz) 58, 111, 117, 119, 122
Ungureit, Heinz 164 ff.
Utsch, Ernst 93, 95f.

Vatikan 147–150
Vergasung 38 f., 58 f. 63, 66, 81, 97, 107–112, 116, 120 f., 128 f., 138 ff., 144 f., 149, 175
– s. a. Gaswagen
– im Eisenbahntunnel 105 f.
Verhaftungen 18 ff., 23 f.
Volksgerichtshof 173

„Walküre" 92
Walz, SS-Hauptsturmführer 66
Wannseekonferenz 38 f.
Warschauer Ghetto 35, 41–56, 72 f.
– Deportationen 45 f., 48
Wehrmacht 51, 79, 83, 89, 101 f.
Weimar 31
Widerstandsbewegung 40, 80, 92, 99 f., 172 f., 175
Wien 10 f.
Winniza 86, 95
Wisliceny, Dieter 145
Wolf, Ludwig 41–49
Wolff, Karl 103
Wolfsberg 155

Yorck von Wartenburg, Peter Graf 172 f.

Zamosc 63
„Zur besonderen Verwendung" (ZBV) 67, 70 f.

Dank an

Hellmut Auerbach
Annette Baumeister
Dr. Marion Gräfin Dönhoff
Norbert Blazi
Konrad Brender
Axel Freiherr von dem Bussche
Margret und Willi Dreßen
Herbert Exenberger
Wieland König
Klaus Liebe
Ulrike Müller
Eugen Netenjakob
Gert von Paczensky
Walter Roller
Robert Sanchez
Hans Schoemann
Marianne und Alfred Spiess
Kurt Ranisch Schwedersky
Katharina Tilemann
Wolfgang Wermke

Zentrale Stelle der Landesjustizverwaltungen, Ludwigsburg
Institut für Zeitgeschichte, München
Bundesarchiv, Berlin
Deutsches Rundfunkarchiv, Frankfurt am Main
Dokumentationsarchiv des Österreichischen Widerstandes, Wien